भारतीय
ज्ञानपीठ

वैश्विक गाँव : आम आदमी

(वैचारिक लेख)

वैश्विक गाँव : आम आदमी

पुष्पपाल सिंह

भारतीय ज्ञानपीठ

लोकोदय ग्रन्थमाला : ग्रन्थांक 1118

ग्रन्थमाला सम्पादक

रवीन्द्र कालिया

सह-सम्पादक

गुलाबचन्द्र जैन

ISBN 978-81-263-3046-1

वैश्विक गाँव : आम आदमी

(वैचारिक लेख)

पुष्पपाल सिंह

प्रथम संस्करण : 2012

मूल्य : 180 रुपये

प्रकाशक : **भारतीय ज्ञानपीठ**

18, इन्स्टीट्यूशनल एरिया, लोदी रोड, नयी दिल्ली-110 003

मुद्रक : विकास कम्प्यूटर ऐंड प्रिंटर्स, दिल्ली-110032

आवरण चित्र : शेखर रॉय (साभार आकृति आर्ट गैलरी, कोलकाता)

आवरण-सज्जा : ज्ञानपीठ कला प्रभाग

VAISWIK GAON : AAM AADMI

(Essays)

Pushp Pal Singh

Published by

Bharatiya Jnanpith

18, Institutional Area, Lodi Road

New Delhi-110 003

e-mail : jnanpith@satyam.net.in, sales@jnanpith.net

website : www.jnanpith.net

First Edition : 2012

Price : Rs. 180

मित्रवर डॉ. चन्द्र त्रिखा जी

के लिए

सप्रेम

"...ऐसा साहित्य, जो जनता के जीवन-मूल्यों को, जनता के जीवनादर्शों को प्रतिष्ठित करता हो, उसे अपने मुक्तिपथ पर अग्रसर करता हो। इस मुक्ति का अर्थ, राजनीतिक मुक्ति से लगाकर अज्ञात मुक्ति तक है। अतः इसमें प्रत्येक प्रकार का साहित्य सम्मिलित है, बशर्ते कि वह सचमुच मुक्ति-पथ पर अग्रसर करे।"

—गजानन माधव मुक्तिबोध

('जनता का साहित्य' का स्वरूप बताते हुए)

—'नये साहित्य का सौन्दर्यशास्त्र'

अथ अपि

विगत शती के प्रायः पिछले दो दशकों, 1980 ई. के आसपास से, भूमंडलीकरण की प्रक्रिया हमारे देश और समाज में बहुत द्रुतगति से चली, चलती चली गयी। अभी भी रुक नहीं पा रही है। इसका रुकना सम्भव होगा भी नहीं!! भारत के सन्दर्भ में भूमंडलीकरण सीधे-सीधे हमारा पश्चिमीकरण और अधिक स्पष्टता से कहें तो अमेरिकीकरण है। संस्कृति के अध्येताओं ने इसे पूरे विश्व का 'मैक्डोनलीकरण' कहा है। वैश्वीकरण की इसी प्रक्रिया में वैश्विक गाँव पूरा संसार एक विश्व की अवधारणा ने जन्म लिया, किन्तु वैश्विक गाँव की यह परिकल्पना हमारे वसुधैव कुटुम्बकम् की विचारणा से बिल्कुल अलग है। यहाँ तो पूरा विश्व एक प्रभु-भाषा अँग्रेज़ी और एक संस्कृति-अमेरिकी-अँग्रेज़ी संस्कृति में पूरी तरह डूबने को तत्पर है, अतिरिक्त उत्साह से जिसके परिणामस्वरूप स्थानीयता तथा भाषाओं की अस्मिता को बुरी तरह से लील रहा है। हमारी जीवन-पद्धति और श्रेष्ठ मूल्यों के संस्कार धीरे-धीरे कैसे विलुप्ति पा रहे हैं और कैसे हम सबकुछ को पाकर भी 'छूँछे' होते चले जा रहे हैं हमें पता ही नहीं चल रहा है, वैश्विक गाँव अपनी प्रदत्त परिस्थितियों के लिए हमारा निरन्तर अनकूलन (कंडीशनिंग) कर रहा है। इस रूप में कि हमें पता ही नहीं चल पा रहा है कि कब और कैसे हम इतना-इतना बदल गये। वैश्विक गाँव के इस परिदृश्य का आम आदमी पर जो प्रभाव पड़ा है उसका आकलन करते हुए अपसंस्कृति की इस आँधी के प्रतिरोध का स्वर यदि इन आलेखों में सुना जा सकेगा, और कोई इन स्वरों में अपना स्वर मिलाकर चलने को तैयार हो सकेगा तो यह श्रम सार्थकता पाएगा, ऐसा मेरा विश्वास है।

—पुष्पपाल सिंह

अनुक्रम

भूमंडलीय भँवर

मध्यवर्ग का मायामृग : इंडिया शाइनिंग का सच

'इंडिया शाइनिंग'—'भारत चमक रहा है' का नारा रोज-रोज और तेजी से चमक रहा है—विभिन्न सर्वेक्षणों द्वारा, रपटों द्वारा हमें तरह-तरह से यकीन दिलाया जा रहा है कि भारत के इस चमकाव में प्रमुख भूमिका मध्यवर्ग की है। विश्व-व्यापार-जगत की प्रमुख पत्रिका 'बिजनेस—2006' ने अपने सर्वेक्षण से हमें विश्वास दिलाया है कि हमारा मध्यवर्ग, साथ ही कुछ अन्य देशों का मध्यवर्ग, उस क्षमता से युक्त है कि वह संसार के सर्वाधिक धनाढ्य बिल गेट्स से भी अधिक प्रभावकारी स्थिति में किसी भी देश की अर्थव्यवस्था को कोई भी दिशा देने में समर्थ है। विश्व की पाँच सौ कम्पनियों में भी हमारी कई बड़ी व्यापारिक कम्पनियों, संस्थानों की गणना की गयी है। विश्व के सर्वाधिक धनाढ्यों की सूची में भी हमारे उद्योगपतियों को महत्त्वपूर्ण स्थान प्राप्त है। जब हमें साल-दर-साल 'विश्व सुन्दरियों' और 'ब्रह्मांड सुन्दरियों' के गौरव से अभिमंडित किया जा रहा था, तब भी यही तर्क दिए जा रहे थे कि भारत में विश्व बाज़ार के लिए एक बहुत बड़ा मध्यवर्ग प्रस्तुत हो चुका है, हो रहा है। इस मध्यवर्ग में उपभोक्ता बाज़ार को सन्तुष्ट करने की अपार क्षमता और कूवत है। यही समय था जब विश्व के महँगे ब्रांडों द्वारा उपभोक्ता-वस्तुएँ भारतीय मध्यवर्ग के लिए ऊँची-ऊँची कीमतों पर प्रस्तुत लांच की जा रही थीं। 5-7 साल पहले का समाचार है कि एक प्रसिद्ध हाथ-घड़ी निर्माता ने तब घोषणा की थी कि हम शीघ्र ही 5-6 लाख की घड़ी भारतीय बाज़ार में उतारने जा रहे हैं, और भी ऐसी कितनी ही मशहूर कम्पनियों ने अपने-अपने उत्पादों की महँगी श्रृंखला रेंज बाज़ार में मध्यवर्ग को ध्यान में रखकर उतारी थीं। हाल-फिलहाल के प्रसिद्ध कम्पनियों के फैशन शो में परिधानों की श्रृंखला जो 10-20 हज़ार से ऊपर ही शुरू होती है, वह भी मध्यवर्ग के लिए बताई जा रही है—यह दीग़र बात है कि असली मध्यवर्ग उन परिधानों को अधिकांशतः टी.वी. पर देख पाता है, उसी में उसकी सन्तुष्टि है। हाँ, वे एक ललक जरूर अपने हृदय में पाल लेते हैं, काश! हम भी इन्हें ले पाते। बाज़ार

ने एक ऐसे तथ्य—आवश्यकता आविष्कार की जननी है—का मुख मोड़ दिया—'पहले उत्पाद, फिर उसके लिए मायावी प्रचारतन्त्र द्वारा आवश्यकता उत्पन्न करना'—एम.बी.ए, एम.सी.ए तथा विज्ञापन-कला-निष्णात नव युवा पीढ़ी ने बाज़ार का तन्त्र ही बदलकर रख दिया। फिल्म, कला और अब साहित्य जगत की भी बड़ी-से-बड़ी हस्तियों को कुछ-न-कुछ, किसी-न-किसी प्रकार बेचने में लगा दिया। इस सब वैश्वीकृत व्यवस्था ने भारतीय मध्यवर्ग को ऐसी आकाशी ऊँचाइयाँ महत्त्वाकांक्षा के रूप में दे डालीं कि वह इनकी प्राप्ति के लिए जी-तोड़ युक्तियाँ आजमा रहा है। किन्तु यह मायामृग उसके हाथ नहीं आ पा रहा है। आकाशी ऊँचाइयों को छूने के लिए यदि वह निन्यानबे सीढ़ी पार कर लेता है, तो फिर निन्यानबे सीढ़ियाँ उसे आगे खड़ी नजर आती हैं, नतीज़ा कभी-कभी औंधे मुँह गिरने के रूप में भी सामने आता है। इस सबकी प्राप्ति के लिए कभी पैर अपराध जगत की गलियों की ओर भी मुड़ते हैं।

बार-बार कहा जा रहा है कि भारतीय मध्यवर्ग की क्रय-शक्ति का निरन्तर, आशातीत ढंग से विस्तार हो रहा है। विश्व-बाज़ार समुदाय के आँकड़े बता रहे हैं कि एशिया में भारतीय मध्यवर्ग सबसे ज्यादा बाज़ार-खरीददारी (शॉपिंग) और देश से बाहर निकल सैर-सपाटे और उपभोक्ता वस्तुओं के संग्रहण-संचयन का शौकीन है। सिंगापुर पर्यटन विभाग के आँकड़े बताते हैं कि पिछले वर्ष (2006 ई.) वहाँ 1.2 लाख भारतीय पर्यटकों ने केवल जून-जुलाई में यात्रा की और इनमें से अधिकांशतः सिंगापुर-सेल का 'बाज़ार करने' गये थे। इनमें वे भारतीय सम्मिलित नहीं हैं जो अपने रिश्तेदारों से मिलने गये और उनके साथ ही ठहरे। इसी प्रकार दुबई पर्यटन विभाग के अनुसार उनके यहाँ खरीददारी में जर्मन और जापानियों के बाद भारतीयों का तीसरा स्थान है और छः दिन के पैकेज टूर के लिए लगभग 1,5000 डॉलर (अमेरिकी) प्रत्येक भारतीय ख़र्च करता है। मलेशिया में भी इस पर्यटक संख्या में 26 प्रतिशत तक की बढ़ोतरी हो जाती है और वहाँ के 'महा बिक्री'—मेगा सेल'—महीनों में भारतीय बड़ी भारी तादाद में वहाँ जाते हैं। मलेशिया, आदि देशों में जाने वाले भारतीयों की सख्या में इस वर्ष अप्रैल तक 18.4 प्रतिशत की वृद्धि हुई है। एक 'महाप्रश्न' यहाँ यह भी उठ खड़ा होता है कि इतनी-इतनी महँगी यात्राओं का व्यय वहन करने वाला वर्ग क्या सचमुच ही 'मध्यवर्ग' कहलाने की पात्रता रखता है। वस्तुतः यह एक बड़ी जनसंख्या का उच्चवर्ग में स्थानान्तरण है। अभी कुछ दिन पहले दृश्य मीडिया ने सूचित किया कि दिल्ली महानगर में करोड़पतियों की संख्या आशातीत ढंग से बढ़ी है। यह भी आँकड़े हैं कि चार साल पहले हमारे यहाँ नौ खरबपति थे जिनकी संख्या सब सोलह हो गयी है तो क्या यह हमारे मध्यवर्ग में एक नये कुलीन—अभिजन—

वर्ग की सृष्टि नहीं है? सारी आयातित संस्कृति, अमेरिकीकरण सारे माल (मॉल्स), फैशन की सारी दुनिया इसी अभिजन वर्ग के लिए है। किन्तु क्या यह अभिजन इतना अधिक सुखी और सम्पन्न होकर भी सन्तुष्टि—तोष—और प्रसन्नता प्राप्त कर रहा है?

केवल और केवल आँकड़ों के आधार पर ही हम मध्यवर्ग या पूरे हिन्दुस्तान की 'सुख-सन्तुष्टि' की स्थिति पर विचार करें तो तथ्य चौंकाने वाले हैं। संयुक्त राष्ट्रसंघ और एक ब्रिटिश समाजशास्त्री एड्रियान व्हाइट द्वारा किए गये सर्वेक्षणाश्रित अध्ययनों के निष्कर्ष प्रायः समान ही हैं— इनमें दुनिया में सुख-शान्ति का जो चार्ट बनाया गया, उसमें 178 देशों की सूची में भारत का स्थान काफी नीचे 127वाँ है। इसे संयुक्त राष्ट्रसंघ के सर्वेक्षण में 'मानव-विकास-सूचकांक' माना गया है। हमारे सन्तोष का बिन्दु केवल यह हो सकता है कि हमारे पड़ोसी पाकिस्तान का स्थान 166वाँ और रूस का 176वाँ है। ये आँकड़े बहुत ही विश्वसनीय हैं, यूनेस्को के तत्त्वावधान में बड़ी प्रतिष्ठित संस्थाओं द्वारा सौ से ऊपर अध्ययनों ने अस्सी हज़ार से अधिक लोगों को अपने अध्ययन का आधार बनाया। हमारे लिए सन्तोष का दूसरा बिन्दु यह भी हो सकता है कि समस्त विश्व को अमेरिकीकरण की आँधी की चपेट में लेनेवाला अमेरिका स्वयं इस सूचकांक में 23वें स्थान पर है। किन्तु यह बात भी ध्यान देने योग्य है कि भूटान जैसा छोटा-सा पहाड़ी देश इस सूची में आठवें स्थान पर है। सवाल यह है कि भारत के जिस वृहत् मध्यवर्ग को हम इतना शक्तिशाली कूत रहे हैं, उसके होते हुए भी हमारी सुख-शान्ति की प्राप्ति इतनी कमतर क्यों है? जिस तेजी से हम उपभोक्तावादी संसार के श्रेष्ठ, श्रेष्ठतम को निरन्तर आयत्त करते जाने की बात कर रहे हैं, उसके होते हुए भी हम सुख-शान्ति में इतना टोटा क्यों भुगत रहे हैं? इस दृष्टि से हम इतने दीन-हीन क्यों रह गये? पर्यटन, विभागों, एजेंसियों के भारतीय सैलानियों के विषय में जो आँकड़े दिए गये हैं, उन्हीं के अनुसार सैर-सपाटे के लिए गये भारतीयों की रुचि अपने रिश्तेदारों, सगे-सम्बन्धियों से मिलने में उतनी नहीं रहती जितनी खरीददारी—'शॉपिंग' में! यह तथ्य इसलिए चौंकाता है कि हम सुख-शान्ति के विश्व मानचित्र पर इतने निचले पायदान, 127वें स्थान, पर इसलिए भी हैं कि वैश्वीकरण के इस माया-जाल ने हमारे सम्बन्धों की ऊष्मा को लील लिया है— सम्बन्धों का छूँछापन हर पीढ़ी और वर्ष-दिन के अनुसार बढ़ता जा रहा है। इसका एक बड़ा कारण इस मायावी उपभोक्तावाद की 'प्रयोग करो और फेंको'—यूज़ एंड थ्रो-दृष्टि भी है। वैश्वीकृत बाज़ार जो मायावी स्वर्ण-संसार हमारे सामने रच रहा है, उसको आयत्त करने के लिए यह सारा मध्यवर्ग भागमभाग से तरह-तरह की युक्तियों में लगा हुआ है। जो उसे आयत्त करने के लिए साधन नहीं जुटा

पा रहे हैं, वे अपने-अपने स्तर पर भ्रष्टाचार और कुछ हद तक आपराधिक गतिविधियों में भी संलिप्त हो रहे हैं। बड़े-बड़े घरों के नौनिहाल इसी मायावी उपभोक्ता संस्कृति के आकर्षणों को प्राप्त करने के लिए जब-तब कितने-कितने अपराध करते पाए जाते हैं। बिना मेहनत-मशक्कत के 'छत फाड़ धन' ('इजी मनी') को प्राप्त करने की ललक समाज में निरन्तर वृद्धि पा रही है। आध्यात्मिक गुरु भारत के पास बाबाओं, धर्मोपदेष्टाओं, माताओं और तरह के बापू-जनों, महाप्रभुओं की फौज की फौज है जहाँ हज़ारों-बिजारों की संख्या में मध्यवर्ग, कुछ अंशों तक उच्च वर्ग के लोग भी उन्हें सुनने जाते हैं। वे भी कोई दिशा और जीवन-आचरण की सहज रीति नहीं दे पा रहे हैं, क्योंकि वे स्वयं अपनी विपणन-नीतियों से अपने को पंच-सितारा और मर्सडीज-धारी विभूतियों के रूप में स्थापित करने की दौड़ में दौड़े में जा रहे हैं। बड़े सन्त का मापक मानक उसकी विदेश-यात्राओं को माना जा रहा है। ये वैश्वीकरण के बढ़ते पग हैं जो मध्यवर्ग को ही हाई-टेक नहीं कर रहे हैं, बाबाओं को भी हाई-फ्लाई रूप दे रहे हैं। हम भूल रहे हैं कि ये सारी स्थितियाँ मध्यवर्ग को और अधिक सन्त्रास और संताप की ओर धकेल रही हैं।

उपभोक्तावाद में ढलती पीढ़ी

एक महानगरीय अग्रणी अँग्रेज़ी दैनिक के प्रथम पृष्ठ के प्रथम कॉलम की एक ख़बर पहले तो चौंकाती है। फिर एक गम में डुबो देती है। युवा पुत्री अपने पिता को लाखों को चूना लगा चुकी है। किसी धोखाधड़ी द्वारा नहीं, बल्कि धीरे-धीरे पिता की तिजोरी में सेंध लगाती हुई। संक्षेप में ख़बर यह है कि 19 वर्षीय युवती, जो दो दिन पहले ही लगातार दो दिन तक फाइव-स्टार में दोस्तों के साथ अपने जन्म-दिन का जश्न मनाती रही है, न जाने कब से अपने पिता की तिजोरी से चुपचाप पैसे खिसकाती रही है। पिता को शक तो हो चुका था कि कोई उसके पैसों में सेंध लगा रहा है, किन्तु यह उसकी पुत्री ही हो सकती है—यह अहसास ट्रांसपोर्टर पिता को अपनी पुत्री के खर्चीले रंग-ढंग, तौर-तरीके देखकर हुआ। शक तब और भी बढ़ा जब उसके पर्स में एक की बजाय तीन महँगे सेल-फोन देखे और देखे कलकत्ता के सबसे महँगे डिज़ाइनर स्टोर 'रचित' परिधान! पिता अपनी बेटी, अपनी ही बेटी के खिलाफ़ शिकायत लेकर पुलिस की जासूस-शाखा, 'डिटेक्टिव ब्रांच' के पास जाता है। स्वयं कहता है कि उसकी बेटी इतनी अधिक खर्चीली हो चली है कि हो न हो, वही उसकी तिजोरी से कम होते पैसों की गुनहगार हो। पुलिस घर के नौकरों-चाकरों से पूछताछ कर बेटी को पुलिस-मुख्यालय में बुला लेती है। राज तब खुलता है जब उसे अपनी डेढ़ लाख से ऊपर की रकम गायब मिलती है। पुलिस तहकीकात में यह सच 'उभर' कर आता है कि लड़की ने ढाई लाख से ऊपर की राशि धीरे-धीरे पिता के खज़ाने से उड़ाई थी। आश्चर्य-स्तम्भित पिता पुलिस को बताते हैं कि नगर के नामीगिरामी कॉलिज की यह छात्रा किस प्रकार घंटों-घंटों इंटरनेट पर बैठी दोस्तों से 'चैट' (बातचीत) करती रहती थी और फोन के लम्बे-चौड़े बिल भरता हुआ पिता इसकी अनदेखी-सी करता रहा कि चलो कोई बात नहीं। समाचार आगे बताता है कि इस स्वतन्त्रता का स्वाद लड़की ने नाइट क्लबों से चखा था। पिता की यह स्वीकृति यह भी बताती है कि नाइट क्लबों में लड़की का जाना प्राय: होता था।

यह समाचार एक चिन्ता और बेबसी का अहसास देता है जिसका हमारे पास कोई इलाज शेष नहीं रह गया है। हम स्थितियों के मूकद्रष्टा बनकर रह गये हैं और बाज़ार के सामने निरन्तर लाचार होते चले जाने की स्थिति में हैं। वैश्वीकरण के सारे स्वाद चखते हुए हम विश्व बाज़ार और विश्व ग्राम (ग्लोबल विलेज) की ऐसी माया नगरी में प्रवेश कर गये हैं जिससे बाहर निकलने का द्वार हम न तो खोज पा रहे हैं और न खोज पाएँगे। शायद हम दिल से खोज पाना भी नहीं चाह रहे हैं। नित्य समाचारों में आ रहा है कि विश्व की अमुक-तमुक प्रख्यात बहुराष्ट्रीय कम्पनी अपने 'स्टोर्स' की बड़ी शृंखला ('चेन') भारत के प्रमुख नगरों में खोलने जा रही है। अमुक-अमुक डिज़ाइनर कम्पनियाँ अपने हर शहर में नित्य नये स्टोर खोल भारत को अपने उत्पादों से पाट देना चाह रही हैं। हर शहर में नित्य नये 'मॉल', 'ए.सी. मार्केट' खुल रहे हैं, 'पीज़ा हट' और न जाने कौन-कौन-सी 'हट्स' खुल रही हैं, 'सिटी सेंटर' बन रहे हैं। खाते-पीते माँ-बाप बच्चों को 'घूमने' या सांस्कृतिक दृष्टि से 'घूमने' और 'भरमाने', उनकी शामों को खुशगवार बनाने इन 'सिटी सेंटर्स' और 'मॉल्स' में ले जा रहे हैं। यहीं से उपभोक्तावादी बाज़ार और संस्कृति उन्हें अपनी गिरफ़्त में लेना शुरू कर देते हैं। यहीं से समस्याएँ जन्म लेकर विकट से विकटतर रूप धरण करती चली जाती हैं। तिजोरी तक जाने के लिए लड़की के कदम एकदम नहीं उठ गये, धीरे-धीरे अँगुली पकड़कर हमीं ने उन्हें इस रास्ते पर चलना सिखाया।

'मॉल या 'सिटी सेंटर' जाने से पहले एक पूरी मानसिकता बच्चों और बड़ों में अपनी निर्मिति पा लेती है। घर में मौजूद 'बुद्धू-बक्सा' जो अब हर बैडरूम, ड्राइंग रूम, लॉबी में अपनी उपस्थिति प्रभावी ढंग से दर्ज़ कराता, अपने विज्ञापन के तिलिस्म से मानसिक रूप से तैयार कर देता है कि कौन-से ब्रांड की आइसक्रीम खानी है, कौन-सा कुर्ता खरीदना है, कौन-सा 'टॉप', कौन-सी घड़ी और कौन-सी 'डिश' का सेवन 'शॉपिंग' के बाद करना है। आइए बच्चों के साथ, परिवार के साथ प्रवेश तो करें किसी 'मॉल' या 'सिटी सेंटर' में (जहन में इस समय कोलकाता के पॉश इलाके साल्टलेक का 'सिटी सेंटर' है)। प्रवेश करते ही बच्चा वीडियो और इलेक्ट्रॉनिक गेम्स की दुकान में खेलने के लिए मचलता है। 50-100 रुपये के टिकट तो खरीदने ही पड़ते हैं जिससे बच्चा 5-6 'गेम्स' तो खेल ही ले—मशीन में टिकट डाल, खेल चालू! इनामस्वरूप कुछ टिकट बालक को मिलते हैं जिनसे बच्चा कुछ और खरीद सकता है—पेन, पेंसिल, खिलौने आदि। सारे खेल खेलकर बच्चे के हाथ 40-50 या कुछ इतने ही इनामी टिकट आ जाते हैं, बच्चा खुशी से झूम उठता है। इतने में कोई ढंग की चीज़ नहीं मिलती है, बच्चा और बच्चे के माँ-बाप, इन इनामी टिकटों को सहेज कर रख लेते हैं

कि छोटी-सी चीज़ लेकर क्या करें, अगली बार आएँगे, अगली बार फिर आएँगे तो और इनामी टिकट मिल जाएँगे, फिर कोई अच्छी-सी 'आइटम' ले लेंगे। तो बच्चों को पड़ गयी आदत फिर-फिर यहाँ आने की, वह हर बार यहाँ आने के लिए मचलेगा ही।

इन 'गेम्स' की दुकान से बाहर निकलिए तो 'फ्रेंच फ्राई' (तले आलू की विभिन्न किस्में और आकर्षक डिज़ाइनों के 'स्पाइल्स' आदि नामधारी आलू खाद्य) उपलब्ध हैं। बच्चा उनके लिए मचलता है—कम से कम 25-30 रुपये की प्लेट का एक 'आइटम'! आगे बढ़िए -आइसक्रीम पॉर्लर है—बाहर 10-12 रुपये में उपलब्ध 'कोन' (कोण) यहाँ 25 रुपये में प्राप्य है। अब बच्चे को तरसाया तो नहीं जा सकता न, खाने दीजिए। आगे बढ़ें—बेकरी के ब्रांडिड सामान, आकर्षक उत्पाद हैं—25 रुपये का सलादयुक्त कोणनुमा कटा एक ब्रेड-पीस का दो भाग बनाकर पेपर-नेपकिन सज्जित सैंडविच है, 25 रुपये की या उससे थोड़ी कम या ज्यादा पैसेवाली पेस्ट्री है। घर चलकर बच्चा ज़िद करेगा या 'चाय के साथ कुछ चाहिए' के नाम पर कुछ सौ-दो-सौ रुपये का सामान पैक करा लिया जाता है। ऐसे 'मॉल' अब नयी दिल्ली, गुड़गाँव, नोएडा आदि में अच्छी संख्या में देखे जाते हैं और नित्य नये खुल रहे हैं। आगे बढ़ें एसकीलेटर या लिफ्ट से ऊपर चलें, 'शॉपर्स स्टॉप'—कपड़ों का विशाल भंडार है यहाँ। प्रवेश द्वार से सटे गलियारे में लेडीज़-सूटों की 'शॉप', 'शोरूम' ('दुकान' कहकर क्या इनकी तौहीन करनी) है जिसमें करीना कपूर का आदम-कद 'कट आउट' बढ़िया सूट डाले हुए है (जो उसने फलाँ-फिल्म में पहना था) भीतर आइए। प्राइस-टैग देखिए—छः हज़ार। कुछ घबराइए मत, यह तो बहुत सस्ता पड़ रहा है क्योंकि सेल में इस पर 30 प्रतिशत का ऑफ है। घर की बेटी का आग्रह रहता है ले लो ('लूट लो' फिर मौका नहीं आने का ऐसा सुनहरा)। चलो ले लो। भीतर 'शॉपर्स स्टॉप' में 'जस्सी सूट' टँगा है—कीमत सिर्फ़ 1200-1400 रुपये की रेंज में। कोई 'टॉप' 499 रुपये का (बुरा हो 'बाटा' का जिसने यह 99 रुपये वाला ट्रेंड चलाया), कोई लोअर 1100-1200 या 1500-1600 रुपये के ऊपर। विशेष आकर्षण 'सेल' (छूट) वाले नगों का! चलो हमें लेडीज़ से क्या लेना, हम पुरुष कुर्तों की ओर नज़र डालते हैं—ब्रांडिड, 'डिज़ाइनर', कुर्ते सिर्फ़ 800-900 रुपये में (799 या 899/-में) और इधर 'गाथा' के पाजामे—कुर्ते टँगे हैं—कीमत सिर्फ़ 1399/— से लेकर 1400/-; 1599/-या 1699/-तक, पर इन कुर्ते-पाजामों के बीच यह दुपट्टा-सा क्या है। अरे, पुरुषों के गले में डालने के लिए लम्बा गमछानुमा दुपट्टा है—नहीं देखा आपने 'सास बहू' वाले सीरियल के पारिवारिक उत्सवों में, घर के सब बड़े-छोटों को 'डांस' करते हुए, और भी कई-कई सीरियलों में! भई,

इन्हीं सीरियलों के इन दुपट्टों को देखकर ही तो प्रसिद्ध आयुर्वेदिक दवा-निर्माता कम्पनी के मालिकों ने देवी जागरण कराते समय इन दुपट्टों को धारण किया था। यदि गलती से आपने अपने परिवार की नयी पीढ़ी के सदस्य से पूछ लिया या उसके सामने कह दिया—इतने महँगे कुर्ते-पाजामे!! तो जवाब मिलेगा 'स्टफ' नहीं देख रहे हैं आप! 'फाइनेस्ट' है। और बूढ़ा हतप्रभ है तो क्या जमाना आ गया, कहाँ आ पहुँचे हम!!

फिर उस समाचार की ओर लौटें तो किसने दिया इस महँगे उपभोक्ता संसार को भोगने का आकर्षण अपनी इस नयी पीढ़ी को? किसने दिए ये कई-कई सेलफोन अपनी किशोर या जवान होती पीढ़ी को? किसने प्रदान की घर की किशोरियों-युवतियों को नाइट-क्लबों से देर से आने की यह छूट! किसने दिया उन्हें यह बोध कि वे किसी से भी कम न रहें? किसने उन्हें अँगुली पकड़ने की अवस्था में ही इन 'मॉल्स' और 'सिटी सेंटर' की दुनिया में धकेला? किसने दी यह ललक कि तुम अपने साधनों की परवाह किए बिना 'श्रेष्ठतम' को ही आयत्त करो? किसने दी बच्चों को यह होड़ कि वे किसी से कम न हों, अमुक के पास 'नोकिया' का यह मोबाइल है तो मेरे पास भी वह या उससे बेहतर 'मॉडल' होना चाहिए। 'ओनर्स प्राइड ऐंड नेबर्स एनवी' की दुनिया में हमने उन्हें धकेला। उन्हें शैशव में ही दे दिया गया यह सपना कि वे एक निरंकुश और स्वेच्छाचारी-उच्छृंखल जीवन जिएँ। माता-पिता को यह कहते सुनता हूँ, कि हफ्ते में एक-दो बार तो बाहर होटल आदि में खाना खाने जाना ही चाहिए, नहीं तो बच्चों को 'मैनर्स' कैसे आएँगे। गोया पहले की पीढ़ियाँ बिना होटल जाए 'शिष्टाचार-नय' से अपरिचित ही रह गयी थीं! ध्यान फिर उसी ख़बर पर जाता कि जब पिता पुलिस से कहकर कि उसकी बेटी पर और ज्यादा दबाव न डाला जाए, वह उसे नित्य 'काउंसलिंग' (मनोवैज्ञानिक द्वारा उपचार) कराएँगे, उसका पीछा छुड़वाते हैं। पिता की ममता, सामाजिक प्रतिष्ठा की भीति, कसूरवार बेटी को अपराध की तार्किक परिणति तक नहीं जाने देती। काश समय रहते पिता (और विशेषतः माता ने) बेटी पर अनुशासन रखा होता!! पर माता-पिता भी क्या करें, क्या वे अपने लाड़लों को इन 'मॉल्स' और 'सिटी सेंटर' में न जाने दें। यह तो अब सम्भव है ही नहीं। समय रहते हम इस बाज़ारवाद और भोगवाद के बढ़ते कदमों के सामने स्वयं की कोई लक्ष्मण रेखा बना लें और भरसक चेष्टा करें कि उसका पालन भी हो। कितना कुछ सम्भव हो पाता है, यह तो समय ही बताएगा।

प्रतिभा का यह निर्मम पलायन

पंजाबी के एक प्रतिष्ठित अध्यापक साथी के साथ बैठा हूँ, बातों के क्रम में चर्चा चल पड़ी कि आज पंजाब के मेधावान तथा सामान्य मेधा का नवयुवक किस प्रकार देश की भूमि छोड़ विदेशों का रुख कर रहा है, विशेषत: अमेरिका-कनाडा-आस्ट्रेलिया, इंग्लैंड उनके स्वप्नों के इन्द्रलोक बने हुए हैं। जिनके बच्चे अमेरिका, कनाडा और आस्ट्रेलिया किसी-न-किसी रूप में, किसी-न-किसी मिस वहाँ जा बसते हैं, उनकी छाती गर्व से चौड़ी हो जाती है। प्रो. साहब मालवा-क्षेत्र के हैं, वहाँ के गाँवों का हाल-हवाल बताते हुए बड़े पीड़ा-भरे शब्दों में कहते हैं, ''प्रो. साहब, गाँवों में बड़े-बड़े जमींदारों (भूमिपतियों से तात्पर्य) की ऐसी-ऐसी आलीशान हवेलियों में ताले पड़े हैं कि देखकर दिल में हौल-सी उठती है कि क्यों ये लोग, इन परिवारों के नौनिहाल, अपना यहाँ का स्वर्ग छोड़ अमेरिका-कनाडा में किस नन्दन कानन के कल्पवृक्ष को ढूँढ़ने चले गये हैं, कितनों ने पाया है, कितनों ने कितना कुछ गँवाया है, यह एक अलग गणित है।'' पंजाब में तो शहरी मध्यवर्ग/उच्च मध्यवर्ग की जीवन-शैली ही यह हो गयी है कि जो थोड़ा-सा भी औसत या उससे कुछ ऊपर श्रेणी का छात्र है, उसका उद्देश्य 'बाहर जाना' ही है। प्रतिभा के विदेश पलायन (ब्रेन ड्रेनेज) पर कितनी ही बार देश में विभिन्न मंचों से सवाल उठे हैं, किन्तु बाहर जाने का प्रवाह, सनक (क्रेज़) की हद तक का उत्साह-अतिरेक थम नहीं पा रहा है। यह तर्क भी कुछ ज्यादा प्रभावी नहीं लग रहा है कि अब तो अपने देश में भी अवसरों की कमी नहीं है, ऊँचे-ऊँचे वेतनमानों के 'पैकेज' बहुतायत में उपलब्ध हैं। इस सबके चलते भी विदेश पलायन का क्रम रोके नहीं रुक पा रहा है। देश में इंजीनियरिंग कॉलिज और कम्प्यूटर तकनीक के विविध प्रकार के कॉलिजों की बाढ़ आ रही है, दिल्ली के सन्निकट हरियाणा में राई के पास राजीव गाँधी एजूकेशन सिटी बन रहा है जिसमें विदेशी विश्वविद्यालयों ने अपनी भूमि आरक्षित करा ली है। फिर भी क्या यह विदेश-मोह किसी प्रकार कम हो पाएगा? उत्तर नकारात्मक ही लग रहा है। ऐसा नहीं

है कि कम्प्यूटर, इंजीनियरिंग और डॉक्टरी आदि शिक्षा प्राप्त युवा पीढ़ी ही बाहर का रुख कर रही है। जो दसवीं-बारहवीं पास गाँव के सामान्य-सी श्रेणी के युवक हैं, वे भी अपने पैसों के बल पर या जिसके पास ख़र्च करने के लिए इतनी पूँजी भी नहीं है वे भी अपनी ज़मीन बेचकर या रेहन रख रुपया जुटाकर बाहर भाग लेना चाहते हैं। अर्ध-शिक्षित मैकेनिक-मिस्त्री (सेमी स्किल्ड) श्रेणी के लोग भी अमेरिका, कनाडा, इंग्लैंड नहीं तो दुबई, आदि खाड़ी देशों में जाकर अकूत धन के स्वामी बनना चाहते हैं। कितने ही ट्रेवल एजेंटों, इमीग्रेशन कंसलटैंट्स, आदि के भारी विज्ञापनों को देखकर इस जाल में फँस जाते हैं और बाहर जाने का यह सिलसिला रुक नहीं पा रहा है, भले ही इसके कितने ही दुष्परिणाम बाहर जाने वालों को क्यों न भुगतने पड़ें! ब्रांडिड सभ्यता में रहते ये लोग जिस उपभोक्तावाद की गिरफ्त में हैं, वे स्वप्न-कुसुम उन्हें बाहर जाकर ही पूरे होते दीख पड़ते हैं।

कुछ समय पहले ख़बर आयी थी कि केन्द्र सरकार ने सूचना-टेक्नोलॉजी के पाठ्यक्रमों में अड़तालीस हज़ार सीटें बढ़ा दी हैं। इसके बाद जगह-जगह कई नये इंजीनियरिंग कॉलेज खुले! बहुत सारे विद्यार्थियों और उनके अभिभावकों में इस समाचार को लेकर एक उत्साह-भाव आया कि चलो अब हमारा बच्चा भी अमेरिकी धरती पर अपना स्वर्ग खोजने में सफल हो सकेगा। कुछ समय पहले अखबारों में यह भी छपा था कि जर्मनी ने पाँच वर्ष के लिए भारतीय कम्प्यूटर इंजीनियरों के लिए ग्रीन कार्ड व्यवस्था लागू कर दी थी कि दूसरी ख़बर यह आयी कि जापान पचास हज़ार भारतीय कम्प्यूटर-वैज्ञानिकों को अपने यहाँ बुलाने को तैयार है। इसके बाद अमेरिका ने अपने यहाँ 'एच' श्रेणी में मिलने वाले वीजा के प्रावधानों में नरमी बरती।

भारतीय मेधा की श्रेष्ठता के तथ्य को पुष्ट करके अनेक समाचार आते रहते हैं। लेकिन वैश्वीकरण और खुले बाज़ार की इस नीति के अनेक दुष्परिणामों में से क्या यह भी एक भयावह परिणाम नहीं दिखाई देता कि देश से प्रथम कोटि की प्रतिभा या मेधा का कितना निर्मम पलायन हो रहा है। जो युवक-युवती या पति-पत्नी मिलकर यहाँ किसी अच्छी कम्पनी में पचास से अस्सी हज़ार रुपये के बीच कमा रहे थे, घर-परिवार के साथ देश में थे, वे क्यों और कौन-सा आकाश-कुसुम लाने भौतिकता की इस अन्धी दौड़ में अपने देश और समाज को छोड़कर चले गये? कुछ वर्ष पूर्व देश से 'प्रतिभा पलायन' को लेकर चिन्ता जताई जा रही थी, पर आज सरकार खुद ही प्रतिभा-पलायन को व्यावसायिक रूप देना चाह रही है।

प्रतिभा-पलायन का एक निष्ठुर और दारुण पक्ष यह भी है कि अगर ऐसा ही चलता रहा तो कहीं देश से सर्वोत्तम मेधा धीरे-धीरे शून्य न हो जाय और

हमें दूसरे दर्जे की प्रतिभाओं से ही देश का काम चलाना पड़े। सेना के अधिकारी वर्ग में भर्ती के बारे में जो रिपोर्ट आती रही हैं उनसे स्पष्ट होता है कि अब सेना का कोई भी अंग—थल, सेना, नभ सेना या जल सेना—प्रथम कोटि की प्रतिभा के लिए आकर्षण का विषय नहीं रह गया है।

क्या हम सोच पा रहे हैं कि डॉक्टर, इंजीनियर, कम्प्यूटर, इंजीनियर, सॉफ्टवेयर इंजीनियर और टेक्नोलॉजी में निष्णात एक-एक बच्चे को डिग्री तक शिक्षा प्रदान करने में सार्वजनिक कोष का कितना धन लगता होगा? काफ़ी पीछे के आँकड़ों के मुताबिक यह राशि प्रति विद्यार्थी कई लाख थी। अब तो यह ख़र्च और भी बढ़ गया होगा। सामान्य करदाता की मेहनत से कमाई गयी इस राशि का देश के लिए क्या उपयोग रह जाता है? क्या इन 'योग्यतम स्नातकों' पर कुछ ऐसी बन्दिश नहीं लगाई जा सकती कि डिग्री पाने के बाद एक न्यूनतम निर्धारित सेवा-अवधि अनिवार्य रूप से देश में गुज़ारनी होगी?

इस समस्या का एक दूसरा भावनात्मक पक्ष भी है। बहुत ही भावुक आवाज़ में पंकज उदास ने यह गीत गाया था—'वतन से चिट्ठी आयी है....।' इसी गीत में अपने बैसाखी, दीवाली आदि त्योहारों के यों ही बीत जाने और बेटे के न आ पाने की विवशता भी दर्शाई गयी है। ज़ेहन में घूमता है कुछ समय पूर्व हिन्दी की एक साप्ताहिक पत्रिका में छपा वह आलेख, जिसमें विदेशों में रहने वाले युवकों के अभिभावकों की पुणे में स्थापित संस्था की गतिविधियों का सचित्र विवरण प्रकाशित हुआ था। एक अलग किस्म का पीड़ा-बोध कि बेटा खूब पैसा भेज रहा है, घर तरह-तरह के अत्याधुनिक उपकरणों से अँटता जा रहा है, पर 'सब कुछ के बीच कुछ भी न होने का' या कहें कि 'सब कुछ खो देने' का जो भाव तारी होता रहा है, कहीं यह पीड़ा-बोध हमें सामाजिक और राष्ट्रीय स्तर पर न झेलना पड़ जाय! कई-कई ऐसे परिवार परिचय में हैं जिनके माँ-बाप अपने इकलौते के लिए जार-जार रोते हैं, कभी किसी के कन्धे से लगकर कोई माँ रोती है, कहती है—'एकोएक ही मुंडा', यहाँ करोड़ों की जायदाद छोड़कर क्यों चला गया? चला भी जाता तो यह उसने क्यों मोटी गोरी मेम अपने पल्ले बाँध ली। न मैं उसकी सुन सकती और न वह मेरी। अपने पोते-पोतियों को खिलाने का 'किन्ना-किन्ना चाव सी, हुण मैं की कराँ!' इन सम्पन्न परिवारों के जीवन में जो छूँछापन आ गया है, बाहर गये नौनिहालों को इसका कोई भान तक नहीं। सारी भौतिक समृद्धि और ऐश्वर्यों के बीच कैसी दीनता में जी रहे हैं ये माँ-बाप!

आज नयी पीढ़ी के लिए भी समय आ गया है सोचने का—क्या समृद्धि केवल एन.आर.आई का रुतबा पाकर ही प्राप्त की जा सकती है? आज जब भारत

एक आर्थिक शक्ति के रूप में नित्य विकास के नये शिखर छू रहा है, जहाँ कितनी ही बहुराष्ट्रीय कम्पनियाँ और बड़ी-बड़ी देशी कम्पनियाँ इतने ऊँचे-ऊँचे वेतन और समग्र सुविधाओं (पैकेज) को सहज में ही योग्यता और प्रतिभा को मुहैया करा रही हैं तो क्या इस वृत्ति पर स्व-विवेक की कुछ बन्दिशें नहीं लगाई जा सकतीं कि हमें बाहर नहीं जाना है। यह देश ही हमारी कर्मभूमि और स्वप्नों का संसार पूरा करने का युद्ध-क्षेत्र है, हमें अपनी लड़ाई यहीं लड़कर अपना प्राप्य आयत्त करना है।

धनवान बन गये कितने-कितने नौनिहालों के माँ-बाप आज असहाय हो वृद्धाश्रमों—वरिष्ठों के निकेत—(सीनियर सिटीजन होम्स) के वासी बनते जा रहे हैं—बहुत-बहुत समृद्ध परिवारों के स्वामी भी महँगे-महँगे सीनियर सिटीजन होम्स की शरण में चले गये हैं। उनकी पीड़ा का साक्षात्कार कराता एक लोम-हर्षक वृत्त-चित्र—डॉक्यूमेंटरी—दिल्ली दूरदर्शन पर देखकर मन एक पीड़ा बोध से भर गया....देश किधर जा रहा है! भूमंडलीकृत विकास की यह कैसी सौगात है!

आयातित यह पिता दिवस

वैश्वीकरण की आँधी में सांस्कृतिक दृष्टि से न जाने कितनी-कितनी बातें चुपके से हमारे जीवन और जीवन-पद्धति में प्रवेश करती जा रही हैं। हमें इस सांस्कृतिक आक्रमण का भान भी नहीं होता कि किस प्रकार हम तेज़ी से एक विश्व-ग्राम (ग्लोबल विलेज) का हिस्सा बनते जा रहे हैं। यह वैश्वीकरण तेजी से होता हमारा अमेरिकीकरण ही है। मैक्डोनल सभ्याचार में ढलते हुए कब हमने 'वेलेंटाइन डे' (प्रेमी-प्रेमिका दिवस), मातृ-दिवस ('मदर्स डे'), पिता दिवस ('फादर्स डे') आदि को अपना लिया—पता ही नहीं चला। यह दीगर बात है कि प्रेमी-प्रमिका दिवस ('वेलेंटाइन डे) को हमने थोड़ा व्यापक बनाते हुए उसके दायरे में केवल प्रेमी-प्रेमिका ही नहीं कुछ अन्य सम्बन्धों—जिससे भी किसी भी स्तर पर प्रेम हो—को भी शामिल कर लिया। अभिनन्दन (ग्रीटिंग्स) के विभिन्न रूपों को कार्ड्स कम्पनी-आर्चीज़ आदि ने भी अपनी तरह से विज्ञापन आदि के द्वारा हवा दी। कुशल विपणन नीति के दिग्गजों ने चन्द ही सालों में इन दिवसों को हमारे गाँव, कस्बों तक पहुँचा दिया। भले ही कितनी 'सेनाएँ' विभिन्न महानगरों-नगरों आदि में इन दिवसों का विरोध करें, किन्तु अब इस आँधी को रोकना सम्भव नहीं रह गया है।' 'पिता दिवस', 'वृद्ध दिवस', आदि भी दिवसों की इस कड़ी में नयी प्रविष्टियाँ हैं। बात यहाँ पिता दिवस की।

वस्तुतः यह 'पिता दिवस' पिताओं के लिए अभिशप्त देश या कहें पिता अभिशप्त देश अमेरिका का ही प्रसाद है। 'मातृ देवो भव, पितृ देवो भव' वाले इस देश को पिता दिवस की आवश्यकता न थी। जहाँ वर्ष में पूरे एक पखवारे (पन्द्रह दिन) तक पूरे सँभार और श्रद्धा से पितरों को स्मरण किया जाता है, भावपूर्ण श्रद्धांजलियाँ दी जाती हैं। जीवित पिताओं का भी सम्मानप्रद स्थान अभी समाज में किसी-न-किसी रूप में सुरक्षित है। यहाँ पिताओं की महत्ता एक दिन के लिए बताने की आवश्यकता नहीं है। यह उस देश की महती आवश्यकता थी और है जहाँ का शैशव और कैशोर्य पिता की छाँव के लिए तरसता है। वहाँ न केवल

पिताओं के लिए तरसते बच्चे और किशोर पिताओं की महत्ता बताकर उन्हें एक सामाजिक अभिशाप से बचाने के लिए 'पिता दिवस' का उपक्रम कर रहे हैं, अपितु सरकार भी विभिन्न रूपों में प्रयत्नशील है कि बच्चों को पिताओं के संरक्षण और ममता की छाया में रखकर किस प्रकार वहाँ बढ़ते बाल-अपराधियों और युवा अपराधियों की संख्या को कम किया जा सके। पिताविहीन राष्ट्र की बहुत बड़ी जनसंख्या को इस अभिशाप से कैसे बचाया जाय, यह वहाँ के समाजशास्त्री, जनसंख्या-नियन्त्रक संस्थाओं, संस्कृति की चिन्ता करने वाले विचारकों की चिन्ता के केन्द्र में है। इस विषय को लेकर वहाँ इन क्षेत्रों में कार्य करने वालों ने गम्भीर अध्ययन और विश्लेषण प्रस्तुत किए हैं।

जनसांख्यिकी (डेमोग्रेफी) के विद्वानों ने अपने सर्वेक्षणों पर आधारित वैज्ञानिक अध्ययनों से यह निष्कर्ष निकाला कि पिता अभिशप्त देश में बाल अपराधियों और युवा अपराधियों की बढ़ती हुई संख्या का बड़ा कारण यह है कि देश के बच्चों की बड़ी जनसंख्या पिताविहीन स्थिति में परवरिश पा रही है। आँकड़े यह तथ्य प्रस्थापित करते हैं कि 1965 से लेकर 1991 ई. तक अमेरिका में बाल और किशोर अपराधियों की संख्या में तिगुने से भी अधिक की बढ़ोतरी हुई है। ऐसे ही एक बच्चे का उदाहरण यह तथ्य प्रस्तुत करता है कि एक जोसेफ नामक किशोर किस प्रकार 16 बार से अधिक विभिन्न अपराधों में गिरफ्तार किया जा चुका था और उसका यह अपराध-क्रम मात्र छः वर्ष की अवस्था से प्रारम्भ हो गया था। अगस्त, 1993 ई. में वहाँ की प्रसिद्ध पत्रिका, 'न्यूज़ वीक' ने अपनी कवर स्टोरी छापी—'गलियों में किशोर हिंसा की अन्धाधुन्ध बढ़ोतरी' ('टीन वॉयलेंस : वाइल्ड द स्ट्रीट्स') समाजशास्त्रियों, न्यायविदों, न्यायाधीशों, आदि ने एक स्वर से यह स्वीकार किया कि अल्पायु अपराध-वृद्धि का एक बड़ा कारण सामाजिक संस्था में पिता की अनुपस्थिति है। डेविड ब्लेंकिनहॉर्न नामक समाजशास्त्री ने इस समस्या की भयावहता को समझते हुए' 'पितृविहीन अमेरिका' (हमारी सर्वाधिक प्रज्वलित सामाजिक समस्या) 'फादरलैस अमेरिका' ('कन्फ्रंटिंग अवर मोस्ट सोशल प्रॉब्लम') ग्रन्थ के रूप में (1996 ई.) एक गम्भीर अध्ययन प्रस्तुत किया जिसमें विभिन्न दृष्टियों से इस सामाजिक समस्या के वर्तमान और दूरगामी परिणामों पर सर्वपक्षीय दृष्टि से विचार किया गया। अपने अध्ययन को प्रमाण- पुष्ट करने के लिए विभिन्न क्षेत्रों में हुए अध्ययनों एवं सर्वेक्षणों का सहारा लेते हुए लेखक ने पिता-विहीन अमेरिका की सामाजिक स्थिति का आकलन किया है।

वस्तुतः देखा जाय तो अमेरिकी समाज में पिता विहीन स्थिति के लिए अबाधित यौन-स्वातन्त्र्य ही जिम्मेदार है। अविवाहित मातृत्व या किसी भी प्रकार की स्थिति में विवाह संस्था से स्वतन्त्र रहकर प्रजनन की स्वतन्त्रता जिस समाज

ने स्वीकार की उसे पिताओं के लिए तरसते बचपन की स्थिति को भी चाहते न चाहते हुए भी स्वीकारना पड़ा। अपने असली जैविक ('स्पर्म') पिता से अलग रहते बच्चों की संख्या में वहाँ तेजी से चौंकानेवाली बढ़ोतरी हुई है। 1990 ई. से अब तक आते-आते वहाँ बच्चों की जनसंख्या का 36 प्रतिशत भाग पिताओं की छाया से अलग पल-बढ़ रहा था। यह संख्या 1960 ई. के मुकाबले तीस वर्षों में दुगुनी से भी अधिक हो गयी। 1960 ई. में 17.5 प्रतिशत बच्चे, 1970 में 22.4 प्रतिशत, 1980 में 32.2 प्रतिशत बच्चे और 1990 ई. में 36.3 प्रतिशत बच्चे पिता विहीन स्थिति में थे। इन अध्ययनों में यह प्रस्थापना भी है कि भविष्य में इस दर में और अधिक बढ़ोतरी निश्चित रूप से पाई जाएगी। केवल माताएँ ही इन बच्चों का पालन-पोषण कर रही थीं। इन माताओं की संख्या में 1960 ई. से 1990 ई. तक जो बढ़ोतरी हुई, उसके आँकड़े भी चौंकाते हैं—1960 में इनका प्रतिशत 7.7 प्रतिशत 1970 ई. में 11.8 प्रतिशत 1980 में 18.0 प्रतिशत और 1990 ई. में 21.6 प्रतिशत था। ऐसे देश में पिताओं की महत्ता बताने, समझाने के लिए ही 'पिता दिवस' का आयोजन हुआ। सामाजिक रूप में पिताओं को परिवार नामक संस्था में वापिस लाने के प्रयत्न भी इस 'पिता दिवस' में देखे गये। 'पिता को घर वापिस लाओ' का नारा ही उस समाज में उठने लगा। इस समाज में पिता की अनुपस्थिति की समस्या द्वितीय विश्वयुद्ध के बाद तेज़ी से बढ़ने लगी थी जब अनेक सैनिक युद्ध में हताहत हो गये थे। अमेरिका के इतिहास में पहली बार पिताओं की भी जबरन-भर्ती को गयी थी। तब वहाँ 'पिता को वापिस लाओ'—'ब्रिंग बैक डैडी होम' जैसे क्लब और संगठनों ने आन्दोलन भी किया।

पिता विहीन बालकों की एक अलग प्रकार की मानसिकता विकसित होती है—न केवल सामाजिक सुरक्षा अपितु आर्थिक सुरक्षा का प्रश्न भी उनसे जुड़ा हुआ है। इसलिए वहाँ सामाजिक संस्थाओं के एवं सरकारी स्तर पर अनेक प्रयत्न किए गये कि जैविक पिता—स्पर्म फादर—उस बच्चे की परवरिश की जिम्मेदारी समझें और उसका खर्चा वहन करने के लिए तत्पर हों। वहाँ एक समाचार-पत्र (2 मार्च, 1993, 'कैंस सिटी स्टार') में एक बच्चे का आक्रोश व्यक्त करता 'पिता दिवस'—'फादर्स डे'—पर एक पत्र प्रकाशित हुआ जो उदाहरणीय है, ''प्रिय पिता, मैं तुम्हारे लिए अब तक के सबसे अभिशप्त—खराब—पिता दिवस की कामना करता हूँ। यदि तुम ख़र्च के पैसे नहीं देते हो, तो तुम मेरे प्रेम के अधिकारी भी नहीं हो। हाँ, वैसे तुम्हें बता दूँ कि मेरी मम्मी तुमसे कम पैसे कमाती है.......मैं तुम्हें घृणा करता हूँ।'' बच्चे के आक्रोश का प्रमुख कारण यह है कि माँ पिता से कम पैसे कमा कर भी उसका पालन-पोषण कर रही है और पिता है कि ज्यादा पैसे पाता हुआ भी अपने कर्तव्य में कोताही कर रहा है। यहाँ पर मुख्य मुद्दा खर्चे का है, असली

पिता इसे निभा सकें—इसके लिए वहाँ तरह-तरह की कानूनी जुगतें निकाली जा रही हैं। पिताओं के लिए अभिशप्त देश में न केवल सामाजिक, प्रशासनिक, अपितु सांस्कृतिक समस्याएँ खड़ी हो गयी हैं।

अबाधित यौन-स्वतन्त्रता ने अमेरिका में जो सांस्कृतिक परिवर्तन उपस्थित किया है, वैश्वीकरण की प्रक्रिया के द्रुत गति से चलते तीसरी दुनिया के अविकसित, अर्द्ध विकसित या विकास की ओर तेज़ी से बढ़ते राष्ट्रों के सम्मुख भी एक अलग मॉडल पेश किया है जिसका तेजी से अनुकरण अमेरिकीकरण की प्रक्रिया में हो रहा है। अभी भारत में भी 'लिविंग टूगैदर रिलेशनशिप' (बिना विवाह के एक छत के नीचे रहने की अवधारणा) कुछ महानगरों में कुछ ही युवाओं में आयी है। इस विष के तेज़ी से फैलते जाने की प्रबल सम्भावना से इनकार नहीं किया जा सकता, न ही उधर के खतरों से मुँह मोड़ा जा सकता है। हमारी सामाजिक संरचना के सम्मुख आयी चुनौतियों में से एक यह चुनौती भी है। 21 सितम्बर, 1992 ई. में अमेरिका के सांस्कृतिक इतिहास में एक महत्त्वपूर्ण घटना घटी। वहाँ के सी बी एस टी.वी. के प्राइम टाइम कार्यक्रम की प्रस्तोता मर्फी ब्राउन ने जब टी.वी. पर घोषित किया कि उसने विवाह संस्था को अपनाए बिना, अविवाहित मातृत्व का निर्णय लिया है तो इसे वहाँ के प्रसिद्ध दैनिक समाचार-पत्र न्यूयार्क टाइम्स ने राष्ट्रीय महत्त्व की एक घटना घोषित किया। खास बात यह थी कि इस घटना की वहाँ के उपराष्ट्रपति डान क्योले ने भरपूर निन्दा की, यह कहते हुए कि यह पिता की महत्ता की अवमानना करने वाली घटना है तो उस टी.वी. चैनल पर दर्शकों ने उपराष्ट्रपति के प्रति अपने क्रोध का उग्र प्रदर्शन किया। अविवाहित मातृत्व की घोषणा करनेवाली ब्राउन मर्फी ने उपराष्ट्रपति क्योले की भर्त्सना करते हुए तर्क दिया कि 'परिवार विभिन्न रूपों एवं आकारों में मिलते हैं।' वहाँ अविवाहित मातृत्व को लेकर आये इस सांस्कृतिक संकट को झेलने के लिए जब समाज अपने को तैयार कर रहा था (और अब तक तो उसने अपने को तैयार भी कर लिया है, अविवाहित मातृत्व अब वहाँ कोई सामाजिक निषेध या वर्जना नहीं रह गया है), तभी एक और चौंकानेवाली घटना घटी। दसवीं कक्षा की एक छात्रा गर्भवती हो गयी, यह कोई बहुत अनहोनी बात वहाँ के लिए नहीं थी, चौंकानेवाली बात यह थी कि जब इस छात्रा ने महिला अधिकारों की पैरवी करने वाली प्रत्याशी के रूप में, छठे माह के गर्भ के साथ, छात्रसंघ का चुनाव लड़ा तो उसे एक आदर्श छात्रा मानते हुए भारी बहुमत से विजय मिली क्योंकि स्कूल की छात्राओं को लगा कि यह लड़की ही उनकी 'रोल मॉडल' है और यही हमारे अधिकारों के लिए सही रूप में लड़ सकती है। ऐसी कितनी ही घटनाओं ने वहाँ पिता-विहीन स्थिति को बढ़ावा दिया।

ऐसे ही पिता-अभिशप्त देश के लिए 'पिता दिवस' की आवश्यकता थी, जहाँ असली बाप, जिसे वहाँ 'स्पर्म फादर' की संज्ञा दी गयी, के अभाव में पिताओं की अनेक' प्रजातियाँ' विकसित हो गयीं। इन पिताओं के कुछ नाम—'बॉयलॉजिकल फादर' से अलग—सौतेला पिता (स्टेप फादर), घर सँभालने वाला पिता ('स्टे एट होम डैड'), 'कानूनी पिता' ('लीगल फादर'), वास्तविक पिता ('रियल फादर'), दो पिता अवधारणा ('टू फादर्स), स्थानापन्न पिता ('सब्स्टीट्यूट फादर), 'मिलने आने वाले पिता' (स्पर्म फादर' ही जिन्हें कानूनी रूप में सन्तान से मिलने का हक प्राप्त है), 'नये साहसी पिता' ('ब्रेव न्यू फादर'), आदि, आदि। इन सबने अमेरिकी समाज को पितृत्व की एक नयी अवधारणा दी है। कभी-कभी तो जनक पिता (स्पर्म फादर) के महत्त्व को नकारते हुए कहा गया कि वह तो एक रात के कुछ घंटों और कुछ क्षणों की 'दुर्घटना' या 'संयोग' के परिणामस्वरूप 'जनक पिता' बना, असली निष्ठा-वचनबद्धता तो उस पिता की है जो दूसरे की सन्तान जानता हुआ भी उसके लालन-पालन का दायित्व निभाने को तैयार है। किन्तु ये निष्ठाएँ भी वहाँ बहुत जल्दी बदल जाती हैं क्योंकि कुछ ही वर्षों में उनकी माँएँ उन्हें कई-कई तथाकथित पिताओं के दर्शन करा देती हैं। वह समाज इन सारी स्थितियों को सहजता से पचा रहा है। पालनकर्ता पिता भी वहाँ तरह-तरह की समस्याएँ दे रहे हैं—जो सन्तान उनकी नहीं है उससे, विशेषत: लड़कियों से, किसी प्रकार का वात्सल्य-भाव न रख वे उनका यौन-शोषण तक कर डालते हैं—माँ और पुत्री दोनों का यौन शोषण! वहाँ की कोर्ट-कचहरियों में आये दिन ऐसे अपराध न्यायिक निर्णय के लिए आते रहते हैं। एक ही छत के नीचे रहने वाले पुरुष मित्र (ब्वॉय फ्रेंड) के साथ रहती महिला को कभी-कभी बच्चे की परवरिश (कस्टडी) का हक नहीं मिलता क्योंकि ऐसे मामलों में बच्चे के यौन-शोषण की सम्भावनाएँ बढ़ जाती हैं। साथ रहते जोड़ों—'रेसीडेंट कपल'—की स्थिति भी बच्चों के मामलों को लेकर इससे भिन्न नहीं है। अविवाहित पिता अलग अपने बच्चे से मिलने के अधिकार—विजिटेशन राइट्स—को लेकर कोर्ट का दरवाज़ा खटखटाते रहते हैं।

विश्वग्राम संस्कृति में ढलते भारत में यौन स्वतन्त्रता के चलते अनेक ऐसी जीवन-प्रणालियाँ आ चुकी हैं—'लिव इन रिलेशनशिप'—अविवाहित रूप में एक ही छत के नीचे रहते युगल—का प्रचलन हो चुका है। एकल अभिभावकत्व (सिंगल पेरेंटहुड') हमारे यहाँ अस्तित्व में आ चुका है। कहीं 'पिता दिवस' के माध्यम से हम उन सारे खतरों का सामना करने के लिए तो तत्पर नहीं हो रहे हैं?

वैश्विक ग्राम में कितने-कितने नन्दीग्राम

जलन्धर में रिलायंस फ्रेश के कई स्टोर खुलते ही रेहड़ीवालों और सब्जी-फल के खुदरा दुकानदारों का प्रदर्शन उनके विरोध में उठ खड़ा होता है। राँची, इन्दौर आदि स्थानों पर भी फलों-सब्जी के छोटे-छोटे, रोज कुआँ खोदकर रोज पानी पीनेवाले, दुकानदार इन फ्रेश स्टोर्स से परेशान हैं। उनके सामने रोज़ी-रोटी का सवाल अनिश्चितता के भँवर में पड़ा हुआ है। जिधर देखो विकास का यह नया गणित टाटा की कार की परवाह कर रहा है, बड़े-बड़े औद्योगिक घरानों, बहुराष्ट्रीय कम्पनियों को 'सेज़' (विशेष आर्थिक क्षेत्र) में जगह देकर किसानों, छोटे किसानों के पाँव तले की जमीन का आधार खिसका रहा है। यही कारण है कि हर तीसरे दिन सिंगूर, नन्दीग्राम असन्तोष और आक्रोश की आग में जलने लगते हैं। देश की सरकार विकास और खुले बाज़ार का तो ध्यान रखती है, पर जिस जनता की खुशहाली के नाम पर यह सब किया जाता है, उसकी ओर कुछ भी ध्यान क्यों नहीं दिया जाता। भरमाया जा रहा है कि रिलायंस फ्रेश स्टोर किसान से सीधे उत्पाद खरीदकर बिचौलिया का मुनाफ़ा समाप्त कर ग्राहक और उत्पादक दोनों को बेहतर मूल्य पर वस्तुएँ उपलब्ध कराएँगे। वस्तुएँ कम मूल्य पर उपलब्ध हो पाएँगी या नहीं, इस पर तो बाद में विचार किया जाएगा, पहले यह देखा जाय कि इन रेहड़ीवालों व अन्य खुदरा दुकानदारों, फेरीवालों की रोज़ी-रोटी कैसे चल पाएगी। यदि शहर के किसी कोने में रिलायंस स्टोर खुल जाय तो कोई हर्ज नहीं था, किन्तु एक शहर में कई-कई, कहीं-कहीं छः-छः स्टोर खोलकर बाज़ार को पूरी तरह अपने कब्ज़े में करने की जुगतें रची जा रही हैं। ये छोटे-छोटे दुकानदार जो कहीं भी अपनी थड़ी, रेहड़ी आदि लगाकर साग-सब्ज़ी, फल आदि बेच लेते हैं, इन स्टोर्स के खुल जाने पर एक बेचारगी की स्थिति में आ जायेंगे। फलतः इन्हें अपनी जीविका कमाने के लिए और विकल्प खोजने होंगे जो छोटी पूँजी के मालिक के वश की बात नहीं होगी। बेरोज़गारी, भुखमरी और आत्महत्याओं का एक नया सिलसिला चल निकलेगा। इन कम्पनियों द्वारा यह ऐसी ही साज़िश

तो नहीं रची जा रही जो कभी ईस्ट इंडिया कम्पनी ने यहाँ के छोटे रोज़गारों, दस्तकारी, आदि को समाप्त करने के लिए रची थी? कहीं यह ढाका की अँगूठी में से मलमल का थान निकालने की कारीगरी को लीलने जैसा ही तो उपक्रम नहीं चल रहा है? किसान की भूमि का जो अधिग्रहण विशेष आर्थिक क्षेत्रों ('सेज़') के विकास के नाम पर हो रहा है, उसके प्रति भूमि-पुत्रों का आक्रोश मोहाली से लेकर गुड़गाँव, हल्दिया, नन्दीग्राम और सिंगूर तक उबाल ले रहा है, जब-तब कुछ ख़बरें तभी प्रकाशित होती हैं जब पानी सिर से ऊपर चला जाता है। हम भूल रहे हैं कि कृषि-क्षेत्र में जब उन्नत खेती का बहुराष्ट्रीय कम्पनियों का प्रकल्प सामने आया तो किस प्रकार बी.टी. कॉटन का उत्पादन करने वाले किसानों ने विदर्भ, तेलंगाना, तमिलनाडु, कर्नाटक, पंजाब आदि राज्यों में आत्महत्याओं का सिलसिला जारी रखा हुआ है। अभी यदि पहले एक सप्ताह के समाचार-पत्रों पर दृष्टि डालें तो कोई दिन ऐसा नहीं है कि पंजाब के किसी क्षेत्र के किसी किसान की आत्महत्या का समाचार इन आँकड़ों के साथ प्रकाशित न होता हो कि इतने-इतने लाख के कर्ज़ में डूबे किसान ने आत्महत्या कर ली है। पीछे छूटे लोगों के झुर्रियाँ पड़े जर्जरित चेहरे, जीर्णशीर्ण वस्त्रों की तस्वीरें उनकी मुफ़लिसी की कहानी अपने आप बयान करती हैं। आँकड़े बताते हैं कि पिछले दस बरसों में अकेले पंजाब में 40,000 (चालीस हज़ार) किसानों ने आत्महत्या इस समुन्नत खेती—जीएम ('जैनिटिकली मॉडीफाइड') फसलों के माया-जाल के चलते ही की है।

खेती, नये बीज और फसल-चक्र की ओर बाद में लौटते हैं, फिर चलें रिलायंस फ्रेश-स्टोर या ऐसे ही जगह-जगह खुलते शॉपिंग मॉल्स की ओर। ये सभी स्टोर्स-चेन्स, भारतीय मध्यवर्ग को ध्यान में रखकर खोले जा रहे हैं, इस आशा के साथ कि इस उच्च मध्यवर्ग की क्रय-शक्ति में दिनोंदिन विकास हो रहा है। कितने ही इनमें से करोड़पति और अरबपतियों की जमात में जा बैठने के लिए उतावले हैं। इन्हीं को ध्यान में रखकर ब्रांडिड कम्पनियाँ, निश्चय ही बहुराष्ट्रीय कम्पनियाँ, अपनी महँगी-से-महँगी श्रृंखला-रेंज—बाज़ार में उतार रही हैं। उन्हें विश्वास है कि यह मध्यवर्ग किसी भी जोड़-तोड़ से इन सब चीज़ों को आयत्त करके रहेगा। ये कम्पनियाँ कृत-संकल्प हैं कि वे मध्यवर्ग और कुलीनों-सम्भ्रान्तों के बीच की रेखा को मिटाकर रहेंगी। विश्वप्रसिद्ध पैन निर्माता कम्पनी माँ ब्लांक को विश्वास है कि उसने 86 लाख रुपये का जो रत्नजटित पेन निकाला है, प्रतिष्ठा को प्यार करने वाले निश्चय ही उसे प्राप्त करके रहेंगे, उन्होंने मन को भरमाने वाला यह विज्ञापन जो देखा है। आप 86 लाख रुपये में अमुक ब्रांड की महँगी कार लेना पसन्द करेंगे या इसी राशि का माँ ब्लांक पैन? जो असली

मध्यवर्ग है वह इसलिए इन स्टोर्स में जाता है कि वहाँ एक ही छत के नीचे सबकुछ अच्छी लोक-लुभावन स्कीमों में उपलब्ध है। यदि थोड़ा-बहुत महँगा भी है तो चीज़ों की गुणवत्ता को देखते हुए जेब से कुछ अधिक राशि जाना उन्हें इतना खलता नहीं है। जो निम्न वर्ग-सामान्य जन या उसके निकट का व्यक्ति है, वह इन स्टोर्स में घुसने की हिम्मत नहीं रखता। उसके पैर इन चाक-चिक्य स्टोर्स में जाने की जुर्रत नहीं करते। इस बात को एक उदाहरण से सत्यापित किया जा सकता है। अपने पुराने बहुत बड़े घड़ी विक्रेता, जिसके यहाँ घड़ियों की मरम्मत का काम भी है, से जब मैं पूछता हूँ, यार, तुमने ए.सी. वगैरह हटवा कर शीशे के दरवाजे क्यों हटवा दिए—इतनी गर्मी में अब बिना ए.सी. क्यों हो? उसने बड़ी आत्मीयता और विनम्रता से उत्तर दिया, 'अंकल, उन दरवाज़ों और ए.सी. से दुकान पर गाहकी कम हो गयी थी। दाम हमने वही रखे हुए थे, पर गाँव का ग्राहक तो दुकान में चढ़ता ही नहीं था, डरता था। अब फिर गाहकी पहले जैसी ही हो गयी है।' यही स्थिति मॉल्स, रिटेल फ्रेश स्टोर आदि की है जहाँ छोटे वित्त का आदमी पैर ही नहीं रखता। वहाँ जाने वाला वर्ग एकाध बार फलों-सब्ज़ियों के दामों की तुलना करेगा, फिर बढ़िया क्वालिटी के नाम पर उस सबको अपनी जीवन-पद्धति का हिस्सा बना लेगा। इसलिए इन स्टोर्स का महँगा होना भी अखरेगा नहीं। वह समय दूर नहीं दिखाई दे रहा है जब इन मॉल्स और स्टोर्स के चलते छोटे दुकानदारों की बधिया ही बैठ जाएगी। कपड़े की दुकानों से लेकर छोटी-छोटी किराने की दुकानें बन्द हो जाएँगी। देखते-ही-देखते हमारे छोटे शहरों में शुद्धता का दम भरनेवाली छोटी चक्की लगाकर सामने मसाला पीसकर देने वाली शुद्ध मसालेवाली दुकानें बहुतायत में तो बन्द ही हो गयी हैं—जो चल भी रही हैं तो जैसे-तैसे अपनी रोटी का जुगाड़-भर कर दुकानदारों को सन्तोष-धन प्रदान कर रही हैं। एम.डी.एच. और एवरेस्ट आदि मसालों के पैकिट उनकी शुद्धता की धाक को समाप्त कर बैठे हैं। शहर के बीचोंबीच बैल जुते सरसों का तेल पेरते कोल्हू बिल्कुल गायब हो गये हैं। इन फ्रेश स्टोर्स और मॉल्स में जो वस्तुएँ प्राप्य होंगी, बाहर उनका बाज़ार धीरे-धीरे पूरी तरह चौपट होता चला जाएगा। जहाँ तक यह मुद्दा है कि किसान को अपने उत्पाद का बेहतर मूल्य मिलेगा, यह भी एक छलावा ही होगा। पेप्सी जो आलू लेती है वह बहुत उम्दा श्रेणी का ही बड़ा आलू लेती है, शेष किसान के पास ही छोड़ दिया जाता है। यही हश्र रिलायंस रिटेल्स के लिए खरीदी जाने वाली वस्तुओं का होगा। बढ़िया-बढ़िया आम, टमाटर, आलू, बैंगन—सब चुन-चुनकर ले लिया जाएगा, शेष बचे निबल श्रेणी के उत्पाद को किसान को इन स्टोर्स से अलग फिर औने-पौने दामों

में बेचना पड़ेगा। उसका लाभांश वहीं का वहीं रहेगा, कुछ कम भले ही रह जाय। खेत में आलू या बाग में फल एक ही आकार-प्रकार का तो होगा नहीं!

पंजाब में उन्नत श्रेणी के बीजों की किस्मों की खेती से भी किसान को इसी प्रकार भरमाया गया, विशेष रूप से मालवा क्षेत्र की कपास की खेती ने किसान के अर्थशास्त्र को बिलकुल चौपट कर दिया। शस्य-शास्त्र से सम्बन्धित अपने अध्ययन 'भारतीय कृषि में संरचनात्मक परिवर्तन' में प्रसिद्ध अर्थशास्त्री डॉ. सुच्चा सिंह गिल ने बताया है कि जैवकीय परिष्करण (जेनेटिक मॉडीफाइड) फसलों से किसान को वर्तमान में भले ही फौरी लाभ दिखाई दे रहा हो, किन्तु इसके पर्यावरण-प्रदूषण और स्वास्थ्य पर प्रतिकूल प्रभाव के दूरगामी परिणाम भुगतने होंगे। कीट-नाशक दवाओं का बी.टी. कॉटन पर छिड़काव उसके बिनौले को प्रभावित करता है—इसी बिनौले से बना तेल और प्रसंस्कारित तेल (रिफाइंड आयल) हम खाने में प्रयोग कर रहे हैं और बिनौलों से बनी खली दुधारू पशुओं को दी जा रही है—उनका दूध तक इनसे प्रदूषित होता है। अपने इन नये बीजों को लोकप्रिय करने के लिए बहुराष्ट्रीय बीज कम्पनियाँ—मॉनसेंटो, म्योचो जैसी किसानों की अज्ञानता और खेती की गिरती दशा का लाभ उठाकर तरह-तरह से उन्हें प्रलोभित करती हैं। इनका प्रतिरोधी स्वर उपस्थित करने के लिए न तो कोई सरकारी संस्थान है और न कृषि विश्वविद्यालय का ऐसा तन्त्र जो बहुराष्ट्रीय कम्पनियों के प्रचार को रोककर किसान को सही दिशा दे सकें। बी.टी. कॉटन बीजों से खेती कर किसान की हालत में कोई बहुत बड़ा सुधार आया हो, ऐसा भी नहीं हुआ। कपास उपजाने वाले मालवा अंचल के किसी भी गाँव में छोटे किसान के पास चले जाइए—बी.टी. कॉटन सीड के प्रयोग से हुई उनकी बदहाली की हृदय विदारक कहानियाँ हैं। कुछ की ज़मीन आढ़तियों ने हड़प ली और कितने ही कर्ज़ की स्थिति के चलते आत्महत्या के लिए विवश हुए। मॉनसेंटो जैसी कम्पनी के बी.टी. कॉटन के छोटे सीड पैकेट का मूल्य 1600 रु. के आसपास है, जो किसान उन्हें नहीं खरीद पाते हैं, वे देसी कम्पनियों के नकली बीज पैकेट खरीदते हैं जिनका मूल्य 400 रु. से 175 रु. तक है। 275 रु. के सीड पैकिट हासिल करने के लिए कितने ही किसान किसी को प्रतिनिधि रूप में पैसे इकट्ठे कर गुजरात के महसाना जिले में भेजते हैं, वहाँ से बड़ी मुश्किल से यह कुछ पैकिट चोरी कर ला पाते हैं क्योंकि वहाँ से सीड पैकिट लाने में बन्दिशें हैं। बी.टी. कॉटन खेती के लिए उसके चारों ओर जो एक सुरक्षित क्षेत्र-पट्टी बनवाने की सलाह बहुराष्ट्रीय कम्पनियाँ देती हैं, छोटा किसान वह भी नहीं कर पाता। बात वहीं आकर अटक जाती है कि चाहे सिंगूर में टाटा कार-कारखाना लगाने का प्रयत्न हो, हल्दिया में रासायनिक संयन्त्र लगाने की पेशकश हो, बिहार में चीनी मिल

और दूसरे कल-कारखाने लगाने और ईस्ट-वेस्ट कॉरीडोर का मसला हो, मोहाली में विज्ञान नगर (साइंस सिटी) स्थापित करने की बात हो, गुड़गाँव में रिलायंस को विशेष आर्थिक विकास क्षेत्र मुहैया कराने की बात हो, रिलायंस के फ्रेश स्टोर खुलने हों—सरकार अपनी छोटी आय की जनता के हितों की सुरक्षा या भूमिपुत्रों की भूमि-रक्षा के हितों को ध्यान क्यों नहीं रख पाती है? यह विकास का कैसा गणित है जिसमें अमीर और मोटा होता चला जा रहा है, गरीब और विषम गरीबी भोगने को अभिशप्त हो रहा है।

सरकार इन मॉल्स और रिटेल फ्रेश स्टोर खोलने की अनुमति देते समय यह भी तो एक दूरदर्शी नियोजन कर सकती है कि केवल पॉश कॉलोनियों में ही इन स्टोर्स को खोलने की व्यवस्था रखे। वहाँ वही वर्ग अधिकांशतः जाएगा जिनकी वहाँ जाने की समायी है। शहर के भीतरी भागों में इन स्टोर्स को नहीं खोलने दिया जाय जिससे वहाँ रहनेवाली जनता अपनी पारम्परिक जगहों से अपनी खरीददारी कर सके। इससे काफ़ी सीमा तक छोटे दुकानदारों, रेहड़ी-थड़ी के मजदूरनुमा विक्रेताओं की रोज़ी-रोटी चलती रह सके। मॉल्स के सन्दर्भ में यहाँ प्रसंगात् एक बात और कही जा सकती है। मॉल्स की संस्कृति यहाँ हम विदेश के अनुकरण पर विकसित कर रहे हैं, पर उसकी अच्छी बातों को काफ़ी कुछ भुला कर। वहाँ मॉल्स खुलने से पहले उन स्टोर्स को सर्वप्रथम पार्किंग की पूरी व्यवस्था करनी होती है। हमारे यहाँ पार्किंग के नाम पर थोड़ी-सी जगह निचली मंजिल आदि में दे दी जाती है, शेष गाड़ियाँ सड़क पर इधर-उधर स्वच्छन्द रूप में पार्क कर दी जाती हैं जिससे वहाँ से गुज़रने वाले यातायात को असुविधा होती है। इसे पूरी तरह कानूनन लागू करना चाहिए कि प्रत्येक मॉल, स्टोर-पार्किंग की 'अच्छी', 'समुचित' व्यवस्था करेगा।

सिंगूर : एक पक्ष यह भी

सिंगूर महीनों से सुलगता आ रहा है, कभी जल रहा है तो कभी बल रहा है। वोट कमाने के लिए राजनीति की गोटियाँ और दलगत राजनीति की रोटियाँ इस रूप में फेंकी और सेंकी जा रही हैं कि जनता भ्रमित हो। टाटा मोटर्स के संयन्त्र के हटने से पश्चिमी-बंगाल की आर्थिक प्रगति पर क्या दूरगामी परिणाम पड़ेंगे, इस बात पर बहस-मुबाहिसे किए जाते हैं, हो सकता है, ममता बनर्जी के एक सप्ताह के अल्टीमेटम के बाद स्थिति और भी विकटतम हो। इन सब बातों को यहीं छोड़, अभी इस बात पर विचार किया जाय कि इस आन्दोलन को एक पार्टी विशेष द्वारा चलाए जाने का रसोई-ख़र्च कितना आता है तो आँखें खुली-की-खुली रह जाती हैं। मुद्रण माध्यम से, अँग्रेज़ी के एक प्रतिष्ठित अख़बार ने मात्र पाँच-दिनों—26 अगस्त से 30 अगस्त तक के, जो आँकड़े और ब्यौरे दिए, वे चौंकाने वाले हैं। आन्दोलन में भाग लेनेवालों के लिए प्रतिदिन खाना खिलाने का खर्चा मात्र 2.5 लाख रुपये और अन्य तामझाम को भी लगा लें तो उससे कुछ ऊपर का ही बैठता है। नारे लगानेवाली भीड़ की निरन्तरता में उपलब्धि होती रहे और आन्दोलन की मशाल जलती रहे, इसे सम्भव बनाने के लिए सिंगूर के सन्निकट रूपनारायणपुर की कृषि सहकारी समिति को रोज़ाना दो पारियों में सुबह-शाम लगभग 90,000 लोगों को भोजन कराना पड़ता था। लगभग 50 व्यक्तियों की रसोई तैयार करनेवाली टोली को केवल कुछ घंटों की नींद लेकर पूरे-पूरे दिन-रात काम करना पड़ रहा था। यह रसोई नैनो फैक्ट्री के सामने लगभग पचास मीटर की दूरी पर चल रही थी जिसमें 150-200 आदमी (औरतें, बच्चे) एक बार में भोजन करते हैं। भोजन का मेन्यु सामान्यतः चावल, दाल और सब्ज़ी होता है, किन्तु जब भीड़ 5000 लोगों से अधिक हो जाती थी तो बात खिचड़ी पर आ जाती। रसोईकार्मिकों ने खुलासा किया कि 1 बजे दोपहर तक 150 कढ़ाइयाँ खिचड़ी की बन चुकी थीं और अभी उन्हें पता नहीं था कि कितनी और कढ़ाइयाँ खिचड़ी की उतारनी पड़ेंगी—भीड़ की संख्या को देखते हुए कढ़ाइयों के आकार

का अनुमान लगाया जा सकता है—निश्चित ही वे 'कढ़ाह' होंगे। रसोई की पूर्ति और प्रबन्धन के लिए तीन ठेकेदारों को ठेके दिए गये। 'कृषि जामी रक्षा समिति' के स्वयंसेवक जो भोजन परोसने का काम करते हैं, उनकी चर्या भी अति व्यस्त है—दोपहर में देर से निबट पाते हैं और फिर एक घंटे के अवकाश के पश्चात् फिर रात्रि भोजन की व्यवस्था में जुट पाते हैं। सामान्यत: लोग भोजन से सन्तुष्ट बताए जाते हैं और अघाकर 'दीदी' को धन्यवाद देते हैं। प्रत्येक रसोइया सौ रुपये प्रतिदिन लेता है, 50 रसोइयों का बिल पाँच दिन का लगभग 25,000 रुपये हो गया है, किन्तु इन्हें ठेकेदारों पर भरोसा नहीं है कि पैसा मिल पाएगा या नहीं। छोटे-छोटे 20 तम्बुओं और रैली के रैला को सम्बोधित करने के लिए मॉडर्न डेकोरेटर्स, कलकत्ता द्वारा बनाए गये विशाल मंच का खर्चा 10 लाख से ऊपर का बताया जाता है। 50 से अधिक लाउडस्पीकरों, एम्पलीफायरों और माइक्रोफोन्स का खर्चा इन सबसे अलग है। इतने अधिक ख़र्च का वहन करके वाले राजनीतिक दल को इस ख़र्च की आपूर्ति कहीं-न-कहीं से तो करनी ही होगी, वे रास्ते निश्चित रूप से बहुत अधिक औचित्यपूर्ण नहीं ही होंगे। इन ख़र्चों में रैली में शामिल लोगों की दिहाड़ी शमिल नहीं है—यह सर्व उजागर सत्य है कि भीड़ जुटाने के लिए किस प्रकार दिहाड़ी-मज़दूर एकत्रित किए जाते हैं। यदि आपके पड़ोस में कोई 'धक्का कॉलोनी' (झुग्गी-झोंपड़ी टाइप) है तो उसके बाशिन्दे बता देंगे कि वे किस प्रकार उस दिन होनेवाली रैलियों में दिहाड़ी पर जाते हैं, 'भीड़' के ठेकेदार बाकायदा उनका रेट तय कर ले जाते हैं।

प्रश्न यह उठता है कि इतनी भारी और खर्चीली रैलियाँ सिंगूरवासियों को क्या किसी ढब पर लगा पाती हैं। समाचार-चैनल पर शायद काफी लोगों ने दो-तीन सिंगूरवासियों की बातचीत देखी होगी। उनमें से एक ने बताया कि उनकी भूमि का सामान्यत: भाव 30-40 हज़ार रुपये बीघा मोल देकर जमीन लो, वह किसान खुश था। एक दूसरे बड़े और सम्भ्रान्त किसान की बातचीत थी, वह बता रहा था कि उसकी भूमि की कीमत 50-60 हज़ार रुपये प्रति बीघा थी, किन्तु उसे मिला 1 लाख 50-60 हज़ार रुपये प्रति बीघा। उसने उसी पैसे से टाटा संयन्त्र में काम आने वाले कल-पुर्ज़े का व्यवसाय स्थापित कर लिया है। सब जानते हैं कि निजी कम्पनियों द्वारा जब भूमि अधिग्रहण किया जाता है तो वे ज़मीन के बाज़ार-भाव से कई गुना मूल्य चुकता करते हैं। नोएडा के विभिन्न अंचलों के गाँव इस तथ्य के साक्षी हैं। दूर सिंगूर मत जाइए। दिल्ली के आसपास प्रसिद्ध बिल्डरों ने जो भूमि अधिग्रहण की और करने जा रहे हैं, वे बाज़ार-भाव से कहीं-कहीं ज्यादा है। इतनी पैदा तो उनकी जमीन दे ही नहीं रही थी। फलत: किसान खुश हैं और होड़ा-होड़ी में बिल्डर्स जमीन की जो कीमत निरन्तर बढ़ा रहे हैं,

किसान उनसे सौदेबाज़ी करने की बेहतर स्थिति में है। पंजाब के सीमावर्ती जिले के एक गाँव ने अपने को 'सेल' पर लगा दिया है क्योंकि उन्हें विश्वास है कि कर्ज़े में डूबी उनकी जिन्दगी को सरकार नहीं बचा सकती, कोई बड़ा औद्योगिक घराना ही बचा सकता है। ख़बर कल की ही है कि वहाँ के किसान चाहते हैं कि उनकी ज़मीन को रिलायंस या कोई ऐसा ही समूह 'सेज़' में ले ले।

हमें सिंगूर के किसान की उस आमहत्या को भी नहीं भूलना चाहिए जिसने इसलिए आत्महत्या कर ली कि नैनो फैक्ट्री के हट जाने पर उनके उन दो बेटों का क्या होगा जिन्हें नैनो में नौकरी मिली हुई है। लगता यह है कि आन्दोलन की संचालिका दीदी ने भड़काऊ भाषणों से किसानों को उत्तेजित कर विश्वास दिलाया होगा कि हम तुम्हें बेहतर मूल्य और शर्तें तुम्हारी ज़मीन के लिए दिला सकते हैं, किन्तु यदि टाटा मोटर्स किसी और स्थान पर नैनो लेकर चली जाती है तो सिंगूर के किसान की स्थिति यही बन सकती है, 'आधी छोड़ सारी को ध्यावै, आधी रहे न सारी पावै।' क्या इससे बेहतर विकल्प यह नहीं था कि महाराष्ट्र सरकार किस प्रकार यवतमाल में गाँव के लोगों से मतदान करा रही है कि उनकी ज़मीन का अधिग्रहण हो या न हो, उसी प्रकार पश्चिम बंगाल सरकार सिंगूर में मतदान करा लेती और गोपाल गाँधियों को असफल न होने देती।

पुनश्च : अब यह सिद्ध हो चुका है कि ममता दी अपने ही प्रकार की राजनीति सिंगूर की समस्या पर कर रही थीं, टाटा द्वारा नैनो का संयन्त्र वहाँ ये हटा लिये जाने पर जनता और पश्चिम बंगाल सरकार अपने को छला गया महसूस कर रही है और पूर्णरूपेण ममता को ही इसका जिम्मेवार बताया जा रहा है।

भ्रष्टता के हमारे शिखर

पिछले कुछ वर्षों और समय से हमने सर्वपक्षीय उन्नति कर दुनिया में अपने झंडे गाड़े हैं, अभी-अभी परमाणु सन्धि हमारे मुकुट में जटित नया रत्न है, अभिनव बिन्द्रा स्वर्ण पदक और ओलम्पिक के कुछ अन्य पदक आदि हमारी उपलब्धियों के खाते में हैं, चहुँओर 'इंडिया शाइनिंग' की अभूतपूर्व चमक है, फिर भला हम भ्रष्टाचार के क्षेत्र में कैसे पीछे रह सकते थे! पिछले बरस, 2007 के मुकाबले हमारी ईमानदारी में 2008 में खोट बढ़ी है। 23 सितम्बर, 2008 से ट्रांसपेरेंसी इंटरनेशनल इंडिया की ओर से पूरे विश्व में भ्रष्टाचार तथा ईमानदारी—इंटेग्रेटी का एक सर्वेक्षण 180 देशों के आँकड़ों के आधार पर कराया गया। 180 देशों में भारत का स्थान 85वाँ है और दक्षिण एशिया में हमें 'सर्वाधिक भ्रष्ट' होने का 'सम्मान' प्राप्त है। ग़नीमत यह हुई कि पिछले वर्ष भ्रष्टता में भारत का स्थान 72वाँ था। हमारी ईमानदारी में 10 अंकीय तालिका (टेन प्वाइंट स्केल) में पिछले वर्ष के मुकाबले और अधिक कमी आयी है, 2007 में यह 3.5 अंक थी तो इस वर्ष 3.4 रह गयी है। यह भी हमारे लिए कोई तोष का बिन्दु नहीं होना चाहिए कि हमारा पड़ोसी पाकिस्तान भ्रष्टाचार में 135वें और ईमानदारी में 2.5 अंक के स्थान पर है। मीडिया में इसका विश्लेषण करती हुई ट्रांसपेरेंसी इंटरनेशनल इंडिया की प्रवक्ता अनुपमा झा ने कहा 'कोई शर्म ही बाकी नहीं रह गयी है' ('नो शेम इज़ लेफ्ट')। कुछ राजनेताओं को यह तर्क भी देते देखा जा सकता है कि एशिया के अन्य देशों में भी भ्रष्टचार इसी रूप में वृद्धि पा रहा है, यह भी बेशर्मी का एक रूप है। उन्हें एशिया के अन्य देश तो दिखाई देते हैं, विकसित अर्थव्यवस्था या कहें विकासशील अर्थव्यवस्था का वह देश ब्राजील नहीं दिखाई देता जहाँ ईमानदारी ('इंटेग्रेटी') का स्तर कहीं ऊँचा है और डेनमार्क जैसे देश में वह 9.3 अंक है।

हमारे देश और समाज की दुर्नियति यह है कि हमें भ्रष्टाचार 'भ्रष्टाचार' जैसा दिखना बन्द हो गया है। ध्यान दीजिए पिछले दस बरस के समय पर जब

लाखों के घोटाले सुनकर रोंगटे खड़े होते थे (चारा घोटाला, बोफ़ोर्स घोटाला)। आज समाचार-पत्रों में नित्य करोड़ों-करोड़ों के घपलों के समाचार आते हैं, वे कोई सनसनी नहीं फैलाते, कोई रोमांच या कौतूहल-भाव इन ख़बरों के प्रति नहीं होता। भ्रष्टाचार का कितना दारुण, अमानवीय और घिनौना पक्ष कोई क्यों न हो, जनता उधर से पूर्ण उपराम है। चाहे देश के शहीदों के ताबूत में घोटाले का सवाल हो, चाहे राष्ट्रीय स्मारक ताजमहल की वीथिका (कॉरीडोर) की करोड़ों-करोड़ों की हेराफेरी की बात हो, कोई जन-प्रतिरोध कहीं भी सुनाई नहीं पड़ता। इनसे कम महत्त्व की बातों (वेलेंटाइन डे आदि) पर प्रदर्शन और तरह-तरह के बावेला और हाहाकार मचाती स्वयंसेवी संस्थाएँ इन सब धाँधलियों के खिलाफ़ कोई भी प्रदर्शन क्यों नहीं करतीं? बुद्धिजीवियों की तो बात छोड़ ही दीजिए, वे ऐसे समाज से सीधे-सीधे जुड़े सवालों पर अपनी शब्द-सम्पदा जाया करना उचित नहीं समझते, उन्हें 20-25 श्रोताओं की उपस्थितियों वाली 'अन्तर्राष्ट्रीय, राष्ट्रीय गोष्ठियों' और 'संगोष्ठियों' से ही फुरसत नहीं मिल पाती। करोड़ों-करोड़ों का घपला करते राजनेताओं को न कोई सामाजिक भीति है और न जनता के वोट की परवाह, वे वोट को नोट से खरीदना और उसकी दिशा तय करना जानते हैं। 'नोट से वोट' का जो खेल न केवल भारतीय जनता ने, अपितु पूरे विश्व समुदाय ने प्रजातन्त्र के मन्दिर (संसद के सदन) में देखा, उसकी परिणति सामने है। सरकार का काम आयोग, जाँच समिति आदि बिठा भर देने का है—इन आयोगों और समितियों के प्रतिवेदन में किस प्रकार दाग़ी नेताओं का दामन पाक-साफ़ तरीके से छूट जाता है, वह सर्वज्ञात तथ्य है।

चुनाव आयोग बड़े जतन करता है, कानूनी दाँवपेंच निकालता है कि चुनाव से पहले राजनेता अपनी चल-अचल सम्पत्ति घोषित करें, किन्तु वास्तविकता यह है कि इससे कोई मूलभूत अन्तर पड़ा क्या? स्थितियाँ जस-की-तस हैं। चुनाव में हुए ख़र्चों की ही बात ली जाय उस पर कितना नियन्त्रण कारगर रूप में रखा जा सका? बड़े चुनावों में हुए ख़र्चों की बात तो छोड़ दी दीजिए, विश्वविद्यालयों के चुनावी ख़र्चों पर क्या कोई नियन्त्रण रखा जा सका है। हाल ही में दिल्ली विश्वविद्यालय के चुनाव इस तथ्य की पुष्टि करते हैं। देश में आय से अधिक सम्पत्ति रखने का नियमन करने वाली कई-कई संस्थाएँ हैं, क्या राजनेताओं के तन्त्र ने उन्हें पूरी तरह नाकाम नहीं कर दिया है? उनकी जाँच के चक्कर में छोटे-छोटे या कहें मध्यवर्ग के कुछ ईमानदार लोग ही आ पाते हैं। इन जाँच करने वाली संस्थाओं का प्रशासनिक तन्त्र पूरी तरह राजतन्त्र द्वारा नियमित और निर्देशित होता है। प्रशासन-तन्त्र पूरी तरह से राजतन्त्र के समान ही भ्रष्टाचरण में डूबा हुआ है—'यथा राजा तथा प्रजा' का पूरी तरह अनुकरण करता हुआ।

भारत दार्शनिक और नैतिक गुरु रहा है और है, क्या उधर से कोई दिशा मिल सकती है? पिछले 15-20 बरस से बाबाओं, हाईटेक बाबाओं (और दादियों) की फौज जिस गति से बढ़ी है, उससे तो पूरे भारत में रामराज्य आ जाना चाहिए था-'धर्म की जय हो, अधर्म का विनाश हो' का स्वर-घोष जीवन-मन्त्र हो जाना चाहिए था। इधर से आशा इसलिए भी की जा सकती थी कि सारे 'स्टार बाबाओं' के लक्ष-लक्ष अनुयायी हैं—देश से लेकर विदेशों तक, किन्तु उन बाबाओं की भ्रष्टता पर बात फिर कभी, फिलहाल यही कहा जा सकता है कि भ्रष्टाचार को तभी काबू में किया जा सकता है जब देश के तन्त्र-राजतन्त्र और प्रशासन तन्त्र में उसे रोकने की दृढ़ इच्छाशक्ति हो, जनता में उसका विरोध तरह-तरह करने का मनोबल और बुद्धिजीवियों में उधर से उपराम न होने की प्रवृत्ति जाग्रत हो।

वर्तमान में यदि हम देखें तो आम आदमी भ्रष्टाचार का सामना पग-पग पर जिस रूप में कर रहा है उससे उसकी जिन्दगी ख़्वार हो गयी है। लगता है देश तो अब रामभरोसे ही चल रहा है, पर इतने भ्रष्टाचार के रहते हुए चल कैसे पा रहा है, यह आश्चर्य तो पैदा करता ही है। चन्द-एक उदाहरण हमारे कथन के साक्षी बन सकते हैं। शहर में कहीं पार्किंग एरिया में जाइए, नगर निगम ने ठेका देते हुए जो दर तय की थी, वह 10/-प्रति भर थी, किन्तु यहाँ धड़ल्ले से 15/-की रसीद-पर्ची काटी जा रही है। न्याय के मन्दिर न्यायालय-परिसर, डिस्ट्रिक्ट कोर्ट में चले जाइए जहाँ अपराधों की सुनवाई और निपटारा होता है। किसी भी सन्दर्भ में आपको स्टाम्प पेपर चाहिए—पाँच रुपये का दस में पाइए, दस का पन्द्रह में, इसी प्रकार...। आपने तर्क किया तो स्टाम्प-विक्रेता का अहसान-भरा उत्तर यह कि हम आपको दे तो रहे हैं वरना यह तो मिल ही नहीं रहे—सब कुछ ब्लैक में ही चल रहा है। दफ़्तरों का यह हाल है कि बिना कुछ लिये-दिए काम ही नहीं हो पाता है, इसलिए कुछ कार्यालयों में इसे बाबू लोग खुले रूप में 'सेवा-शुल्क' का नाम दे रहे हैं—एक 'सर्विस चार्ज' उपभोक्ता सरकारी तौर पर दे रहा है तो दूसरा 'सर्विस-चार्ज' (सेवा-शुक्ल) पारम्परिक रूप में, अलिखित नियम लगभग कानून का रूप लेता जा रहा है, या कहें ले लिया है। एक सज्जन ने ईमानदारी की एक नयी व्याख्या ही कर डाली। उनके अनुसार यदि 'सेवा शुल्क' ('रिश्वत' कहना तो 'अनैतिक' हो गया है) लेकर कोई बाबू या अफ़सर आपका कार्य कर दे तो वह व्यक्ति ईमानदार है, बेईमान वह है जो पैसा लेकर भी आपका कार्य नहीं करता। जिस समाज ने भ्रष्टाचार से ऐसा समझौता कर लिया हो, वहाँ भ्रष्टाचार रुक नहीं सकता। वह तो एक युग-धर्म ही बन जाता है।

अब संसद में भ्रष्टाचार विरोधी कानून में संशोधन-प्रस्ताव संसद के सामने

है। इस संशोधन द्वारा सरकारी कर्मचारी (पब्लिक सर्वेंट) को इसके दायरे में लाने का प्रयत्न किया जा रहा है। यू.एन.ओ.डी.सी (यूएनओ का ही एक निकाय) ने इस वर्ष (2009) 9 दिसम्बर को 'भ्रष्टाचार विरोध दिवस' मनाया। किन्तु क्या ये सब कानूनी व्यवस्थाएँ भ्रष्टाचार रोकने में समर्थ हो पाएँगी? 'सूचना अधिकार' (आर.टी.आई) भी पहले से ही लागू हो चुका है, किन्तु फिर भी पिछले दो वर्षों में हमारे भ्रष्टाचार का ग्राफ़ ऊपर ही गया है। कानूनी प्रावधान तो पहले से ही बहुत हैं, किन्तु असली सवाल हमारे मनोबल का है—राष्ट्रीय स्तर पर हमारा मनोबल भ्रष्टाचार की समाप्ति के लिए है ही नहीं। इसी कारण भ्रष्टाचार विरोधी जितनी कानूनी जुगतें और संस्थाएँ हैं, वे प्रभावी रूप में अपना कार्य नहीं कर पा रही हैं। सरकारी स्तर पर एक तर्क यह भी दिया जा रहा है कि अब वेतनमानों में इतनी वृद्धि हो गयी है कि भ्रष्टाचार के लिए कोई स्थान नहीं रह जाता है। सर्वोच्च न्यायालय के जजों का वेतन अब 90,000/- होगा, किन्तु क्या यह न्यायपालिका के भ्रष्टाचार को रोक पाने में सक्षम पग सिद्ध हो सकेगा? उत्तर नकारात्मक ही नज़र आ रहा है। सर्वोच्च न्यायालय के सेवा निवृत्त एक मुख्य न्यायाधीश ने कहा है कि देश में न्यायाधीशों का 20 प्रतिशत भ्रष्टाचार से संलिप्त है। वस्तुतः प्रशासनिक भ्रष्टाचार तब तक समाप्त नहीं हो सकता जब तक राजनेताओं का भ्रष्टाचार समाप्त नहीं होता। भ्रष्टाचार ऊपर से नीचे को फैलता है, समकालीन इतिहास इस बात का साक्ष्य है। दूर-दूर तक आशा की कोई ऐसी किरण नहीं दिखाई देती कि राजनेताओं में भ्रष्टाचार समाप्त हो सकेगा।

करोड़ों-करोड़ों में खेलता समाज

मुक्त बाज़ार-व्यवस्था और उपभोक्तावाद ने जिस रूप में महँगी-महँगी वस्तुओं को भारतीय उपभोक्ता की पहुँच में ला दिया है, उसे देखकर 'आँखें' फटी-की-फटी रह जाने की स्थिति बनती है। कभी 'लाखों-लाखों का स्वप्न देखना एक बड़ी बात थी, किन्तु अब करोड़ों-करोड़ों का सपना सामान्य भारतीय को दिखाने की मुहिम जोरों पर है। छोटे परदे के सीरियलों में जब किसी 'दुष्टा' नायिका ('खल' शब्द इनके लिए छोटा पड़ जाता है) को अपनी कुचालों के साफल्य के लिए किसी को कोई रकम देनी होती है तो ये कई-कई करोड़ों का ब्रीफ़केस उठाकर ऐसे चल देती हैं मानो सब्ज़ी का थैला उठाकर आलू-बैंगन लेने जा रही हों। न ही इनके पति नामक प्राणी को पता चल पाता है कि उसके घर से इतनी बड़ी राशि चली गयी है, मानो कोई छोटी-मोटी चीज़ गुम हो गयी हो। इन सीरियलों के पात्र जब चेक भी काटते हैं तो कोई छोटा-मोटा नहीं, दो-चार, दस-पाँच करोड़ का ही। एक सीरियल में तो एक पात्र आक्रोश भरी मुद्रा में बीस करोड़ का चेक काटकर पूर्व पत्नी को दफ़ा हो जाने के लिए इस रूप में कह रहा है मानो कोई छोटी-सी चीज़ देकर उसे टरकाना चाहता हो। अब से 10-15 वर्ष पूर्व की, जब टी.वी. का वर्चस्व नहीं था, कोई फ़िल्म देख जाइए, वहाँ बात हज़ारों और लाखों में होती है, अब यहाँ करोड़ों-करोड़ों में। बात फ़िल्म नगरी की आयी है तो यह जानना भी रोचक होगा कि वहाँ कलाकारों का विज्ञापन और फ़िल्म का मेहनताना कितना-कितना है, कितने-कितने करोड़ों में है। शाहरुख खान और क्रिकेट के शहंशाह महेन्द्र सिंह धोनी का एक विज्ञापन का पारिश्रमिक 5-6 करोड़ है। अक्षय कुमार ने यू.टी.वी. की एक फिल्म 72 करोड़ रुपये में अनुबन्धित की है। 50-60 करोड़ लेकर कई कलाकार उन फ़िल्मों की बिक्री में अपनी रॉयल्टी भी माँग रहे हैं। फ़िल्मों की बात छोड़ दीजिए, हमारे आदर्श प्रभु, मर्यादा पुरुषोत्तम राम की बारात (आगरा में) 25 करोड़ की लागत से निकाली गयी (2008 में) जिसमें 12 लाख बारातियों के शामिल होने की बात की गयी।

14 बरस वन-वन की खाक छानने वाले भगवान को क्या पता कि कलिकाले उनकी बारात इतनी भव्यता को प्राप्त होगी। हमारी यह ऊँची छलाँग विश्व बाज़ार के अनुरूप ही चल रही है, विश्व में ऊँचे-से-ऊँचे दामों पर भोग-विलास की वस्तुएँ, स्थान, परिधान आदि उपलब्ध कराने की तीव्र प्रतिस्पर्द्धा मची हुई है। दुबई स्थित स्वर्गिक होटल 'एटलांटिक रिसोर्ट' जो दुनिया का सबसे महँगा होटल है, में एक रात का ख़र्च किराया ('टैरिफ'—रेंटल) ग्यारह लाख रुपये से कुछ ऊपर है। दुबई में ही एक होटल के उद्घाटन अवसर पर एक रात में एक करोड़ रुपये की आतिशबाजी छोड़ी गयी। दुनिया में अभी तक (वाकया साल 2008) की सबसे महँगी बिकनी एक अरब से अधिक मूल्य की है।

अनायास नहीं हुआ है कि दुनिया के महँगे-से-महँगे ब्रांडों के उत्पादों की उपलब्धता भारत में निरन्तर बढ़ती जा रही है। महँगे-से-महँगे विदेशी उत्पाद भारतीय बाज़ार में उतरते हैं और आते ही हाथों-हाथ ले लिये जाते हैं। हाल-फिलहाल (जून 2008) के आँकड़ों के अनुसार दुनिया में करोड़पतियों अर्थात् जिनके पास निवेश के लिए चार करोड़ रुपया है, की संख्या भारत में सबसे अधिक है। विश्व की विश्वस्त वित्तीय कम्पनियों मैर्मूल बिंच और कैपजोमिनी ने विश्व-समृद्धि पर एक रिपोर्ट प्रकाशित की है जिससे भारत में चार करोड़ रुपये निवेश करने वाली जनसंख्या 2007 में 22.6 प्रतिशत बढ़ी, पिछले वर्ष हम 20.5 प्रतिशत की वृद्धि के साथ दुनिया में दूसरे स्थान पर थे और सिंगापुर पहले स्थान पर, इस वर्ष हम समृद्धि की विकास-दर में पहले स्थान पर आ गये हैं और हमारे यहाँ धन-कुबेरों की संख्या (2007 के अन्त तक) 1,23,000 थी, ठीक एक साल पहले 2006 में यह संख्या, 1,00,015 थी। इस संख्या में उन लोगों की अचल सम्पत्ति, भवन आदि को सम्मिलित नहीं किया गया है। हाल ही में अक्टूबर, 2008 के आँकड़े बताते हैं कि भारत में करोड़पतियों की संख्या में 23 प्रतिशत की दर से वृद्धि हुई है। एक सर्वेक्षण के अनुसार दिल्ली में चार वर्ष पूर्व चार खरबपति थे, किन्तु अब वह संख्या उन्नीस हो गयी है। आज पूरा विश्व और भारत जिस मन्दी की मार के दौर से गुजर रहे हैं, उसमें आज (3.11.08 के अँग्रेज़ी 'हिन्दुस्तान टाइम्स') का यह समाचार-तथ्य चौंकाने वाला है—मन्दी की मार से छोटी और मझोली कारों की बिक्री इस वर्ष घटी है, किन्तु विलासिता-पूर्ण गाड़ियों की श्रेणी में अभूतपूर्व बिक्री हुई है। इस श्रेणी की कारों में मर्सीडीज़, ऑडी तथा बी एम डब्ल्यू की माँग सर्वाधिक है। मर्सीडीज़ रेंज ने भारत में 11 वर्ष से अपनी उपस्थिति में सबसे अधिक बिक्री इस वर्ष की है, यह उनका सर्वोत्तम वर्ष रहा—जनवरी से अक्टूबर, 2008 के बीच मात्र दस माह में 46 प्रतिशत की वृद्धि हुई और, 3,141 कारों की बिक्री हुई। यदि इन तीनों कारों के मॉडलों की

बिक्री की बात की जाय तो इन दस महीनों में 6,500 कारें बिकीं, अकेले मर्सीडीज़ का हिस्सा इस बिक्री में 50 प्रतिशत से अधिक का है। यह उन दस महीनों में सम्भव हुआ जब खरीददारों का यही तबका शेयर बाज़ार में बुरी तरह से मार खा रहा था। इस आर्थिक समृद्धि (?) के बरअक्स हमें यह नहीं भूलना चाहिए कि भारतीय सामान्य जनता की बेहाली-बदहाली के कुछ ऐसे आँकड़े भी हमारे सामने हैं जिन्हें देखकर रूह काँपती है। अकेले मध्य प्रदेश में नवजात शिशु से लेकर 6 वर्ष तक के कुपोषण के शिकार बच्चों की संख्या 33,000 से ऊपर है। अकेले सतना जिले में शिशु-मृत्यु दर 76 प्रतिशत है। तीन में से एक भारतीय महिला का वजन औसत से कम है। उनका प्रजनन, संतति, भी कम वजन वाली (अंडरवेट) है। भारत के 70 प्रतिशत बच्चे रक्ताल्पता ('अनेमिक') के शिकार हैं। यदि वैश्विक स्तर पर देखें तो कांगो जैसे अफ्रीकी देश के भूख से बिलबिलाते, बढ़े हुए पेट और बड़े सिर के नंगधड़ंग बच्चों का ध्यान आता है जिन्हें बी.बी.सी. पर देखकर मन वितृष्णा से भर उठता है। पावरोटी के लिए बढ़ते उनके हाथ और आँखों में उमड़ी दया की भीख देर तक चेतना पर दस्तक देती है। करोड़ों-अरबों का खेल खेलता यह समाज गरीबी और अमीरी के बीच की खाई को और भी चौड़ा तथा गहरा करता जा रहा है।

हमारी चिन्ता का विषय यह होना चाहिए कि भारत के इस करोड़पति वर्ग को उपभोक्तावादी दौड़ में शमिल करने का सुनियोजित षड्यन्त्र किस प्रकार खुले बाज़ार की अर्थ-व्यवस्था ने रचा और हमारी व्यवस्था ने उसे शिरसा स्वीकार किया, उसे निरन्तर अंगीकार करती गयी और करती चली जा रही है। हमने अपने द्वार मुक्त बाज़ार के लिए पूर्णतः मुक्त कर दिए, बहुराष्ट्रीय कम्पनियों ने अपने महँगे से महँगे ब्रांड भारतीय बाज़ार में उतार दिए। उन्हें लगा कि नवोदित उच्च मध्यवर्ग खरीदने की भरपूर ताकत से लैस है। प्रतिष्ठा-प्रश्न ('स्टेटस सिम्बल') के रूप में उस वर्ग ने उन सब उत्पादों को अंगीकार किया जिनको हमारे नव-निर्मित मॉल्स ने या उन कम्पनियों के शोरूम ने सहज में ही उपलब्ध करा दिया। भारत में अमीरों-रईसों की बढ़ती संख्या को देखकर जिन बड़ी कम्पनियों ने भारत में पैर पसारे उनके कुछ उदाहरण द्रष्टव्य हैं: दिल्ली, बम्बई आदि के पंचतारा होटलों में आभूषण, परफ़्यूम, लैदर-बैग जैसी वस्तुओं की निर्माता अग्रणी यूनानी कम्पनी बुलगारी ने अपने शोरूम खोले जिनके उत्पादों की कीमत 50,000 रुपये से शुरू होती है। आभूषण और महँगी घड़ियों की निर्मात्री कातिए, कम्पनी ने अपने शोरूम बड़े-बड़े शहरों-महानगरों में स्थापित कर दिए हैं जिसके आभूषण-घड़ियाँ तीन लाख के न्यूनतम मूल्य से शुरू होती हैं। मोंब्लांक बढ़िया पेन और घड़ियाँ बनाने के लिए ख्यात कम्पनी के दोनों उत्पादों की रेंज 5 हज़ार से 50 लाख रुपये की

है। लुई विटन पेरिस की लैदर बैग, ट्रैवलिंग बैग, वेनिटी बैग आदि की उत्पादक प्रसिद्ध कम्पनी है जिसके उत्पाद 'एलवी' प्रतीक चिह्न के साथ बिकते हैं—इसके वैनिटी बैग की शुरुआत मात्र 50,000 रुपये से ही होती है। नोकिया के वेरतु ब्रांड मोबाइल फोन 3-17 लाख तक के हैं और अब जो नये-नये फोन बाज़ार में उतारे जा रहे हैं, उनकी कीमतें और भी ऊँची हैं। हाल-फिलहाल का चौंकाने वाला समाचार यह है कि अपनी नंगई और फैशनपरस्ती के लिए ख्यात 'एफ़.टी.वी.' ने बंगलुरु तथा दिल्ली में अपने स्पॉ तथा सैलून खोल दिए हैं। दो-एक वर्ष पहले किसी चैनल पर समाचारों में 86 लाख रुपये की घड़ी बाँधे हरियाणा के एक 'किसान' को दिखाया गया था। यह करोड़ों-करोड़ों का बाज़ार जिस भारतीय जनता के सहारे चल रहा है, परवान चढ़ रहा है, वह देश की एक अरब आबादी का मात्र एक प्रतिशत है, अर्थात् एक करोड़। एक करोड़ की संख्या का खरीददार, उपभोक्ता किसी भी बाज़ार की सफलता के लिए बहुत बड़ा आधार देता है, यही कारण है कि लाखों-लाखों, करोड़ों-करोड़ों का व्यापार समृद्धतर होता जा रहा है, भले ही गरीब और गरीब-मजलूम होता चला जाय।

प्रेम और यौन : नवाचार

अश्लीलता की नयी अवधारणाएँ, नव आचार-संहिता

विभिन्न चैनलों पर अश्लीलता की चर्चा करते समय बार-बार घूम-फिर कर विज्ञापनी संस्कृति और फ़ैशन टी.वी. पर ही आकर रुक जाती है, किन्तु हँसी के कार्यक्रमों से लेकर 'रियल्टी शोज़' में जिस रूप में अश्लीलता और कामकुता का नग्न प्रदर्शन हो रहा है, क्या देश के कानून में इस सब को पुनर्परीक्षण करने का कोई प्रावधान नहीं है? नहीं है तो वह प्रावधान बनाना चाहिए, वैश्वीकरण की आँधी में हम उसे खुले बाज़ार की खुली नीति और अभिव्यक्ति की स्वतन्त्रता के नाम पर कब तक स्वीकार करते चले जाएँगे। यह बात अपनी जगह सही है कि प्रत्येक देश और काल में अश्लीलता की परिभाषाएँ, धारणाएँ बदलती हैं, किन्तु पिछने 10-15 वर्षों में सांस्कृतिक संक्रमण की यह प्रक्रिया इतनी द्रुत, विस्मयकारी और हमारे श्रेष्ठ जीवन मूल्यों को लीलनेवाली सिद्ध हुई, वह विचलित और आन्दोलित करने वाली है। वैश्वीकरण के नाम पर हमने अमेरिका का श्रेष्ठ अर्जित नहीं किया, अपितु फ़ैशन, खानपान, मनोरंजन के वे साधन अपनाए जिनसे हमारा अमेरिकीकरण और तीव्रतर होता चला गया। खजुराहो, जगन्नाथ पुरी, अजन्ता आदि के देश में और समाज और आज अश्लील-श्लील को परिभाषित करने का नया संकट पैदा हो गया है। हम समझ नहीं पा रहे हैं कि इतनी गर्हित और क्षोभकारी चीज़ों को आज हम गर्व-भाव से अपना रहे हैं। किसी महिला को कुछ समय पहले 'सैक्सी' (कामुक), हॉट (उत्तेजक), 'दहकती' या 'धधकती हुई' (सीजलिंग) कहा जाना कितना अपमानपूर्ण लगता था, किन्तु आज ये ही शब्द गौरवपूर्ण हो उठे हैं और जिन्हें ये सम्बोधित होते हैं, वे वक्ता के प्रति कृतज्ञता भाव से भर अत्यन्त आदरपूर्वक धन्यवाद-ज्ञापन (थैंक्यू) करते हैं।

हम एफ़.टी.वी. की नग्नता से परेशान हैं, किन्तु पूरी तरह गीत-संगीत को समर्पित चौबीसों घंटे दनदनाते अपने इन चैनलों की तुलना एफ़.टी.वी. से करके देखें—उसमें 'नग्नता' है, हमारे इन चैनलों पर नग्न कामुकता है। हमारे यहाँ भारतीय दंड संहिता की धारा 292 के अनुसार सामाजिक आयोजनों में अश्लीलता

दिखाने के लिए दंड का प्रावधान है, इसी के अन्तर्गत 'स्त्री को अशालीन ढंग से पेश करने को दंडनीय अपराध' माना गया है। क्या इसी कानून को पूरी तरह लागू करने, इसमें कुछ और संशोधन करने का प्रयत्न आज की महती आवश्यकता नहीं है? 'ऐंप्या-मैंप्या', करते, 'किस मी, किसी मी स्लोली-स्लोली' करते, 'खटिया सरकाते', 'यू.पी.बिहार लूटते' गानों में एफ़.टी.वी. से अधिक कामुकतापूर्ण प्रदर्शन है। फिल्मों के लिए बनाए गये सेंसर बोर्ड की तो सारवत्ता ही समझ न आने लायक रह गयी है। आइटम सांग के नाम खम्भों पर नृत्य की कामुकता को हमारा समाज धीरे-धीरे पचाता ही जा रहा है। यहाँ जिस रूप में जंघा प्रदर्शन मूल तक केवल छोटे-से अन्तर्वस्त्र के साथ होता है और बाहर को निकलने को आतुर कसमसाते वक्षों का प्रदर्शन जिस रूप में हो रहा है, उस सबको देखकर तो लगता है कि तन्त्र भी यह मान बैठा है कि कुछ नहीं किया जा सकता—जो हो रहा है, होने दो। भारत के सामने चीन का उदाहरण भी कुछ मायने नहीं रखता जिसने कुछ वर्ष पहले प्रसिद्ध पॉप गायिका ब्रिटनी स्पीयर्स पर यह पाबन्दी लगवा दी थी कि वह अपने उस वेश में चीन में अपने कार्यक्रमों का प्रदर्शन नहीं कर सकती जिनमें वह करती रही है। इस नंगई से अलग हटकर उस नंगई की बात कर ली जाय जो विभिन्न 'नाच' कार्यक्रमों और अन्य रीयल्टी शोज़ में किए जा रहे हैं—निर्णायक मंडल के सदस्य खुले रूप में यह कह रहे हैं कि तुम दोनों के बीच केमिस्ट्री (प्रेम-रसायन) ठीक नहीं थी, और क्या प्रेम-रसायन दरकार है, अंगों को पूरी तरह तोड़-मरोड़ कर गोद-कन्धों पर लेटने को जो मुद्राएँ हैं, आदि में कामशास्त्र में वर्णित उन आसनों की संख्या भी छोटी पड़ जाय। यह केवल युवक-युवतियों तक ही समिति नहीं रहा, बच्चों को जिन गानों में, जिस वेशभूषा में उतारा जाता है और उस रूप में एक-दूसरे की बाँहों में झुलाया-उठाया जाता है, उसे देखकर लगता है कि न तो कार्यक्रम प्रस्तोता उसमें कुछ अश्लील देख रहे हैं और न दर्शक करोड़ों-करोड़ों की संख्या में, पूरे देश में इसे बुरा मान रहे हैं। अमेरिका से लौटे एक प्रवासी भारतीय ने ऐसे ही एक कार्यक्रम को देखकर कहा कि यदि अमेरिका में ऐसा दिखा दिया जाय तो वहाँ सबसे पहले कार्यक्रम प्रस्तुत करने वाले चैनल को दंडित किया जाएगा, फिर उन बच्चों के माँ-बाप को जिन्होंने 9-10 वर्ष या उसके आसपास की आयु के बच्चों को यह सब करने के लिए प्रेरित किया और अनुमति दी। छोड़ दिया न हमने पीछे एफ़.टी.वी. और अमेरिका को! हास्य-कार्यक्रमों में चैनल कोई भी दायित्व न लेने की घोषणा लिखी दिखाकर अपने कर्तव्य की इति कर लेता है, किन्तु इन कार्यक्रमों में भाग लेते प्रतिभागी ('कलाकार' नहीं) जिस रूप में अश्लीलता भरे द्विअर्थक संवाद बोलकर अपनी 'कला का प्रदर्शन' या भंडैती करते हैं, उसे देखकर दर्शक हक्का-बक्का

एक–दूसरे की तरफ़ देखते रह जाते हैं। किन्तु इससे आगे प्रतिरोध का कोई उपाय नहीं, समाजसेवी संस्थाओं, साहित्य की दुनिया में डूबे बुद्धिजीवियों के लिए यह कोई समस्या नहीं, कहीं कोई प्रतिरोध का स्वर नहीं! क्या इससे यह निष्पत्ति नहीं निकलती कि अब हमने अपनी अश्लीलता और मर्यादा की परिभाषाएँ ढीली कर इन स्थितियों का समावेश उनमें और अपने सामाजिक जीवन में कर लिया है। जिन समाचार पत्रों ने अपनी विपणन योजनाओं में 144 रुपये (12 रु. प्रति माह) वार्षिक में अखबार बेचने का प्रकल्प उठाया है, उन्होंने तो एक पृष्ठ अलग से पूरा का पूरा नंगई को समर्पित कर दिया है। ठीक भी है बारह रुपये मासिक के अखबार में तो विज्ञापनों और नंगई के बीच ही ख़बरों को खोजना पड़ेगा। कागद काले करने वाला बौद्धिक वर्ग लिखित रूप में ही यदि अपना प्रतिरोध स्वर विभिन्न चैनलों और सरकारीतन्त्र के विभिन्न निकायों तक पहुँचाकर अपना आक्रोश व्यक्त कर सके तो यह बड़ा काम होगा, विभिन्न लेखक संगठन भी इस दिशा में कुछ कर सकते हैं। समय रहते कुछ करना चाहिए, चिड़ियों के खेत चुगने पर नहीं!

वैश्विक कुटुम्ब में कामरूपा नारी

वैश्वीकरण क्या है, अब यह चर्चा का विषय नहीं रहा, चर्चा का विषय उसके द्वारा दिए गये 'महाप्रसाद' हैं। मन्तव्य पर सीधे-सीधे आया जाय तो भूमंडलीकरण ने 'महानता' के मिथ में जीती नारी को केवल एक 'पण्य-उत्पाद' बनाकर रख दिया है। नारी का सशक्तीकरण हुआ, इसमें सन्देह नहीं, नारी देश और समाज में अपनी योग्यता से 'उच्चतम' को पा सकी, यह भी निर्विवाद है, किन्तु उसको जो 'नंगई' प्राप्त हुई, मीडिया और उससे जुड़े सारे संसार, ताम-झाम, ने उसको जो एक किस्म की बेहयाई देकर केवल एक 'पण्य' बना दिया, यह भी एक सामाजिक चिन्ता का विषय है, किन्तु यह चिन्ता जितनी प्रखरता, शिद्दत और गहराई से होनी चाहिए थी, उतनी हुई नहीं। इसका प्रतिरोधी स्वर श्रेष्ठ जीवन मूल्यों की चिन्ता करने वाले साहित्य, मानवीय मूल्यों की चिन्ता करने वाली मानव-अधिकार संस्थाओं, नारी-हितों की रक्षिका स्वयंसेवी संस्थाओं आदि के द्वारा जिस गहरे सरोकार से उठना चाहिए था, नहीं उठा। बल्कि इसके विपरीत एक प्रकार की 'नंगई' साहित्य को भी रास आने लगी, कुछ पत्रिकाओं ने इस प्रवृत्ति को और अधिक बढ़ावा देकर साहित्य के 'दो दलितों' या कहें 'समाज के दो दलितों' में से एक के उद्धार का बीड़ा शरीर केन्द्रित रचनाओं को प्रकाशित कर उठाया। नयी पीढ़ी को बहुत देर तक यह बोध दिया गया कि मामी, चाचा, पिता, आदि से यौन-सम्बन्धों का चित्रण दिखाकर ही 'क्रान्तिकारी' रचना दी जा सकती है। नयी पीढ़ी को ही दोष क्यों दें, बुजुर्ग लेखकों ने अपने यौन-अनुभवों की 'क्रान्तिकारी' आत्म-स्वीकृतियाँ दीं, लेखिकाओं ने उपन्यासों और आत्मकथाओं में पंचतारा होटलों के रेस्तराँ विशेष में चीनी युवतियों द्वारा योनि के मुख-मैथुन का स्वाद चित्रित किया, यह बताया कि उस दिन सोफे पर दिन में उनका नंगा बदन प्रेमी के लिए किस प्रकार पसरा था। कई वरिष्ठ लेखकों ने अपने उपन्यासों में पैंट की जिप खोलने से लेकर वक्षस्थल की गोलाइयों के अबाध सेवन का साहसी वर्णन किया। विदेशी उपन्यासों और फिल्मों में समलैंगिक रति (लेस्बियन

प्रवृत्ति) का चित्रण हुआ तो हिन्दी की लेखिकाओं की नायिका भी यह कहने पर विवश हुई कि जो काम-सुख उसे अपने पति और पुरुष से कभी प्राप्त नहीं हुआ, आज अपनी अमुक सहेली के साथ प्राप्त हुआ और 'उसने प्रथम बार जाना कि उसका शरीर उसे कितना अलौकिक आनन्द प्रदान कर सकता है।' उपन्यास के नायक ऐसे-ऐसे 'वीर भोक्ता' भी आये जिसने नौ सौ से अधिक स्त्रियों से शरीर सुख प्राप्त किया। बहुत देर की बातें ये नहीं हैं, किन्तु ऐसा लगने लगा कि साहित्य में भी मल्लिका शेरावतों और इमरान हाशमी का प्रवेश होने लगा है। साहित्य शरीर-सुख की सामान्य प्रक्रिया को भी जिस उदात्तता से अभिव्यक्ति देता रहा है, वे बिम्ब और रसानुभव मानो अलभ्य हो गये। जीवन-यथार्थ जिस तेज़ी से बदला, साहित्य के ऐसे चित्रण भी प्रेम चित्रण न कर केवल 'यौन चित्रण' में ही अपने कर्तव्य की इतिश्री मान समय की दिशा के साथ बदलने लगे, वे समय को कोई दिशा न दे पाए। यह तर्क ज्यादा वजन नहीं रखता कि 'जब जीवन और जगत में यह सत्य है तो साहित्य में क्यों नहीं?' साहित्य में उसकी प्रस्तुति साहित्यिक औदात्य के साथ ही होनी चाहिए, महज़ 'घटना-रिपोर्टिंग' के रूप में नहीं। प्रेम चित्रण जब केवल और केवल यौन-चित्रण होकर रह जाता है तो वह स्थायी प्रभाव नहीं छोड़ पाता है। असामान्य यौन-चित्रण कुछ देर तक चमत्कृति दे सकते हैं, कोई स्थायी प्रभाव नहीं छोड़ सकते। आकस्मिक नहीं है कि कई पत्रिकाओं ने प्रेम कहानी विशेषांक निकाले, किन्तु उनमें एक भी कहानी ऐसी नहीं जो कुछ दिन बाद स्मृति में जगह पाती हो। कहना मैं यह चाह रहा हूँ कि समाज में व्याप्ति पाती हुई नारी देह की विवृति साहित्य तक में अपनी जगह बनाती चली गयी।

भूमंडलीकरण ने दुनिया की भौगोलिक सीमाओं को कितना छोटा कर दिया कि धुर अमेरिका में प्रश्रय पाती कोई भी प्रवृत्ति न केवल हमारे देश में अपितु दुनिया-भर में अल्पसमय में ही अपनी व्याप्ति पा लेती है। रवीन्द्र वर्मा ने अपने हाल ही के उपन्यास 'दस बरस का भँवर' में एक स्थान पर लिखा है कि जब अंग्रेज भारत में अपना साम्राज्य फैलाने आये तो उनके एक हाथ में बन्दूक और दूसरे में बाइबिल थी, और अब जब अमेरिका विश्वविजय के लिए निकला है तो उसके एक हाथ में टी.वी. केबिल और दूसरे में पेप्सी-कोला की बोतल है, इसमें 'मैक्डोनल' को भी जोड़ा जा सकता है, किन्तु इस समय विमर्श में पेप्सी-कोकाकोला को छोड़कर बात केवल टी.वी. केबिल की जिसके सौ-सौ दहाड़ते चैनलों ने न केवल हमारे घर-परिवार की संस्कृति, अपितु हमारे पूरे सामाजिक परिवेश को बदलकर रख दिया है। भूमंडलीकरण में पूरे विश्व को एक ग्राम और एक कुटुम्ब बनाने की जो अमेरिका जुगत है, उसका सबसे बड़ा हथियार टी.वी.

है। मीडिया टाइकून रूपर्ट मर्डोक दुनिया की सरकारों को बनाने-बिगाड़ने का आर्थिक सामर्थ्य तो रखते ही हैं, वे अपने 'स्टार किंगडम' से पूरी दुनिया की संस्कृति को अमेरिकी संस्कृति में परिवर्तित करने का विलक्षण सामर्थ्य भी रखते हैं। कभी-कभी विदेशी चैनलों, 'स्टार' और उससे सम्बद्ध अन्य चैनलों, पर किस प्रकार नकल कर-कर कार्यक्रम प्रस्तुत किए जा रहे हैं, कितने-कितने कार्यक्रम तो हू-बू-हू उनकी नकल है, यह चिन्तन का विषय है।

सबसे पहले बात की जाय 'तन-उघाड़' संस्कृति की। इस सन्दर्भ में मुझे अकसर ही कमलेश्वर की काफ़ी पहले की कहानी 'जार्ज पंचम की नाक' (1961) याद आ जाती है जिसके सन्दर्भ यद्यपि कुछ अलग हैं, किन्तु आज भी उनकी प्रासंगिकता यथावत् है। जार्ज पंचम की मूर्ति की नाक लगनी है और उसकी किस्म का पत्थर किसी को भी कहीं नहीं मिल पाता है। इस कार्य के लिए गठित 'आयोग' के सभापति का तैश में आकर यह कहना द्रष्टव्य है, "लानत है आपकी अक्ल पर। विदेश की सारी चीज़ें हम अपना चुके हैं...दिल-दिमाग़, तौर-तरीके और रहन सहन....जब हिन्दुस्तान में बॉल डांस तक मिल जाता है तो पत्थर क्यों नहीं मिल सकता।" कहना न होगा आज इस कहानी के शब्द और भी अधिक चरितार्थ हो चुके हैं। आज अमरीकी पहनावे और रहन-सहन, कहन की कौन-सी ऐसी चीज़ है जिसे हम नहीं अपना चुके हैं और अपना रहे हैं। कुछ साल पहले जब अमेरिका में हो रहे 'ऑस्कर एवार्ड' कार्यक्रम को देखते थे तो वहाँ की अभिनेत्रियों की वेशभूषा देखकर बड़ा भौचक-भाव होता था। प्रसिद्ध-प्रतिष्ठित अभिनेत्रियों का प्राय: पूरा-पूरा नंगा उपरिभाग, बिना अन्तर्वस्त्र के 'नयनाभिराम' वक्षोज के सम्पूर्ण उभारों का अंकुठ प्रदर्शन कर हम हैरान तो होते ही थे, मुझ जैसे बहुत-से लोग कहते कि 'बस, यह सब अपने यहाँ भी आने वाला ही है।' यह केवल आया ही नहीं, इतने धड़ल्ले से हमारे यहाँ अपनाया गया कि निश्चित रूप से हमने 'हॉलीवुड' को इस क्षेत्र में तो पछाड़ ही दिया। बॉलीवुड की एक नवोदित बाला जब अपनी प्रथम-प्रस्तुति (डैब्यू एंट्री) का पुरस्कार लेने गयी तो उसका उपरिवस्त्र सामने से पूरी तरह खुला हुआ, वक्ष अपने पूर्ण उभारों के साथ पूर्णत: भयंकर रूप में दर्शनीय, केवल वह भाग ढँका हुआ जो 'टॉपलैस' श्रेणी में आकर एक कानूनी अपराध बन दंडनीय बन जाता। लगता है कि अब समय आ गया है कि हमें श्लील-अश्लील की धारणाओं का पुन: परिसीमन करना होगा। न जाने कितने विज्ञापनों में नारी को अशालीन-से-अशालीन रूप में प्रस्तुत किया जा रहा है, किन्तु उसका कोई संज्ञान (नोटिस) प्रशासनिक या सामाजिक स्तर पर नहीं लिया जाता। कुछ समय पहले ही 'मिसेज़ इंडिया' प्रतियोगिता का

विज्ञापन चैनलों पर खूब प्रचारित किया गया, उसमें मॉडलों को विभिन्न कोणों से कामुक से कामुक (हॉट ऐंड सैक्सी) मुद्राओं में प्रस्तुत किया गया। क्या अश्लीलता की नियामक संस्थाएँ केवल तभी कानूनी पग उठाएँगी जब 'टॉपलैस' की स्थिति बनेगी? आवश्यकता आ खड़ी हुई है कि अश्लीलता के सामाजिक नियमन का पुनर्वीक्षण और पुनर्व्यवस्था हो!

अभी के दो लोकप्रिय 'पैसा बरसाओ' कार्यक्रमों में जिस अकुंठ भाव से 'महान' फिल्मी सितारों का भरपूर, प्रगाढ़ आलिंगन और प्रणय निवेदन सबके सामने किया, उसने मर्यादाओं की शृंखलाओं को पूरी तरह तोड़ दिया—एक 'सन्नारी' ने (अपने पति के सामने ही शायद) अपनी जॉकेट की जिप जिस अन्दाज में खोली उससे चहेता अभिनेता भी भौचक हो पीछे हट गया, उसके बीच उसने उसी की तस्वीर चिपका रखी थी। बिल्कुल ताज़ा उदाहरण—गायन प्रतियोगिता के दौरान एक साहसी बाला ने निर्णायकों के लिए बने मंच पर आकर प्रसिद्ध गायक-संगीतकार अनु मालिक के दो चुम्बन जड़ दिए, बेचारा एक चुम्बन के बाद ही भौचक हो कुर्सी से काफी पीछे को हो गया, पर उस बाला ने पूरी तरह झुककर, अनु मलिक पर लगभग लेटते हुए दूसरा चुम्बन जड़कर ही चैन लिया। कैसा-कैसा रूप हुआ यह भारतीय नारी का जिसने वर्जनाओं-निषेधों को इतनी बुरी तरह और तेज़ी से तोड़ा कि देख-देखकर एक घबराहट ही होती है। सिनेमाई गीतों आदि ने प्रेम के पारम्परिक रूप जिसमें इश्क ईमान रहा, इबादत रहा एक 'कमीने रूप' ('इश्क कमीना') में ला खड़ा किया। क्या पाया हमने इस वैश्वीकृत गाँव में!

भारतीय परिदृश्य में नारी की पारम्परिक छवि को आधुनिक (मॉड) से अत्याधुनिक (अल्ट्रा मॉड) बना पूरी तरह अन्तरराष्ट्रीय ढाँचे में ढालने का कार्य किया सौन्दर्य प्रतियोगिताओं ने। कितनी ही 'सेनाओं' ने इन सौन्दर्य प्रतियोगिताओं का भरपूर विरोध किया, किन्तु परिणाम कुछ नहीं निकल पाया। यहाँ यह विचारणीय नहीं है कि इस सौन्दर्य प्रतियोगिताओं के विरोध में उचित-अनुचित क्या है, विचारणीय यह है कि इन सौन्दर्य प्रतियोगिताओं ने हमारे देश में क्या कुछ उथल-पुथल सांस्कृतिक दृष्टि से मचा डाली। अचानक हमारे देश में 'विश्व सुन्दरियों' और 'ब्रह्मांड सुन्दरियों' की बाढ़ आ गयी—ऐश्वर्याओं, सुष्मिताओं, युक्ता मुखियों की कतार क्यों तैयार की गयी, इस पर गम्भीरता से विचार नहीं हुआ। किस प्रकार एशिया में तेज़ी से उदित हो रहे मध्यवर्ग, विशेषत: भारत की समृद्धशील अर्थव्यवस्था की विकास दर ने जो मध्यवर्ग भारत में निर्मित किया, उसकी क्रय-शक्ति की अपार सम्भावनाओं की तलाश एम.बी.ए, एम.सी.ए कल्चर में ढले कुशल प्रबन्धकों (सी.ओज़) ने बड़ी जुगत से की और इसमें विणपन बाज़ार के

गुरुओं ने विज्ञापन का ऐसा माया जगत रचा कि सौन्दर्य प्रसाधनों और उससे जुड़े अनेक व्यवसायों ने अभूतपूर्व उन्नति की। जब सौन्दर्य प्रतियोगिताएँ प्रारम्भ हुईं, तभी के आँकड़े देखे थे कि पौंड्स कम्पनी ने सौन्दर्य प्रतियोगिता के आयोजन में लगभग 100 करोड़ रुपये ख़र्च किए थे, किन्तु विज्ञापन आदि से उसने एक हज़ार करोड़ से अधिक की धनराशि कमाई थी, आगे और अधिक ताम-झाम, सम्भार और भव्यता से अनेक बहुराष्ट्रीय और बड़ी राष्ट्रीय कम्पनियों ने सौन्दर्य प्रतियोगिताओं से अकूत धनराशि की कमाई की। सौन्दर्य प्रसाधनों का बाज़ार इतना बढ़ा कि केवल एक आँकड़े से अनुमान लगाने का प्रयास किया जा सकता है— अकेले शहनाज़ हुसैन का 4 करोड़ का व्यापार कुछ ही वर्षों में चार अरब से ऊपर जा पहुँचा (किन्तु प्रसंगात् याद आ रही है उसकी 'विपन्नता' कि उसके इकलौते बेटे की विधवा ने सरेआम टी.वी चैनल के माध्यम से यह आरोप लगाया कि शहनाज़ खान ने ही अपने बेटे की हत्या करवा कर मुझे विधवा बनाया है— आर्थिक समृद्धि के शिखर पर जिन्दगी का यह छूँछापन दयनीय है)। सौन्दर्य प्रतियोगिताओं का प्रकट परिणाम कि शहर-शहर, कस्बे-कस्बे सौन्दर्य प्रतियोगिताएँ आयोजित होने लगीं, गली-गली ब्यूटी सैलून खुलने लगे। कॉलिजों-विश्वविद्यालयों में हर विषय, कक्षाओं में 'मिस्टर' ऐंड 'मिस' हिन्दी, इतिहास, अँग्रेज़ी आदि चुनी जाने लगीं। सौन्दर्य प्रसाधनों की खपत का अनुमान लगाने के लिए 4-5 वर्ष पहले का यह आँकड़ा देखा जा सकता है कि अकेले लुधियाना शहर में एक माह में ढाई लाख रुपये की लिपस्टिकों की बिक्री हो रही थी (अब ये आँकड़े निश्चित रूप से बढ़े होंगे, मॉल संस्कृति का तेज़ी से विकास हुआ, वहाँ न जाने कितने मॉल्स खुल गये हैं)। अखबारों के नगर संस्करणों में जो गली-गलियारों की ख़बरें छपती हैं, उनमें कई बार छोटे बच्चों के स्कूलों में 'मिस' ऐंड 'मिस्टर' स्कूल के चयन की ख़बरें सगर्व प्रकाशित मिलती हैं। काफ़ी पहले एक टी.वी. चैनल पर छोटी-सी बालिका से प्रश्न किया जा रहा था कि वह 'ऐश्वर्या राय बनना चाहेगी या मेधा पाटेकर', बालिका का तपाक् से उत्तर था—'ऐश्वर्या राय'। इन सौन्दर्य प्रतियोगिताओं के आयोजक और चयनकर्ता बार-बार यह कहते नज़र आ रहे थे कि वे 'सौन्दर्य के साथ मेधा' (ब्यूटी विद ब्रेन) का चयन करते हैं, पर परिणामतः यह दिखाई दिया कि इन आयोजकों ने नारी सौन्दर्य को एक बिक्री की वस्तु, 'मिंट' बनाया—करोड़ों ने उसकी मेधा (ब्रेन) को पीछे कर केवल सौन्दर्य (ब्यूटी) को ही वरीयता दे, स्त्री को केवल पण्य बनाकर रख दिया।

सौन्दर्य प्रतियोगिताओं से जुड़ा व्यवसाय ब्रांडिड वस्त्रों आदि का है जिनके संवर्द्धन के लिए 'फैशन वीक' निरन्तर आयोजित होते हैं जिनमें अर्द्ध-नग्न मॉडलों द्वारा देश-विदेश के प्रसिद्ध फैशन डिजाइनरों के ऐसे-ऐसे महँगे वस्त्रों का प्रदर्शन

होता है कि दाँतों तले अँगुली दबानी पड़ती है। हाल ही में (22 जून, 2008 के) अँग्रेज़ी के प्रतिष्ठित दैनिक 'टाइम्स ऑफ इंडिया' ने देश के चुनिन्दा फैशन डिज़ाइनरों के केवल 'बिकनी कलेक्शन' का सर्वे प्रस्तुत कर कुछ आँकड़े दिए— राणा (या राना) गिल के एक बिकनी वस्त्र की कीमत मात्र ढाई हज़ार रुपये है उससे भी महँगी भी होंगी। रीना ढाका ने अभिनेत्री लारा दत्ता के लिए वार्ड रोब केवल स्पिम सूट्रा को प्रस्तुत किया, उसकी तारीफ़ में यह कसीदा पढ़ा गया, ''जो स्त्रियाँ अपने को स्विम सूट में अनावृत करने का साहस करती हैं, वे वे हैं जिन्होंने अपने शरीर के रख-रखाव में अत्यधिक धन-राशि का निवेश ('इन्वेस्टमेंट') किया है और जो अपने अंगों के उभार को प्रदर्शित करना चाहती हैं।'' सवाल केवल इन सिने-तारिकाओं का ही नहीं है, इसी का पसारा छोटे पर्दे से होता हुआ समाज में पैठ बना रहा है। फिर यहाँ यही सवाल उठता है कि क्या हमें अमेरिका का केवल उच्छिष्ट ही अपनाना है या कुछ 'सेफ्टी वॉल्व्स' उसने अपने यहाँ अपनाए, उनको भी ग्रहण करना है?

प्रिंट मीडिया और दृश्य मीडिया दोनों में विज्ञापन-व्यवसाय ने नारी की कमनीय छवि को कामुक छवि देने का कार्य न केवल तेज़ी से किया है, अपितु चाक्षुष स्तर पर ही नहीं, भाषिक स्तर पर भी, उसे एक विकृति दी है। वैश्वीकृत कुटुम्ब-कबीले में किस प्रकार यौन-वर्जनाएँ झनझना कर टूटी हैं, उन्हें हमने किस प्रकार तेज़ी से ग्रहण किया है, यौनिक स्वतन्त्रता के नाम पर *'लिव इन रिलेशिप'* से लेकर अनब्याहे मातृत्व तक की स्थितियाँ हमारे यहाँ विकास तो पा ही रही हैं, विज्ञापन जगत ने 'कंडोम', 'सहेली गोलियों' आदि के विज्ञापनों को जिस रूप में प्रचारित किया है, वह भी नारी की नयी छवि है। इससे आगे बढ़कर बहुराष्ट्रीय कम्पनियों ने खर्चीली पत्रिकाओं के पूरे-पूरे पृष्ठों के विज्ञापन अपने 'रिटेल स्टोरों' में उपलब्ध वस्त्रों के दिए हैं, वे इतने 'नयनाभिराम' (आई कैचिंग) बनाए गये हैं कि पाठक का ध्यान उस ओर बरबस खिंच जाता है। टाइम्स ऑफ इंडिया आदि के रविवारीय मुखपृष्ठ पर आधा या उससे कुछ अधिक का विज्ञापन पाठक की प्रथम दृष्टि पाएगा ही। ऐसे अनेक उदाहरण विज्ञापनों में भरे पड़े हैं। हिन्दी अखबारों में विशेषतः विज्ञापनों के बीच ख़बर खोज लेना काफी मुश्किल काम है। बिक्री की इतनी जबर्दस्त होड़, विपणन की गला-काट प्रतियोगिताओं में अखबार महीने में बारह रुपये का बिक रहा है। (144/- रुपये में पूरे वर्ष की ग्राहकी), अनुमान लगाइए कि प्रति दिन अखबार कितने पैसे का पड़ा। यह भरपाई तो विज्ञापन से ही सम्भव हो पाएगी। खैर, इन अखबारों में एक पृष्ठ तो पूरा देश-विदेश की 'रंगीन' युवतियों की रंगीन अर्धनग्न छवियों से भरा होता

है। 'सहेली' गोली और विदेश से फिलहाल में आयातित एक फार्मूले की गोली से बार-बार यह याद दिलाया जाना कि असावधानी हो गयी तो कोई बात नहीं 'दुर्घटना' को 72 घंटे तक हटाया जा सकता है। भाषिक स्तर पर इन विज्ञापनों ने किस प्रकार की बेहयाई अख्तियार की है, इसका उदाहरण 'सैनेटरी नैपकिन' के विज्ञापनों में देखा जा सकता है, शाम के टी.वी. प्रसारणों के विज्ञापनों को देखकर तो यही लगता है कि मासिकस्राव का दरिया इतनी तेज़ी से बह रहा है कि कहीं उससे एक बाढ़ ही न आ जाय। जो कृत्य एक गोपनीय 'मासिक धर्म' (शरीर धर्म) की संज्ञा पा पूरी तरह गोपनीय था, जिसके लिए भाषा में गोपनीय-से-गोपनीय अभिव्यक्तियाँ तलाशी गयीं 'वह कपड़ों से है', 'उसकी तबीयत ठीक नहीं', आखिर उसका ऐसा जुगुप्सापूर्ण वर्णन, स्राव सुखाने-सोखने की ऐसी-ऐसी युक्तियाँ, 'सिर्फ़ छब्बीस, सिर्फ़ छब्बीस' की किशोरियों में गुहार, सहज ही एक जुगुप्सा-भाव को जन्म देते हैं।

बाज़ार और उपभोक्तावाद तो नारी विज्ञापनों के जरिये ही 'ब्रांडिड संस्कृति' को बढ़ावा दे रहे हैं। हिन्दुस्तान लिवर लि. ने अपने 'लाइफ़बॉय' साबुन जो शायद 60-70 बरस से भी ज्यादा पुराना है, ने न तो कभी अपना रंग बदला था, और न कभी अपने उत्पाद-लाइफ़बॉय—के लिए किसी बाला (मॉडल) का प्रयोग किया था, अब बाज़ार की युक्तियों के सामने झुकते हुए अपना लाल रंग भी बदला और विज्ञापन में 'स्त्री' का भी इस्तेमाल किया।

इसी से जुड़ा यह सवाल भी है कि विज्ञापन-जगत के मायावी प्रपंच ने किस प्रकार महँगे ब्रांडों की संस्कृति को उच्च मध्यवर्ग तथा उच्चतम वर्ग की क्रय-शक्ति के दायरे (रेंज) में ला खड़ा किया। मेबैक कार कम्पनी की 2.25 करोड़ की महँगी कार भारत में आने की घोषणा हुई और मात्र 20 या 25 गाड़ियाँ ही एक वर्ष में देश आ पाएँगी, किन्तु दो वर्षों तक के लिए उसी बुकिंग पूरी हो चुकी है। लुधियाना में मोबाइल फोन का पसन्दीदा नम्बर 12 लाख रुपये में नीलाम हुआ, 'कातिए' नामक कम्पनी आभूषणों और घड़ियों के लिए प्रख्यात है, इसकी रेंज केवल 3 लाख रुपये से प्रारम्भ होती है। मों ब्लांक पेन और घड़ी निर्माता की रेंज 5,000/- से प्रारम्भ होकर 5 लाख रुपये तक की है। नोकिया ने वेरतु नामक फोन बाज़ार में उतरा है जिसका दाम महज़ 3.17 लाख रुपये है। लेडीज पर्स, ब्रैसलेट, इत्र (परफ्यूम), महिलाओं एवं पुरुषों के परिधानों, आदि के ऐसे अनेक उदाहरण आँकड़ों द्वारा प्रस्तुत किए जा सकते हैं, लक्ज़री ब्रांड कपड़ों, गाड़ियों, घड़ियों, आदि के उदाहरण-दर-उदाहरण पेश कर यह सूची बहुत लम्बी बनाई जा सकती है, किन्तु 3 लाख रुपये की कीमत से शुरू होने

वाली 'फैंक मूलर' घड़ियों की शृंखला की बात कर, केवल एक उदाहरण देने का लोभ-संवरण नहीं हो पा रहा है। कुछ वर्ष पहले एक फ्रांसीसी घड़ी निर्माता के मार्केटिंग ऑफिसर का साक्षात्कार 'टाइम्स ऑव इंडिया' में पढ़ा था, उनका कहना था कि वे भारत के मध्यवर्ग के लिए घड़ियों की शृंखला (रेंज) बाज़ार में उतारने वाले हैं जिसका प्रारम्भ केवल 85,000 से होगा। 'मध्यवर्ग' के लिए यह घड़ी! इन सारी चीज़ की बिक्री बढ़ाने के लिए अपरूप सुन्दरी बालाओं (मॉडल) की चयन-प्रक्रिया निरन्तर चलती रहती है। विज्ञापन बाज़ार का विपणन करने वाली संस्थाएँ, उनके कुशल प्रबन्धक नारी को 'नित नये' रूपों और भंगिमाओं में प्रस्तुत करने के लिए नयी-नयी जुगतों की तलाश करते रहते हैं जिससे वह नित्य अपनी कामुक छवि को निखार देती रहे, नित्य अपने को इस बाज़ार में पण्य 'बिक्री उत्पाद' (सेलेबिल कमॉडिटी') के रूप में ढालती रहे! क्या इससे निस्तार का 'कुछ' उपाय शब्दकर्मी कर सकते हैं??

काम, कामुकता, उत्तेजना के नये द्वीपों की तलाश

नयी शती में वैश्वीकरण की तीव्र प्रक्रिया में सबसे अधिक प्रभाव हम पर भूमंडलीय अपसंस्कृति के आक्रमण का पड़ा। अपसंस्कृति के पसारे की यह प्रक्रिया एक अंधड़ के रूप में आयी, जिसमें हमारे पैर बुरी तरह उखड़ गये, हमने अपनी जमीन पाँवों के नीचे से खो दी। फलतः सभ्यता और संस्कृति के क्षेत्र में हम पूरी तरह 'अमेरिकी' होकर रह गये। अमेरिकीकरण की इस प्रक्रिया में जहाँ अनेक कारक थे, वहीं टी.वी. चैनलों और पेप्सी तथा कोकाकोला कल्चर ने हमें एक नयी सभ्यता और सांस्कृतिक संक्रमण की प्रक्रिया में ला खड़ा किया। कहा जाता है कि यदि पहले इंग्लैंड ने अपना औपनिवेशिक विस्तार 'बाइबिल' और विज्ञान के द्वारा किया तो आज अमेरिका ने यह सौ-सौ चिंघाड़ते टी.वी. चैनलों और पेप्सी, कोकाकोला तथा मैक्डोनल आदि के द्वारा किया। इनमें सबसे चिन्ताजनक बात यह है कि आज हमारा समाज टी.वी. संस्कृति के माध्यम से काम (सैक्स), कामुकता (सैक्सुअल्टी) तथा उत्तेजक (हॉट) की तलाश नित नये रूपों में कर रहा है, इस बात को ताज़ा उदाहरणों से भली प्रकार समझा जा सकता है।

चहुँओर अत्यल्प वस्त्रों में अपने मादक अंगों की उत्तेजक छटाएँ-छवियाँ बिखेरती 'क्रिकेटरों का हौंसला' बढ़ाती 'चियर लीडर्स', 'चीयर गर्ल्स' के प्रदर्शनों को लेकर हंगामा बरपा है। जनमानस में व्यापक और तीव्र रोष है, किन्तु नेता और 'प्रशासनिक नेता' इस मामले में बच-बचकर चलने की नीति अपनाते हुए प्रायः 'सराहना भाव' व 'बचाव' का ही रुख अपनाते जा रहे हैं। क्रिकेट संघों में कुर्सीधारियों को भी इसमें कुछ अश्लीलता नज़र नहीं आ रही है। भारतीय संस्कृति की रक्षक एक राजनीतिक पार्टी के लोकप्रिय सांसद ने तो यह तक कह दिया कि इसमें उन्हें कुछ बुरा नजर नहीं आता, उल्टे उन्होंने भारतीय सिनेमा के 'आइटम साँग' को क्यों छूट दी जाती है का सवाल खड़ा कर 'चियर लीडर्स' का पक्ष-समर्थन कर दिया। इन कामबालाओं को नाम भी खासा रुतबे वाला दे डाला गया—उत्साह संवर्द्धन करने वाली नेता ('नेत्री' जो भी कहना चाहें),

हल्लाशाही कर देने वाला नेता—गोया इनके बिना खेल और खिलाड़ी के अच्छे प्रदर्शन पर लोग आह्लाद में उछलेंगे या तालियाँ आदि नहीं बजाएँगे! खेल-खिलाड़ी के अच्छे प्रदर्शन पर न केवल खेल के मैदान में बैठे दर्शकों की स्वत:स्फूर्त प्रतिक्रियाएँ-चीत्कार, वाहवाही, जोश में कोई चीज़ उछालना आदि के रूप में होती हैं, अपितु वहाँ से सैकड़ों-हज़ारों मील दूर अपने-अपने कमरों-ड्राइंगरूमों में बैठे दर्शक भी इसी उत्साह भाव से उछलने लगते हैं, उनका मन बल्लियों उछालें मारने लगता है। फिर जोश और उत्साह का इंजैक्शन देने के लिए बार-बालानुमा इन 'खुशी की नेताओं' (चीयर लीडर्स) को अमेरिका, आस्ट्रेलिया, कनाडा, आदि देशों से 90-90 लाख रुपये देकर बुलाने की क्या आवश्यकता आ पड़ी? इसके औचित्य-अनौचित्य पर मीडिया में निरन्तर कई-कई घंटे की चर्चाएँ आ रही हैं—संसद तक में 'चीयर लीडर्स' के ठुमकों की आहट नहीं, धमाका है। 'चियर लीडर्स' के प्रभावों को आत्मसात करते हालात इतने चिन्तनीय होते जा रहे हैं कि सिर धुनने के अलावा और कोई चारा ही नज़र नहीं आ रहा है। इसका एक बड़ा घिनौना उदाहरण कुश्ती के महाबली खली की विजय के जश्न में देखा गया। समाचार-चैनल पर 'अखाड़े में रंगीनी'/ 'अखाड़ा हो गया रंगीन' के शीर्षकों के साथ खली की विजय का जश्न अमेरिका में दिया जा रहा था जिसमें भांगड़ा नृत्य करते हुए कुछ सरदार लड़कों के साथ लड़कियाँ भी भांगड़ा 'चीयर लीडर्स' की तरह प्रस्तुत कर और दर्शकों को 'चीयर ' कर रही थीं। ध्यान में रहे कि पहलवानों का अखाड़ा स्त्रियों के लिए पूर्णत: वर्जित स्थान था, वहाँ तो हनुमान जी के निष्ठावान लंगोटधारी पहलवान भक्त ही हुआ करते थे, मंगलवार को अखाड़े पर पूजा का विशेष अनुष्ठान अपने-अपने ढंग से पहलवान करते थे। वहाँ 'चीयर लीडर्स' के रूप में भांगड़ा करती बालाओं को देखकर सिर धुनने के अलावा और क्या चारा बचता है? इस तात्कालिक मुद्दे पर ज्यादा देर न उलझते हुए, हम इस बात पर आना चाहते हैं कि आखिर यह स्थिति क्यों और कैसे बनी कि भारतीय समाज को कामुकता के इन नये द्वीपों की और ऐसे न जाने कितने-कितने द्वीपों की तलाश करनी पड़ी।

क्रिकेट के खेल को और अधिक उत्तेजना देने का एक और अन्य प्रयोग एक टी.वी. चैनल ने प्रारम्भ किया है—'एक खिलाड़ी एक हसीना'—एक क्रिकेट खिलाड़ी और उसके साथ एक हसीना नृत्य जोड़ियों के रूप में प्रस्तुत हो प्रतिस्पर्द्धा में भाग ले रहे हैं। इससे क्रिकेट का क्या भला होगा? क्या यह उसी कदम का प्रतिफलन-सा दिखाई नहीं देता जहाँ ओलम्पिक खेलों में खिलाड़ियों के होटलों में कई-कई लाख कंडोम उपलब्ध कराए जाते हैं, इसलिए कि एड्स न फैले और

खिलाड़ियों का शक्ति-बल (स्ट्रैंग्थ लेबिल) ठीक रहे। खिलाड़ियों को तो इस सबसे बख्शा जाना चाहिए था।

दस-पन्द्रह वर्षों का वह समय हमसे बहुत दूर नहीं गया है जब किसी महिला को 'सैक्सी' या 'हॉट' (कामुक, उत्तेजक, यौन-उत्तेजक) कहना अपमानपूर्ण या कम-से-कम अशोभनीय और अवमाननापूर्ण तो लगता था, किन्तु आज इसे एक विनयपूर्ण प्रशंसोक्ति या अभिनन्दन (कॅम्पलीमेंट) के रूप में ग्रहण कर प्रयोगकर्ता के प्रति धन्यवाद/आभार प्रकट किया जाता है। नृत्य और गायन के कई 'रियल्टी शोज' में बड़े प्रशंसा भाव से जब किसी प्रतिस्पर्द्धी को 'यू आर हॉट ऐंड सैक्सी' कहा जाता है तो वह कृतज्ञता भाव से भर जाती है। समय के साथ शब्दों के अर्थ-परिवर्तन से सभी भली-भाँति परिचित हैं, किन्तु इन शब्दों को वर्तमान अर्थ हमने जिस भूमंडलीय संस्कृति में रहते हुए कुछ ही वर्षों में दे डाले वह विस्मयकारी हैं। आज हम 'चीयर गर्ल्ज़' ('लीडर' मैं बिल्कुल नहीं कहना चाहूँगा) को लेकर जितने हैरान-परेशान हैं, उसकी तैयारी हमारे चैनल कई वर्षों से प्रायः दो-ढाई वर्ष से करा रहे थे। जब क्रिकेट मैचों में डी.जे. का प्रचलन आया, या उत्तेजक उपरिवस्त्रों में महिला उद्घोषिका—'क्रिकेट कमेंटेटर' की उपस्थिति हुई तो समाचार-पत्रों और चैनलों ने उसे 'क्रिकेट में सैक्स पैक' का नाम देकर उसकी प्रशंसा की, दर्शकों-पाठकों को भी यह बात धीरे-धीरे हजम होती चली गयी। फिर एक चैनल ने दिखाया 'क्रेज़ी किया रे' नाम से एक कार्यक्रम, जिसमें टाँगों को पूरी तरह नंगा कर, ऊपर पहने हुए वस्त्र को वक्ष-उघाड़ू ढब प्रदान कर प्रस्तोता पूरी बेबाकी से सबसे (कामुक-उत्तेजक) 'सैक्सी' क्रिकेट खिलाड़ी की तलाश उनसे कराते रहे थे। जिनसे सवाल पूछे जाते थे उन चार-पाँच में से लड़कियों के अतिरिक्त प्रौढ़वय की महिलाओं की उपस्थिति भी बनी रहती थी। सवाल कुछ इस ढब के थे—''सबसे स्वादिष्ट (यमी), रसपूर्ण (जूसी) होंठ किसके'' (किस खिलाड़ी के) कोई उत्तर देता धोनी, कोई श्रीलंका के कुमार संगकारा, कोई ऐडम! देह-यष्टि (बॉडी लैंग्वेज) सबसे अधिक सैक्सी किसकी? फिर कुछ नाम दिए जाते। एक कड़ी में दो नवयुवतियों और एक प्रायः वृद्धा से पूछा गया कि वे 'डेटिंग' के लिए किस खिलाड़ी के साथ जाना चाहेंगी। तीनों ने बड़ी बेबाकी और निःसंकोच भाव से अपने-अपने प्रिय खिलाड़ियों के नाम लिए। मंच पर और कार्यक्रम में बैठे दर्शकों तक में ही इन प्रश्नों को भागीदारी न बनी रहे, सामान्य जनता भी उस सबमें पूरी तरह सहभागिता निभाए, इसके लिए दर्शकों से एस.एम.एस. करने का आग्रह रहता कि वे अपने प्रिय खिलाड़ियों को 'सैक्सी लेविल' (कामुकता की कोटि के स्तर) तक पहुँचाने में सहायता करें। संगीत, गायन, नृत्य आदि एक कार्यक्रम या कई कार्यक्रमों में कहा जाय तो

प्रतियोगियों से निर्लज्जतापूर्वक यह पूछा जाता रहा है कि यदि 'आपको डेटिंग पर जाना पड़े (अभी 'डेटिंग' का ठीक-ठीक अनुवाद हमारे पास नहीं हैं, परम्परा-वाह्य इस 'रति' के लिए शायद यह शब्द ही उपयुक्त है) तो आप किसके साथ जाना चाहेंगी या चाहेंगे (हीरो, हीरोइनों, सितारों के नाम लिए जाते हैं)। इतनी सारी अश्लीलता और समाज-बाह्य बातों को हम चुपचाप पचा गये। किसी सरकारी निकाय, विभाग या लोकोपकारी संस्था या बुद्धिजीवियों ने इसके खिलाफ़ चूँ तक नहीं की। टी.वी. चैनलों ने हमारी सहनशक्ति का जायजा लिया, उसे धीरे-धीरे बढ़ाया। बच्चों को लेकर आये अनेक 'रियल्टी शोज़' जिनमें बच्चे बड़े अश्लील से कपड़े पहनकर उन अश्लील फिल्मी गीतों पर वही फिल्मी लटके झटके दिखा रहे हैं जिनके अर्थ तक उन्हें मालूम नहीं। हम कह रहे हैं कि जब विदेश के 'रियल्टी शोज़' में यह हो रहा है तो यहाँ क्यों न हो, किन्तु यह भी हमारा भ्रम है। अमेरिका तक में बच्चों के लिए ऐसे कार्यक्रम नहीं रखे जाते। ऐसे ही एक बच्चों के रियल्टी शो को अमेरिका से आये एक भारतीय (एन.आर.आई) सज्जन देख रहे थे। जब 9-10 साल की बालिका के वक्ष पर छोटा-सा वस्त्र पहना दिखाकर नृत्य करती हुई को लगभग उसी आयु के बालक ने उठाकर अपनी बाँहों पर झुला लिया तो उसकी प्रतिक्रिया कुछ यूँ थी—हद्द हो गयी यहाँ तो, यदि वहाँ ऐसा इस रूप में दिखा दिया जाता तो निश्चित रूप से माँ-बाप को कारावास की सज़ा और कार्यक्रम रचाने वालों को सजा और जुर्माना दोनों देना पड़ता। काश, हमारे यहाँ के मानव-अधिकार संगठन भी अपनी चौहद्दियों से बाहर आ अपने कार्य-क्षेत्र को और अधिक विस्तार देते हुए इन सब 'रियल्टी शोज़' पर भी अपनी निगरानी रख पाते! अब इस सम्बन्ध में इतनी देर हो चुकी है कि देश के प्रधानमन्त्री का यह कथन कि बच्चों को तो बख्श दो (टी.वी. वालों), कोई विशेष आश्वस्ति नहीं दे पाता है। समाचारों में है कि अब केन्द्र सरकार बच्चों को 'रीयल्टी शोज़' से बचाने के लिए कानूनी प्रावधान की बात सोच रही है, पर जितनी देर सोचा जाएगा तो उतनी देर में तो संसद के लिए निर्वाचन आ जाएगा—कौन राजा, किसकी प्रजा! भारतीय समाज बहुत देर से बार-बालानुमा 'चीयर लीडर्स' का आश्रित होता जा रहा है। कुछ ही वर्षों पहले की बात है एक मुख्यमन्त्री को अपने गाँव में हो रहे विशाल जनसमूह को चिलचिलाते धूप में रोके रख पाने में अपनी सामर्थ्य पर विश्वास नहीं था, फलत: उन्होंने कुछ नाचनेवाली बालाओं को बार-बालानुमा न्यूनतम वस्त्रों में मंच पर उपस्थित कर उनके प्रदर्शन से जनता को रोकने का सद्प्रयत्न किया। ऐसे अनेक उदाहरण नेताओं के देखे जा सकते हैं।

पूरे विश्व में सौन्दर्य और कामोत्तेजना-संवृद्धि का बाज़ार पूरे उफ़ान पर है—

हम भी खुश हो लेते हैं कि दुनिया की दस सबसे कामोत्तेजक (सैक्सी) बालाओं में हमारी भी कुछ बालाएँ आ गयी हैं। हमारे यहाँ भी खूबसूरती के नाम पर कामोत्तेजना का व्यापार खूब फले-फूले, हम भी विश्व ग्राम के उच्चस्थ नागरिक बन सकें—सब उस दौड़ में शामिल होने के लिए उतावले हैं। यह दौड़ केवल 'युवतियों' तक ही सीमित केवल कुछ समय तक ही रही, फिर 'युवकों' की प्रतियोगिताएँ आ गयीं—सर्वाधिक उत्तेजक (सैक्सी) तथा हॉट (कामुक) युवक (मेल) की तलाश की प्रतियोगिताएँ आयीं। हमें भी गर्व हुआ कि एशिया का सर्वाधिक यौनोत्तेजक पुरुष-स्टार हमारे यहाँ है। इस सबको हमने गर्वीले भाव से अंगीकार किया। इतने पर भी हम रुके कहाँ—हमारे घर की महिलाएँ तो रह ही गयीं—सो, तलाश शुरू हुई सर्वाधिक यौनोत्तेजक (हॉट), कामुक (सैक्सी) श्रीमती-'मिसेज़' की और यदि आपने इस तलाश के विज्ञापन-मात्र देखे हों तो भले ही आप शरमाएँ न, उत्तेजित अवश्य हो जाएँगे—इतने कामुक विज्ञापन कि मुँह से 'उफ़्' ही निकले। फिर शुरू हुआ सिलसिला अनगिनत संगीत प्रतिभाओं की तलाश का—विभिन्न चैनलों द्वारा, विभिन्न रूपों में। जब कामोत्तेजक (हॉट) गीत किशोर-किशोरियाँ चैनल द्वारा प्रदत्त या प्रस्तावित परिधानों में गाते, जो प्रायः उत्तेजक फिल्मी गीत ही होते, तो हमारे पारम्परिक समाज की मर्यादाओं की सारी शृंखलाएँ खुद-ब-खुद टूटने लगतीं। इस सबसे ऊपर जब निर्णायकों में से कोई भी यह कहता कि इस गीत (प्रेमगीत) में तुम दोनों के बीच 'कैमिस्ट्री' कुछ ठीक नहीं थी-लग ही नहीं रहा था कि तुम गीत में जान डाल रहे हो तो लगता कि दोनों के बीच की कैमिस्ट्री के नाम पर आप इन किशोर-किशोरियों से और क्या कुछ मंच पर कराना चाहते हैं। पुरस्कार-राशि का आकर्षण इतना बड़ा कि माँ-बाप बच्चों को उधर से विरत कराने के लिए तैयार ही नहीं हो सकते। पास बैठी सहदर्शक मेरी पत्नी के मुँह से अनायास ही यह अवश्य निकलता—'शाबाश है इनके माँ-बाप को जो इन्हें यहाँ भेजते हैं।' निष्कर्ष तो यही निकला कि उपभोक्तावादी दौर, खुले बाज़ार की विपणन नीति और विज्ञापन के मायावी संसार ने ऐसी स्थितियाँ बना दीं कि धन ही एकमात्र लक्ष्य रह गया। हम सब कुछ को स्वीकारते चले गये, स्वीकारते चले जा रहे हैं।

यह मान भी लिया जाय कि किसको चिन्ता पड़ी है अपसंस्कृति के इस अन्धड़ को रोकने की, तो लोकोपकारी सत्ता, प्रशासन-तन्त्र का कोई दायित्व हस्तक्षेप के लिए नहीं बनता? यह कैसा समझौतावादी स्वर कि 'चियर लीडर्स' तो रहेंगी पर वेशभूषा की आचार संहिता का पालन कराया जाएगा। इसका निर्णय कौन और कब करेगा कि पहनने वाले कपड़ों का उघाड़ू हिस्सा कितना लम्बा-छोटा होगा। पेच में पेच पैदा करते चलो, किसी को नाराज़ मत करो, बड़े-बड़े

औद्योगिक घरानों, फिल्मी हस्तियों, आदि ने जो करोड़ों-करोड़ पैसा लगाया है, उनका भी तो ध्यान सत्ता पक्ष और उसके माध्यम से प्रशासन-तन्त्र को रखना है। कुछ समय पहले पुणे में एक 'रेव पार्टी' (पता नहीं इसका पूरा नाम क्या होगा और 'रेव' कैसे पड़ा) में 300 छात्र-छात्राएँ नशीली दवाइयों तथा अन्य ऐसे ही पदार्थों, अश्लील चित्रों-वीडियो आदि के साथ पकड़े गये थे। समाचार यह भी था कि ये छात्र-छात्राएँ वहाँ उन्मुक्त रूप से 'घेटों' जैसा जीवन जीते हैं और खुले रूप में वे यौन-सम्बन्ध रखते हैं। पुलिस तथा प्रशासन ने क्या कार्रवाई की होगी, यह तो समाचारों में नहीं आया, किन्तु क्या कुछ गैर सरकारी संगठनों ने भी इस दिशा में कुछ दबाव बनाया—यह देखने और सोचने का विषय है।

कुछ सांसदों और अन्य लोगों के इस तर्क में भी बड़ा बल है कि 'चियर लीडर्स' को ही लेकर इतनी हाय-तौबा क्यों, इससे पहले टी.वी. प्रस्तोताओं (एंकर्स) तथा गानों के वीडियो एलबम में आयी नंगई को रोकने के उपाय होने चाहिए। हाल-फ़िलहाल ही में एक समाचार चैनल ने एक मॉडल के नये एलबम का समाचार उस मॉडल के इंटरव्यू सहित दिया। एलबम के कुछ अंश—'प्रमोज़' भी दिखाए जा रहे थे जिसमें मॉडल घुटनों के बल झुककर अपने वक्षस्थल की अतल गहराइयों तक का दिग्दर्शन करा रही थी। करेले पर नीमचढ़ी बात उन्होंने यह कही कि अपने वीडियो और फिल्म में मैं अपने शरीर-प्रदर्शन से बिल्कुल भी परहेज़ नहीं करती क्योंकि 'मेरे शरीर पर छिपाने के लिए कोई पाप नहीं हैं' (शार्लिन चोपड़ा)। इसके साथ ही वीडियो में गाने के साथ-साथ कामोत्तेजक (हॉट) चीत्कार और सीत्कार भी था। वह स्पष्ट रूप में घोषणा कर रही थी कि मेरे आदर्श (मॉडल) ब्रिटनी स्पीयर आदि हैं। इधर क्रिकेट संघ के एक उच्च पदाधिकारी ने 'चीयर लीडर्स' के सन्दर्भ में चैनल पर हुए एक साक्षात्कार में यही तर्क दिया कि विदेश—आस्ट्रेलिया, आदि में मैचों के दौरान ऐसा संगीत-नृत्य-युक्त कार्यक्रम रहता है। फिर तो बहस वहीं आकर रुकती है कि हमें आँख-मूँद कर वैश्वीकरण द्वारा दिए गये इस अमेरिकीकरण को स्वीकार कर लेना चाहिए, व्यर्थ ही भारतीयता, भारतीय संस्कृति और अपने श्रेष्ठ जीवन-मूल्यों की दुहाई नहीं देनी चाहिए। इससे एक दूसरी स्थिति यह बन सकती है कि हमें इस सबमें कुछ भी बुरा न मानकर इसे तेज़ी से आता विदेशी प्रभाव मानकर उसके सामने अपनी हार मान लेनी चाहिए। बौद्धिक वर्ग यदि यह सोचता है कि हमें कोई प्रतिरोधी स्वर बनना चाहिए तो उसके लिए बहुत तेज़ी से कदम उठाते हुए राजनीतिक नेतृत्व और प्रशासन-तन्त्र को प्रभावित कर इन स्थितियों में हस्तक्षेप करने के लिए विवश करने की स्थितियाँ बना देनी चाहिए! प्रतिरोधी स्वर उदात्त रूप में प्रकट करने का सही समय अभी ही हो सकता है!

स्त्री-समलैंगिकता : 'नारि-नारि के रूपा'

'मोहि न नारि नारि के रूपा' क्रान्तिदर्शी महाकवि बाबा तुलसीदास ने जब यह लिखा तो उन्हें भान नहीं होगा कि घोर कलिकाल की 21वीं शती के प्रथम (दशक) चरण में जम्बूद्वीपे, भारतवर्षे जब-तब ये समाचार प्रसारित किए जाएँगे कि आज अमृतसर में दो स्कूली छात्राओं ने, कल बरेली में दो युवतियों ने परस्पर विवाह कर एक-दूसरे के साथ रहने का निर्णय ले लिया, सामाजिक वर्जनाओं के निर्णयों, भर्त्सनाओं को चुनौती देते हुए। राष्ट्र की न्यायपालिका के लिए भी संकट खड़ा हो गया कि इन समलैंगिक विवाहों को कानूनी वैधता प्रदान करे या नहीं। वैश्वीकरण की आँधी, मुक्त बाज़ार-व्यवस्था के मीठे-मीठे फल भी हमने चखे हैं तो कुछ या काफी कड़ुवे फलों को चखने को भी तैयार रहना पड़ेगा। स्त्री-आन्दोलनों मर्दवादी वर्चस्व के खिलाफ़ विविध रूपों में अपनी स्वतन्त्रता की जो लड़ाई विदेशों में लड़ी, उससे हम भी कैसे अछूते रह पाते। जब-जब स्त्री समलैंगिकता की बात उठती है, या ऐसे विवाहों की ख़बरें प्रकाश में आती हैं तो न केवल स्त्री की अपितु समस्त मानवीय स्वतन्त्रता का मुद्दा उठाकर देर तक चर्चा बनी रहती है। आज तो संस्थाएँ तथा कितने ही चिकित्सकीय उपक्रम यह तक मानने को तैयार नहीं हैं कि यह अपसामान्य काम-सम्बन्ध है। समस्त विश्व में स्त्री समलैंगिकों (लेस्बियन) और पुरुष समलैंगिकों ('गे') की दो जमातें अपने अधिकारों और वर्चस्व की लड़ाई अपने-अपने ढंग से लड़ रही हैं। पश्चिम में बड़े व्यापक रूप में समलैंगिकता दिनोंदिन बढ़ रही है। भारत के भी बड़े-बड़े नगरों-महानगरों में इनके विभिन्न संगठन धीरे-धीरे संख्या में बढ़ोतरी पा रहे हैं और 'गे' दिवस आदि पर सार्वजनिक जलूस निकल रहे हैं। एक समाचार-चैनल ने हाल में समाचार दिया कि दिल्ली में 'संगिनी' जैसी संस्था की सदस्य संख्या प्रति वर्ष तेज़ी से बढ़ रही है। इसे बढ़ावा देने में छोटे परदे के समाचार-चैनलों और बड़े पर्दे की फिल्मों ने भी कम योग नहीं दिया। कुछ वर्ष पहले जब इस विषय पर पहली हिन्दी फिल्म आयी तो कुछ सामाजिक संस्थाओं तथा कार्यकर्ताओं

ने इसका तीव्र विरोध किया, किन्तु तोड़-फोड़ की कार्रवाइयों में मूल मुद्दा दब-सा गया। फलतः पिछले कुछ वर्षों में स्त्री-समलैंगिकता को बढ़ावा देती कुछ और फिल्में भी आ गयीं, किन्तु अब विरोध नहीं हुआ मानो समाज ने धीरे-धीरे इस स्थिति को प्रकृत रूप में स्वीकार लिया। आवश्यकता इस बात की थी कि इन स्थितियों के प्रतिरोध में व्यापक जन-आन्दोलन सामाजिक संस्थाएँ खड़ा करतीं, किशोर पीढ़ी को इस सम्बन्ध में जागरूक किया जाता। बहुत सारे तर्क इसके समर्थन में दिए जाते हैं और विदेशों (विशेषतः हॉलीवुड) में बनी बहुत-सी ऐसी फिल्मों के उदाहरण दिए जाते हैं जिनमें स्त्री-समलैंगिकता के जीवन का चित्रण हुआ है। वैसे भी हॉलीवुड की नकल पर बॉलीवुड में कितनी ही फिल्में बनती हैं। हॉलीवुड में तो ऐसी डी.वी.डी. भी बनी जिनमें स्त्री-समलैंगिकता पर बनी फिल्मों का ऐतिहासिक रूप में सिलसिलेवार मूल्यांकन किया गया, 'गर्ल्स वर्सेस गर्ल्स' एक ऐसा ही विश्लेषणपरक अध्ययन है। इधर हमारे कई टी.वी. चैनलों ने स्त्री-समलैंगिकता के विषय पर चर्चाएँ और विषय केन्द्रित समाचार-बुटेलिन प्रसारित किए। इन कार्यक्रमों का औचित्य यही बताया गया कि इससे जनमानस को सही रूप में शिक्षित किया जा रहा है, किन्तु इन कार्यक्रमों में ऐसी फुटेज की पट्टियाँ भी साथ-साथ दिखाई जाती रहीं—'मिथ' (भ्रामकता) यह है और चिकित्सा-विज्ञान की दृष्टि से सत्य (सही बात) यह है। बताया गया कि स्त्री-समलैंगिकता या पुरुष समलैंगिकता न किसी प्रकार अस्वाभाविक है और न चिकित्सकीय दृष्टि से किसी भी प्रकार से हानिकारक। छोटे पर्दे और बड़े पर्दे की इन कारगुज़ारियों का यह असर समाज में जरूर पड़ा कि जो बात अभी तक दबी-ढँकी और इक्का-दुक्का रूप में ही कहीं अपसामान्य काम-सम्बन्ध के रूप में प्रचलन में थी, उसको बहुत बढ़ावा मिला और इन प्रयत्नों के बाद निरन्तर वृद्धि को पाता रहा यह अस्वाभाविक काम-सम्बन्ध! निश्चित रूप से छोटे-बड़े पर्दे पर किसी भी प्रवृत्ति के मान्यता प्राप्त कर जाने से समाज में उसकी स्वीकृति की सम्पुष्टि होती है कि यह प्रवृत्ति अब निरन्तर बढ़ती जा रही है। जब एक चीज़ को गलत मानना ही स्वीकार नहीं किया जाता तो उसकी बढ़ोतरी की पूरी सम्भावनाएँ बन जाती हैं। आज जिस रूप में सूचना ज्ञान का विस्फोट और प्रचार हो रहा है। विश्व में जहाँ कहीं जो भी इस सम्बन्ध में घटित हो रहा है, वह हमारी नयी पीढ़ी के संज्ञान तक विभिन्न माध्यमों-उपकरणों से पहुँचता है, किन्तु समय रहते इस प्रवृत्ति से बचाने के कुछ प्रयत्न हो सके तो यह राष्ट्रीय हित में होगा। स्कूलों में समुचित रूप से जितनी जल्दी यौन-शिक्षा को पाठ्यक्रम का अंग बनाया जा सके, उससे इसमें और कुछ सहायता मिल सकती है। इस शिक्षा से वंचित जो

किशोर और युवा-पीढ़ी केवल नये अनुभव जगत में जाने के लिए इस ओर प्रवृत्त होती है, शायद वह इससे बच सके।

साहित्य भी अपना सर्वहित साधने का काम अपने ढंग से करता है, किन्तु जहाँ तक स्त्री-समलैंगिकता का प्रश्न है वह तो उसे बढ़ावा देता दिखाई दे रहा है और यह कार्य महिला कथाकारों के द्वारा विशेष रूप से अंजाम दिया जा रहा है। मेरी स्मृति में हाल के कई उपन्यास हैं जिनमें स्त्री-समलैंगिकता की खुलकर पैरवी की गयी है। एक उपन्यास की अमेरिकावासी हो गयी बनारस की सीधी-सादी लड़की पति और बाद में पुरुष मित्र के सान्निध्य में भी वह शरीर सुख-प्राप्त नहीं कर पाती जो उसे अपनी सखी के साथ मिल पाता है—बड़ी स्पष्ट स्वीकारोक्ति है उसकी। इसी प्रकार एक बड़े प्रतिष्ठित उपन्यास में नायिका अपनी सखी के साथ सहवास-सुख प्राप्त करती है जिसे प्रेमी के साथ प्राप्त नहीं कर पाती। इतना ही नहीं वह किसी बड़े पंचसितारा होटल के ब्यूटी पॉर्लर का ऐसा भाव-विभोर चित्रण करती है कि जो मुख-मैथुन-सुख उसे वहाँ चीनी लड़कियों ने दिया, वह अतुलनीय है। यह सब इस आधार के साथ चित्रित किया जा रहा है, साहित्य में भी सिनेमा में भी, कि यह प्रवृत्ति समाज में है, तभी तो हम इसका चित्रण कर रहे हैं। सवाल यह है कि समाज में, किसी भी समाज में, ऐसी अपसामान्य प्रवृत्तियाँ तो सदैव ही विद्यमान रही होंगी। कभी-कभी इन्होंने पशु-संगति की विकृति का रूप भी लिया होगा। किन्तु अब विकट समस्या यह बन गयी है कि इस प्रवृत्ति को मानवीय स्वतन्त्रता और अपनी तरह से जीवन जीने का अधिकार आदि कहकर श्रेयस्कर रूप दिया जा रहा है। वैश्विक अपसंस्कृति के इस दुष्प्रभाव को रोकने का हममें मनोबल बनना चाहिए।

पुरुष समलैंगिकता : 'गे' की 'गो-गो'

पश्चिम के उच्छिष्ट और विद्रूप को हम निरन्तर चाव से अपनाए जा रहे हैं, हमारी उच्च स्तरीय, 'मॉड' की भक्त नयी पीढ़ी राह-कुराह की परवाह किए बिना इस ओर तेज़ी से अग्रसर है। वैश्विक गाँव की संस्कृति में पनप रही पुरुष समलैंगिकता को वैध, कानूनी, मान्यता दिलाने के प्रयत्न आजकल जोरों पर हैं। सितम्बर-अक्टूबर (2008) में इसके औचित्य पर भारत सरकार के गृह मन्त्रालय और स्वास्थ्य मन्त्रालय में परस्पर विरोधी मत इतने बढ़ गये कि प्रधानमन्त्री मनमोहन सिंह को (17 अक्टूबर को) दोनों मन्त्रालयों को अपना वैमत्य दूर कर उच्च न्यायालय में एक सुर में बोलने का निर्देश जारी करना पड़ा। इससे पूर्व विधि मन्त्रालय ने भी इसके विरोध का स्वर उठाया था। हुआ यह कि आठ वर्ष पूर्व 'नाज' नाम की एक समाजसेवी (?) संस्था ने दिल्ली उच्च न्यायालय में केस दायर कर पुरुष समलैंगिकता ('गे' प्रवृत्ति) को कानूनी मान्यता देने की माँग की। भारतीय न्यायिक व्यवस्था को आठ वर्ष इस बात पर विचार करने में लगे कि इस याचिका द्वारा रखी गयी माँग कि भारतीय दंड संहिता की धारा 377 को बदला जाना चाहिए या नहीं जिसके तहत इस अप्राकृतिक काम सम्बन्ध को 'अपराध' माना जाता है।

लगभग 6-7 वर्ष पूर्व समाचार-पत्रों में पढ़ा था और टी.वी. पर देखा था कि समलैंगिकों का एक जुलूस किसी यूरोपीय शहर की सड़कों पर पूर्ण नग्नावस्था में गाते-बजाते, किल्लोल करते निकल रहा था। फिर इसके लगभग एक वर्ष पश्चात् आस्ट्रेलिया की राजधानी केनबरा में भी ऐसा ही जुलूस निकलने की ख़बरें देखीं-पढ़ीं। प्रायः दो वर्ष पूर्व सिडनी के एक विश्वविद्यालय में 'गे' छात्रों ने अपने लिए विश्वविद्यालय में एक अलग सुरक्षित स्थान (कम्युनिटी हॉल) जैसा कुछ माँगा था। तब मुझे आशंका हो चली थी कि एक दिन यह अन्धड़ हमारे यहाँ भी आएगा, नकल के धुनी हम कैसे पीछे रह सकते हैं!! यद्यपि भारत में गे-समाज का पहला जुलूस (शोभा-यात्रा) कलकत्ता में 2003 में आयोजित किया

गया था, किन्तु इस वर्ष जून, 2008 में नयी दिल्ली में समलैंगिकों का यह जुलूस जिसमें 500 के लगभग गे लोगों और उनसे सम्बन्धित सक्रिय कार्यकर्ताओं की भागीदारी थी—बाराखम्भा रोड से जन्तर-मन्तर (कनॉट प्लेस) तक बहुत धूमधाम से निकाला गया। इस जुलूस की विशेष बात यह थी कि मानवीय स्वतन्त्रता के नाम पर इन गे बन्धुओं का समर्थन करने अनेक सामाजिक संगठनों से जुड़े कार्यकर्ता और कुछ कला जगत के नामी-गिरामी व्यक्तित्व भी थे—यथा रंगमंच की दुनिया से फैजल अलका जी जैसे प्रतिष्ठित लोग। गे-आन्दोलन के सक्रिय कार्यकर्ता अशोक राव कवि का कथन था कि अब से दस वर्ष पूर्व दिल्ली में किसी ऐसे समलिंगी जुलूस की कल्पना भी नहीं की जा सकती थी। आज की भीड़ यह दर्शाती है कि राजधानी पुरातनना के रूढ़िवाद से मुक्त हो गयी है। न्यूयार्क में गे-समाज द्वारा आयोजित पहला जुलूस 1970 ई. में निकला। इतना समय इसे इसलिए लगा कि यह प्रवृत्ति समाज में व्यापक स्वीकृति न पा सकी, नवीनता खोजती फैशनपरस्त पीढ़ी का एक खास तबका ही इस सबमें रुचि ले सका। जिस प्रकार स्त्री समलैंगिकों (लेस्बियन्स) ने अपने 'सखी' आदि संगठन बनाए, इसी प्रकार गे समर्थक अशोक राव कवि ने 'हमसफर' नामक गे-संगठन बनाया। वस्तुतः पश्चिम में जो लहर फैशन के नाम पर आती है विकासशील देश उसके प्रभाव से अपने को बचा नहीं पाते, भारत तो बिल्कुल नहीं। पहले यह समझा जाता था कि पुरुष समलैंगिकता प्रायः निचले तबके के लोगों या जेल अपराधियों आदि में ही देखी जाती है, सभ्य कहे जाने वाले समाज में नहीं, किन्तु यह धारणा भ्रामक सिद्ध हुई है। अपनी इस अपसामान्य (एबनॉर्मल) प्रवृत्ति के ही चलते एक छोटे राज्य के राजकुमार ने अपने उत्तराधिकार के अधिकार तक को तृणवत् त्याग दिया। धारा 377 किसी भी आप्राकृतिक यौन-सम्बन्ध को दंडनीय अपराध मानती है तो प्रश्न यह उठता है कि अब तक जितने गे-प्रदर्शन हुए, जुलूस आदि निकाले गये, लोगों ने अपने को सार्वजनिक रूप में 'गे' घोषित किया तो सरकारी तन्त्र ने तुरन्त आपराधिक कार्रवाई कर समुचित दंड की व्यवस्था क्यों नहीं दी। केन्द्र सरकार ने इस ओर जो लापरवाही का रवैया अपनाया हुआ है, उसके लिए उसे न्यायालय ने भी ताड़ना दी है कि उसने न्यायालय में जो हलफ़नामा दाखिल किया है, उसे बड़े चलताऊ ढंग से लिखा गया (ड्राफ्टिड) है। गे-समुदाय और उसके पक्षधरों का कहना है कि अप्राकृतिक काम सम्बन्ध को दंडनीय अपराध परिभाषित करने वाली धारा 377 को समाप्त करने से एड्स जैसे भयंकर रोगों की रोकथाम में बहुत मदद मिलेगी, उसे किसी सीमा तक नियन्त्रित करने का मार्ग खुलेगा। जब कोई गे व्यक्ति एड्सग्रस्त होगा तो वह अपने डॉक्टर से बिना किसी संकोच के कह सकेगा कि वह एच.आई.वी. रोगाणुग्रस्त है, उसका समुचित उपचार कर

दिया जाय। उनका मानना है कि भारत में लगभग 20 लाख, पैंतीस हज़ार लोग ऐसे हैं जिन्हें एच.आई.वी. से मुक्ति के लिए इलाज की दरकार है। भारतीय संविधान की धारा 21, जिसमें 'जीवन और स्वतन्त्रता' ('राइट टू लाइफ ऐंड लिबर्टी') का अधिकार प्राप्त है, की आड़ लेकर भी गे-समुदाय अपनी तरह से जीवन जीने की स्वतन्त्रता की माँग कर रहे हैं, किन्तु इसी धारा की व्यवस्था में यह भी कहा गया है कि एक ही लिंग के दो जनों में शारीरिक सम्बन्ध कानून और प्रकृति—दोनों ही क्षेत्रों में अजाना है, अतः यह अप्राकृतिक और गैर-कानूनी भी है। इन सब स्थितियों से यह स्पष्ट है कि समलैंगिकता पुरुष और स्त्री दोनों ही के लिए घातक और ग़ैरकानूनी है। यदि इसे कानून की स्वीकृति मिल जाती है तो क्या आने वाले किसी समय में पशु-मैथुन आदि को मान्यता देने की माँग न उठने लगेगी, उसके लिए आन्दोलन भी हो सकते हैं। यह प्रवृत्ति बन्द समाजों में भी कितनी बढ़ती जा रही है इसका उदाहरण हाल-फिलहाल का यह समाचार है कि विश्व के एक मात्र 'हिन्दू राज्य' नेपाल ने भी इसे वैध स्वीकार करने का निर्णय ले लिया है, वहाँ के उच्चतम न्यायालय ने यह संस्तुति कर दी है तो क्या यह समाज को आदिम बर्बर युग में धकेलने की दिशा न होगी। समय रहते इस आँधी को रोकने के प्रयत्न करने चाहिए।

मनोवैज्ञानिकों तथा समाजशास्त्रियों, विद्वानों द्वारा इस 'गे' प्रवृत्ति के जो अध्ययन किए गये हैं, उनसे कई चौंकाने वाले तथ्य प्रकाश में आते हैं। सामान्यतः लोग मानते हैं कि समलैंगिक प्रवृत्ति के लोग जन्मजात रूप से या पालन-पोषण की स्थितियों और सबसे ऊपर अपनी इच्छा (स्वेच्छा) से ऐसा बन जाते हैं—कमोबेश तीनों ही कारकों को इसके लिए घटक माना जा सकता है। कनाडा में हुए एक मनोवैज्ञानिक शोध ने यह बताया कि जिस परिवार में एक या एकाधिक बड़े भाई हों, तो वहाँ छोटे को समलैंगिकता का शिकार बनाकर इस मार्ग में प्रवृत्त कर दिया जाता है, ऐसे परिवार में समलैंगिकता के आने की प्रबल सम्भावनाएँ होती हैं। वस्तुतः यह एक बर्बर आदिमवृत्ति का रूप है, फिल्मी दुनिया की हस्तियों ने भी इस गे प्रवृत्ति को बढ़ावा दिया। हॉलीवुड के कई नामी सितारों ने पुरुष समलैंगिकता वाली फिल्मों में अभिनय कर इसके प्रति वर्जनाओं को तोड़ने का कार्य किया। गे समुदाय में शारीरिक गठन की दृष्टि से कामुक और उत्तेजक पुरुष-प्रतिमाओं (आइकॉन्स) की तलाश निरन्तर जारी रहती है। हाल ही में इन लोगों के पैरवीकारों ने पता लगाया कि हृष्ट-पुष्ट शरीर वाले (जाट बिल्ट्स) खिलाड़ियों, फिल्मी सितारों आदि में कौन तुम्हें आकर्षित करता है—मुक्केबाज़ विजेन्द्र कुमार, और अभिषेक बच्चन को भी इन लोगों ने 'आकर्षक' और 'कामुक' (हॉट) पाया। चार्ली हेनिक्कर नामक सज्जन, जो लन्दन के 'स्कूल ऑव ओरिएंटल ऐंड अफ्रीकन

स्टडीज' (विश्वविद्यालय) में गे-समस्या पर शोध-कार्य कर रहे हैं, ने बच्चन परिवार की स्मरणीय अमेरिका-यात्रा कार्यक्रम का निरन्तर अध्ययन कर निष्कर्ष निकाला कि अभिषेक बच्चन गे लोगों के आदर्श प्रतिमा-पुरुष ('आइकॉन') हैं। गे लोगों की मानसिकता कितनी विकृत हो सकती है, इसका एक उदाहरण यह है कि इन्हें श्रीकृष्ण जन्माष्टमी पर 'दही हांडी' फोड़ते किशोरों-युवकों की टाँगों को देखकर उत्तेजना मिलती है, छोटे-छोटे निक्कर पहनने के कारण बच्चों की टाँगें उघड़ी रहती हैं और ये 'गोविन्दा' बने किशोर इन्हें समलैंगिकता के लिए उत्तेजित करते हैं। बात जब इस हद तक बढ़ गयी तो यह सहज ही समझ में आना चाहिए कि कानूनी, सामाजिक, धार्मिक, नैतिक—सभी दृष्टियों से 'गे' प्रवृत्ति का विरोध होना चाहिए।

समाज में प्रबुद्ध वर्ग का एक तबका यह मानता है कि 'गे' प्रवृत्ति (पुरुष समलैंगिकता) को अप्राकृतिक सम्बन्ध क्यों माना जाय। इसका निर्धारण किस आधार पर किया जाय कि अमुक कृत्य अप्राकृतिक है या प्राकृतिक। यह नैसर्गिक काम-क्रिया का सामान्य कर्म है, तभी पूरे विश्व में बाई-सैक्सुअल (द्विगामी) लोगों का वर्ग पाया जाता है। उन्हें कोई भी समाज हेय दृष्टि से नहीं देखता है। जो लोग समलैंगिकता को 'अपराध' मानने के पक्षधर हैं, वे मानवीय स्वतन्त्रता के अधिकार का हनन करते हैं—ऐसा इनका मानना है। तर्क को आगे ले जाते हुए वे इसे लोकतन्त्र से जोड़ते हैं, भारत विश्व का सबसे बड़ा प्रजातन्त्र है, यदि वह व्यक्ति-स्वातन्त्र्य का सम्मान नहीं करता है तो यह विश्व के अन्य प्रजातन्त्रों के लिए भी प्रेरक आदर्श नहीं है। इसलिए इस ओर कानून बनाकर इसे कानून-सम्मत, पूर्णतः वैध बना देना चाहिए। उनका यह भी मानना है कि सशक्त समाजीकरण के लिए ऐसे 'प्राकृतिक कृत्यों' को मान्यता देना समाज में एक नयी व्यवस्था को जन्म देना होगा, ठीक वैसे ही जैसे काम-सम्बन्धों का नियमन कर 'विवाह-संस्था' का सृजन हुआ था। इसको वैध बनाने से उन व्यक्तियों में भी हीनता-बोध की समाप्ति होगी जो अब तक इस कृत्य में लीन तो हैं, किन्तु उन्हें एक अपराध बोध निरन्तर सालता रहता है। बौद्धिक वर्ग में अनेक ख्यात लोग समलैंगिकता की कानूनन स्वीकृति से सिर उठाकर चलने में समर्थ हो सकेंगे, किन्तु ये सारे तर्क क्या समाज को पुनः आदिम-युग में धकेलने के पग नहीं होंगे—इसी के प्रकाश में निर्णय लिया जाना वांछनीय होगा।

सहजीवन फिर नये विवाद में

अभी हाल ही में दक्षिण भारतीय अभिनेत्री खुशबू की याचिका पर सर्वोच्च न्यायालय का मद्रास उच्च न्यायालय के आदेश के खिलाफ निर्देश आया है जिसमें माननीय जजों की पीठ ने मद्रास उच्च न्यायालय के अप्रैल, 2008 के उस आदेश को लगभग अमान्य ही घोषित कर दिया है जिसमें उच्च न्यायालय ने खुशबू के खिलाफ़ आपराधिक कार्रवाई का आदेश दिया था। अपने निर्णय पर पुनर्विचार का यह आदेश विवाह पूर्व प्रेम और यौन-सम्बन्ध (सैक्स) की स्वीकृति देता हुआ भारतीय जनमानस में युग-युग से बसे नैतिकता के मूल्यों की धज्जियाँ उड़ा देता है। इधर दृश्य मीडिया इस सम्बन्ध में राधा-कृष्ण की प्रीति का उदाहरण देता हुआ इन सम्बन्धों को नैतिकता की वैधता प्रदान करने का उपक्रम कर रहा है—इस सम्बन्ध में एक चैनल के प्रस्तोता (एंकर) ने धर्मवीर भारती की प्रसिद्ध कृति 'कनुप्रिया' के श्रीकृष्ण को सम्बोधित किया 'कनु, तुम मेरे कौन हो' को उद्धृत कर डाला कि राधा भी कृष्ण से अपना सम्बन्ध परिभाषित कराना चाहती हैं। यह बात ठीक है कि प्रत्येक युग नैतिकता की अपनी परिभाषाएँ गढ़ता है, किन्तु वैश्वीकरण का यह युग तो अपनी ही तरह से पश्चिम से आयातित विचार-सरणि में संस्कृति का 'मैक्डोलनीकरण' करता हुआ पूरी तरह पश्चिमी संस्कृति में ढलता ही नहीं जा रहा है, बल्कि 'पश्चिम' ही हुआ जा रहा है। विवाह-पूर्व प्रेम में राधा का प्रसंग उद्धृत करने वाले भूल जाते हैं कि यह एक मिथकीय अवधारणा है जो जनसामान्य के लिए इतिहास का सत्य है, किन्तु इतिहास, पौराणिक इतिहास का एक सच यह भी है कि 12वीं शती से पूर्व राधा का अस्तित्व ही नहीं है। फिलहाल, चर्चा यहाँ सहजीवन की ही की जाय जो निश्चित रूप से वैश्वीकरण की स्थितियों की देन है। वैश्विक गाँव के महाप्रसाद रूप में हमने आधुनिक जीवन-पद्धति की जो अनेक सौगातें अंगीकार की हैं, उनमें से एक और नवीनतम सहजीवन ही है। अपने विदेश में बसे भारतीयों के परिवारों की अगली पीढ़ी पूर्ण उन्मुक्त भाव के पारम्परिक विवाह संस्था को प्रश्नांकित करती हुई धड़ल्ले

से कह रही है, 'यह कैसे सम्भव है (हाउ इट्ज पॉसिबिल) कि बिना किसी पूर्व जान-पहचान के लड़की लड़के के साथ रहने चल दे कि चलो जी शादी हो गयी।' किशोरी का भोला प्रश्न और स्वयं ही दिया गया उत्तर है 'कम-से-कम मैं तो ऐसा नहीं कर सकती' ('आई कांट डू इट')। व्यक्ति स्वातन्त्र्य का हामी सी.पी.आई. का प्रवक्ता एक विधायक एक चैनल पर धड़ल्ले से कहता है कि मैं इसे (सहजीवन को, विवाह-पूर्व प्रेम को, सैक्स) आदर्श नहीं मानता, भले ही इससे व्यक्ति-स्वातन्त्र्य बाधित होता हो। प्रस्तोता के यह चेताने पर भी कि आपका मत न्यायालय की अवमानना की श्रेणी में आ सकता है, प्रवक्ता ने कहा, आता हो, पर मैं सहजीवन को कोई आदर्श स्थिति नहीं मानता। विदेशों में प्रारम्भ से ही बच्चों का मानसिक अनुकूलन कर सहजीवन की स्थिति के लिए तैयार किया जाता है। पहले छोटी कक्षाओं से ही अपने दोस्तों के घर बच्चे 'स्लीप-ओवर' (रात में सोने के लिए) जाते हैं, फिर बड़े होकर 'डेटिंग' की बाकायदा स्थिति बना लेते हैं और सहजीवन (लिव इन रिलेशनशिप) तक आते-आते वे इसके लिए पूरी मानसिक स्थिति बना लेते हैं। आस्ट्रेलिया के सबसे बड़े उद्योगपति (बिजनेस टाइकून) की बेटी की तीसरी शादी (पहली दो में तलाक-स्थिति) तय हो रही थी जब वह अपने भावी पति के संसर्ग से सात माह की गर्भवती थी। उस समाज में यह सब पूरी तरह से वैध और नैतिक तथा सामाजिक दृष्टि से स्वीकार्य स्थितियाँ हैं। टी.वी. चैनलों ने जिस रूप में हमारा अमेरिकीकरण करने का 'महत्' कार्य किया है, उसी रूप में सहजीवन को लगभग सही मान्यता देने का दायित्व भी उसी निष्ठा और खूबी से निभा रहे हैं—पुणे, अहमदाबाद, मुम्बई, जोधपुर आदि से जोड़ों के प्रत्यक्ष उदाहरण दे-देकर वे इसे एक आदर्श स्थिति बनाने में ही जुटे हुए हैं। मुम्बई के 26 साल से साथ रह रहे 'दम्पती' को वे दिखाते हैं जिन्होंने परिस्थितियों के कारण कभी साथ-साथ रहना स्वीकार किया था, उनके दो सन्तान भी हैं। इस परिवार को कभी विवाह की आवश्यकता महसूस नहीं हुई। इसी प्रकार 17 साल से साथ रह रहे जोधपुर के अविवाहित दम्पती को दिखाया जाता है जो अपने दाम्पत्य में पूरी तरह सहज हैं।

कुछ समय पहले महाराष्ट्र सरकार ने सहजीवन को कानूनी जामा पहनाने में पहल कर भारतीय सामाजिक जीवन संरचना में उथल-पुथल मचाने का पग उठा लिया था। आश्चर्य नहीं होना चाहिए कि फिल्म नगरी—बॉलीवुड—से यह प्रस्ताव आया था जो महाराष्ट्र की राजधानी भी है। भारतीय जीवन को अमेरिकी साँचे में ढालने में इस फिल्म नगरी मुम्बई का बड़ा महत्त्वपूर्ण योगदान है—वस्त्र, सभ्याचार, पब, डिस्कोथेक और विभिन्न प्रकार के क्लब-जीवन से यह अमेरिकीकरण बढ़ता जा रहा है। कानून बनने से पहले ही वहाँ अनेक जोड़े पहले से ही सहजीवन

जी रहे हैं, उन्हें कभी इस कानून की दरकार नहीं हुई। इससे पूर्व जो लोग बड़े-बड़े शहरों में सहजीवन के दाम्पत्य को पूरी निष्ठा से जी रहे थे, उन्हें भी किसी ऐसे कानून की शरण में जाने की आवश्यकता कभी भी अनुभव नहीं हुई। प्रसिद्ध पंजाबी साहित्यकार स्व. अमृता प्रीतम और प्रख्यात चित्रकार इमरोज़ ने सफलतापूर्वक सहजीवन जिया, उन्हें कानूनी मान्यता और सामाजिक वैधता की कभी आवश्यकता नहीं पड़ी। 2005 में सर्वोच्च न्यायालय ने अपने एक फैसले में यह व्यवस्था दी कि लम्बे समय तक पति-पत्नी के रूप में, अर्थात् सहजीवन में रह रहे स्त्री-पुरुष को पति-पत्नी के रूप में मान्यता प्राप्त होगी। पहले से ही वैधानिक मान्यता प्राप्त सम्बन्ध को और अधिक व्यापक मान्यता दिलाने की आवश्यकता आज क्यों अधिक बढ़ गयी है, इस पर महाराष्ट्र सरकार की दलील है कि स्त्री को पत्नी के रूप में सम्पत्ति आदि के सभी अधिकार प्राप्त हों, इस सम्बन्ध के परिणामस्वरूप उत्पन्न सन्तान को भी सामाजिक सुरक्षा और उत्तराधिकार के सभी लाभ प्राप्त हो सकें, यह सुनिश्चित करना इस कानून का उद्देश्य है, किन्तु भारतीय सामाजिक संरचना, पारिवारिक तानेबाने को यह कानूनी प्रावधान किस प्रकार हिलाकर रख सकता है, इसकी ओर ध्यान नहीं दिया गया।

सहजीवन के पक्ष में एक तर्क यह दिया जाता है कि इससे वैवाहिक सम्बन्धों को सुदृढ़ आधार मिलता है। यह तर्क इस सत्य के सामने स्वयं ही धराशायी हो जाता है कि विदेशों में तलाकों की संख्या कितनी अधिक है। खूब सोच-समझ कर सहजीवन के आधार पर लिए गये वैवाहिक निर्णय वहाँ कितने स्थायी हो पाते हैं? सारी चख़चख़ के बावजूद भारतीय परम्परा के विवाह की आयु सबसे अधिक है, वे ही अधिक टिकाऊ हैं। कुछ लोगों का मानना है कि सहजीवन से भारतीय समाज में तलाक की बढ़ती प्रवृत्ति को रोका जा सकता है, किन्तु यह एक मिथ्या भ्रम ही सिद्ध होगा। यदि ऐसा होता तो पश्चिम में आये दिन इतने तलाक नहीं होते और न ही वे वहाँ की जीवन पद्धति का सामान्य हिस्सा होते। सहजीवन तो इस सम्बन्ध-विच्छेद की स्थिति को और अधिक बल दे देगा, जब चाहे अलग हो जाने की स्वतन्त्रता, इन सम्बन्धों को और भी उन्मुक्तता प्रदान करेगी। सहजीवन से प्राप्त सन्तान को उत्तराधिकार और सम्पत्ति में हिस्सेदारी का वैधानिक अधिकार इस सम्बन्ध को बाधित नहीं कर पाएगा। समाज का खाया-पिया-अघाया एक ऐयाश वर्ग विशेष, उस सन्तान को भी अपनी धन-सम्पत्ति का एक हिस्सा दे देगा, मुश्किल केवल मध्य-वित्त, मध्यम वर्ग, को होगी—निम्न वर्ग का व्यक्ति तो एक ही पत्नी को पाल परिवार के दायित्व को निभा ले जा पाए, यही काफ़ी है। फिर यौन-शुचिता के पक्षधर भारतीय समाज में उस लड़की की क्या स्थिति होगी जिसे कुसमंजन (मैल-एडजस्टमेंट) के आधार पर साथी

पुरुष त्याग देगा। भारतीय समाज उसे कितना अपना पाएगा, शायद माँ-बाप भी उसे न स्वीकारें!

महाराष्ट्र सरकार का यह कदम स्वयं में बड़ा विरोधाभासी है। एक ओर तो वह बार-बालाओं आदि पर शिकंजा कसकर समाज में कदाचार को रोकना चाहती है और दूसरी ओर सहजीवन को स्वीकृति दे एक स्वैच्छाचार को प्रोत्साहन देने का उपक्रम सँजो रही है। भारतीय विवाह संस्था के समस्त नैतिक मूल्यों और सामाजिक बन्धनों को धता बताकर यह कानून कितने ही पुरुषों को अबाधित, अमर्यादित यौन-सम्बन्ध बनाने का हथियार नहीं थमा देगा? आर्थिक दृष्टि से जो लोग चार-चार, पाँच-पाँच सम्बन्धों का दायित्व उठा सकते हैं, सहजीवन कानून उन्हें इसकी पूर्ण स्वतन्त्रता प्रदान कर देगा। देश के जाने-माने विधिवेत्ताओं, वकीलों, का भी यही मत है कि यह कानून स्त्री को सुरक्षा की कोई निश्चित गारंटी नहीं दे पाएगा, यहाँ कहीं निष्ठाएँ और प्रतिबद्धताएँ आन्तरिक रूप से नहीं मिल पाएँगी। चाहे जब रिश्ते को समाप्त करने की स्वतन्त्रता इस कानूनी व्यवस्था को और भी अधिक हास्यास्पद बना देगी। पारिवारिक बिखराव, विघटन को इसके द्वारा रोकने में क़तई मदद नहीं मिल सकती। भारतीय सामाजिक व्यवस्था में विवाह एक समझौता (कांट्रेक्ट) मात्र नहीं है जिसका पंजीकरण (कोर्ट मैरिज) किसी कार्यालय में होता हो। सो अब सरकार व्यवस्था दे रही है कि हर विवाह का अदालत में भी पंजीकरण हो, यह आधुनिक जीवन-स्थितियों की माँग हो चली है, किन्तु इस औपचारिकता का तो केवल कानूनी आधार है, आत्मीय रिश्तों और समस्त पारिवारिक सम्बन्धों को आत्मसात करने की क्षमता पारम्परिक विवाह-व्यवस्था में ही है। बहुपतित्व और बहुपत्नीत्व दोनों को ही प्रश्रय देनेवाली सहजीवन की कानूनी व्यवस्था भारतीय मानस, भारतीय समाज और आधुनिक जीवन दृष्टि के भी अनुकूल नहीं बैठती। कानून की कोई आवश्यकता नहीं, जिन्हें साथ रहना है, वे सहर्ष साथ रहें, कानून न उनके साथ रहने को सम्भव बनाता है और न ही उन्हें इससे रोक सकता है।

महिला आयोग ने सहजीवन के कानून पर अपनी स्वीकृति की मुहर तो लगा दी है, किन्तु दो सिफारिशें की हैं—एक तो 'सहजीवन' के लिए कोई अन्य शब्द होना चाहिए। दूसरे सहजीवन का कानून उन्हीं को मान्यता दे, जो कम-से-कम 3 वर्ष से 10 वर्ष तक की अवधि तक साथ-साथ रहे हों। सहजीवन सम्बन्धी कानून प्रेमिका और पत्नी को एक 'इकाई' बनाने की जुगत रचता है। सहजीवन प्रेमिका का पत्नी की ओर एक संचरण है। पत्नी का रूप लेते ही वहाँ वही तुर्शी और दरकन होगी जो सामान्यतः दाम्पत्य में होती है जिसका एक बड़ा कारण पति, पत्नी और 'वो ' है—एक तीसरे की उपस्थिति। सहजीवन का कानून

'वो' को वैधानिक मान्यता प्रदान करने का प्रावधान है। कई फिल्मी सितारों ने अपने साक्षात्कार में इस कानून को चमत्कारी (वंडरफुल) बताया है, कई सिने तारिकाओं ने इसे इस रूप में स्वागत-योग्य बताया कि इससे औरत को न्याय मिलेगा, वह पुरुष के हाथ का खिलौना मात्र नहीं बनेगी। वे भूल जाती हैं कि यह अपने पैर में स्वयं कुल्हाड़ी मारने का कार्य होगा—इस सम्बन्ध से बाहर आने की स्वतन्त्रता स्त्री-पुरुष दोनों के लिए ही घातक है, इससे 'तू नहीं और सही, वो नहीं और सही' की ऐयाशी को और भी अधिक बल मिल जाएगा। इससे स्त्री को और भी अधिक 'भोग्या' का स्तर प्राप्त होगा। फिल्मी और टी.वी. सितारे ही इस सहजीवन को अधिक जीते-भोगते पाए जाते हैं। आये दिन मीडिया में वहाँ की ख़बरें आती रहती हैं कि अमुक-अमुक का इतना वर्षों चला सम्बन्ध टूट गया है और अब वे अमुक-अमुक के साथ हैं। प्रश्न इस प्रकार के सम्बन्ध के औचित्य का नहीं है, प्रश्न यह है कि जब उन्हें अब तक प्रेम करने, प्रेम बदलने, सहजीवन जीने के लिए किसी कानूनी प्रावधान की आवश्यकता नहीं पड़ी तो अब कैसे वहाँ इस कानूनी संरक्षण की आवश्यकता आ पड़ी। सम्पत्ति में सन्तान का अधिकार उन लोगों के लिए कोई महत्त्व नहीं रखता जो एक-एक फिल्म के लिए एक-एक करोड़ रुपये का मेहनताना और रॉयल्टी के रूप में राशि प्राप्त करते हैं। कानूनविदों ने यह भी कहा कि भारतीय दंड संहिता की धारा 125 में दी गयी 'पत्नी' की परिभाषा भी इस कानून के पास होने पर बदलनी होगी। कानूनी धारा को बदलने की कोई आवश्यकता नहीं है, सहजीवन ने निश्चित रूप से 'पत्नीत्व' और 'पति' की अवधारणाएँ बदलकर ही इस जीवन को सम्भव बनाया है।

वास्तविकता यह है कि वैश्विक गाँव में नागरिक होने के नाते हमें पश्चिमीकरण की इन सौग़ातों को चाहे-अनचाहे भुगतना ही होगा—हम एक यौन-मुक्त संसार में प्रविष्टि पा रहे हैं जहाँ पुरातन सामाजिक मान्यताएँ, वर्जनाएँ और उनकी भीतियाँ तड़-तड़ कर टूट रही हैं। पश्चिम ने जिस 'कामाचार' को 'सहजाचार' में बदल दिया है, हम उस मार्ग पर तेज़ी से अग्रसर हैं। सिलिकॉन वैली में जानेवाले हमारे नौनिहाल वहाँ 'हरा चरागाह' (ग्रीन कार्ड) पाने के लिए, बेझिझक सहजीवन जी कर उस पर वहाँ कोर्ट-कचहरी और यहाँ भारत आकर विवाह की सामाजिक स्वीकृति की मुहर बेहिचक लगवा रहे हैं। बंगलौर और गुड़गाँव आदि के कॉल सेंटरों में कार्यरत लड़के-लड़कियाँ धड़ल्ले से सहजीवन अपना रहे हैं, अपना चुके हैं। इसे कानूनी मान्यता देना सामाजिक जीवन में और भी पेचीदगियाँ पैदा करना होगा।

अनब्याहा किशोर मातृत्व

रात्रि 9 बजे के आसपास जब टी.वी. प्रसारण का प्रमुख समय (प्राइम टाइम) है, कहीं कुछ देखने के लिए बार-बार रिमोट का बटन दबाता हूँ, कहीं कुछ अच्छा-सा मिल जाय—दो-तीन चैनलों पर जो सीरियल आ रहे हैं उसमें दो-तीन में अविवाहित मातृत्व की समस्या है। दो के बाद तीसरा चैनल दबाता हूँ तो अनायास ही मुँह से फूट पड़ता हूँ, 'यहाँ भी यही।' टी.वी. के सामने से उठ अपनी किताबों में ही उलझ पड़ता हूँ, पर पढ़ा नहीं जा रहा है। सोच पर बार-बार दस्तक पड़ती है कि क्या यह समाज का इतना भयावह सच है कि तीन-तीन चैनलों पर यही कथा, पात्र और नाम बदलकर इसे दनादन परोसा जा रहा है। कुछ दिन यूँ ही बीत जाते हैं, जून की परवर्ती तारीखों में एक समाचार पढ़ता हूँ कि अमेरिका के ग्लूसेस्टर नगर के एक स्कूल में पढ़ने वाली 17 किशोरियाँ एक साथ गर्भवती हो गयीं। 16 साल से कम उम्र की इन लड़कियों ने एक साथ शिशुओं को जन्म देने और उनका पालन-पोषण करने का थ्रिल (रोमांच) अनुभव करने के लिए यह सामूहिक निर्णय लिया। बाद में लड़कियाँ स्कूल के क्लीनिक में आकर बार-बार जाँच करवाती रहीं कि वे गर्भवती हैं भी या नहीं, जो गर्भवती नहीं हो पाईं उनकी 'व्यथा का ठिकाना नहीं था।' वहाँ के राष्ट्रीय आँकड़ों ने बताया कि इस उम्र की किशोरियों की मातृत्व-संख्या में वर्ष 2006 में तीन प्रतिशत की बढ़ोतरी हुई है। ग्लोबल-गाँव की इस संस्कृति से भला हम कैसे पीछे रह सकते थे, हम तो विदेश, विदेश की हर चीज़ को धड़ल्ले से अपनाने में गौरवान्वित अनुभव करते हैं। कुछ ही दिन बीते थे तो फिर बुद्धू-बक्से पर किशोर मातृत्व और उस पर विमर्श-भरा कार्यक्रम देखा जिसके केन्द्र में दिल्ली थी। दिल्ली और बम्बई पर किशोर मातृत्व के आँकड़े या कहें किशोरियों के गर्भवती होने के आँकड़े देता हुआ चैनल बार-बार दहाड़ रहा था—दिल्ली में रोज़ 40 स्कूली लड़कियाँ गर्भपात करा रही हैं, बम्बई के विषय में यह संख्या 32 दी गयी। दिल्ली में कम-से-कम 10 में से 7 विद्यार्थी (स्कूली) शारीरिक सम्बन्ध बनाते हैं, इनकी

आयु 12-16 वर्ष के बीच की है। ख़बरिया चैनल की बात पर अविश्वास का कारण भी शेष नहीं रहा जब 11वीं कक्षा के छात्र को यौन (सैक्स) पर अकुंठ भाव से बात करते देखा। यह किशोर बड़े निर्द्वन्द्व भाव से कह रहा था कि 'आलिंगन-चुम्बन' ('हगिंग-किसिंग') तो मामूली बातें हैं आजकल। जब छात्र से पूछा गया कि स्कूल में इस सबके लिए समय कहाँ मिलता होगा, तो उसका उत्तर था कि पाठ्येतर कार्यक्रमों (कोरिक्यूलर एक्टीविटीज़) के बीच इस सबके लिए 10-15 मिनट का समय तो 'हम कहीं भी कभी भी निकाल लेते हैं।' यह बड़ी छोटी बात है, कोई बहुत बड़ी नहीं ('इट्स सिम्पल, नॉट ए बिग डील')—शारीरिक सम्बन्ध-सहवास के लिए उसकी यही टिप्पणी है। एक दसवीं कक्षा की छात्रा का इंटरव्यू भी है जो गर्भवती है और जिसे पार्टी में कुछ पीने के बाद पता नहीं रहा कि वह क्या रही है। 11वीं कक्षा के छात्र ने बताया कि उससे तीन वर्ष छोटी 6-7वीं कक्षा की छात्रा ने उससे संभोग करना चाहा, उसने ही मना कर दिया। भारतीय समाज के ये सच चौंकाते ही नहीं, भीतर से हिला देते हैं, लगता है ज़मीन थरथरा रही है। जब कुछ वर्ष पूर्व दिल्ली की किसी छात्रा के विषय में बताया गया कि 8वीं कक्षा में ही वह कई 'ब्वॉयफ्रेंड' रखती है तो मैंने बात अनसुनी कर दी कि महिलाओं की तो आदत ही ऐसी बातों को हवा देने की होती है, किन्तु अब समझ में आ रहा है कि ये महज़ अफ़वाहें नहीं, जीवन की कठोर सच्चाइयाँ हैं।

बात का छोर फिर वहीं आकर पकड़ा जा सकता है कि भूमंडलीकरण की स्थितियों के चलते जब हमारे 'इंटरनेशनल स्कूलों' ने वहाँ की सारी पद्धति, प्राविधियाँ, चर्चाएँ, प्रेमी-प्रेमिका दिवस, फैशन परेड, सब कुछ को अपनाया तो अब इस अविवाहित मातृत्व से हम चौंक क्यों रहे हैं। मुझे तो वह दिन दूर दिखाई नहीं दे रहा है जब भारतीय समाज किशोर या अविवाहित मातृत्व को हेय नहीं, अपितु पूरी सहानुभूतिपरक दृष्टि से देखा करेगा। इस बात की पुष्टि में मैं आस्ट्रेलिया-प्रवास के दौरान देखे एक टी.वी. समाचार-प्रसारण से देना चाहूँगा। वहाँ के एक प्रसिद्ध-न्यूज़ चैनल पर एक समाचार में एक किशोरी (जो दसवीं कक्षा की छात्रा थी) का इंटरव्यू आ रहा था। उसने एक बच्ची को जन्म दिया था—समाचार-प्रस्तोता (एंकर) उससे पूछ रहा था कि अब उसका भावी कार्यक्रम क्या है? उसने सहज भाव से बताया कि जैसे ही बच्ची क्रेच में डालने लायक आयु की होगी, वह पुनः अपनी छोड़ी हुई पढ़ाई पूरी करेगी, उसके बाद विवाह और नौकरी, आदि। उसी समाचार से ज्ञात हुआ कि जब उसने लड़की को जन्म दिया तो यूनिसेफ (यूनेस्को की इकाई) ने उसके घर फ्रिज़ पहुँचाया और उनकी देखादेखी कई सामाजिक संगठनों ने वॉशिंग मशीन, डिश-वाशर आदि घरेलू जरूरतों की मशीनें-

उपकरण उसे उपलब्ध करा उसकी गृहस्थी जमाई। इस कार्यक्रम को देखकर पास ही बैठी हुई पत्नी ने सहज भाव से अपनी प्रतिक्रिया यूँ दी—बताओ, जब इन्हें इस रूप में इतनी सहायताएँ दी जाएँगी तो भला यहाँ लड़कियाँ माँ बनने से क्यों रुक पाएँगी। मानवीयता (ह्यूमनेटिरयिन) के दृष्टिकोण से देखते हुए वहाँ इस कृत्य को कुकृत्य नहीं माना जाता। देर-सवेर अपने यहाँ भी यह सब घटित होगा। यह दूसरी बात है कि कुँवारी माँओं को इतनी उदार आर्थिक सहायता हम न दे पाएँ।

वैश्वीकरण ने दुनिया की दूरियाँ भौगोलिक रूप से कम की हैं तो कनाडा-अमेरिका से अनब्याहा मातृत्व हमारे देश में एक और रूप में प्रविष्टि पा रहा है। हमारे सीधे-सादे नौनिहाल वहाँ सॉफ्टवेयर आदि का कोई कोर्स करने जाते हैं, वहाँ वे किसी-न-किसी रूप में 'लिव इन रिलेशनशिप' (बिना वैवाहिक बन्धन के साथ-साथ रहने की जुगत) में फँस जाते हैं। फिर उनके सामने अपने वीज़ा को पक्के रूप में हरा ('ग्रीन') कराने की समस्या खड़ी होती रहती है। वहाँ भी जब अनब्याहे मातृत्व की स्थिति आती है तो वे कन्याएँ वीज़ा को 'हरा' कर देने का प्रलोभन दे उन्हें विवाह के लिए विवश करती हैं। यदि यह भी ठीक-ठीक नहीं कहा जा सके कि किसने विवाह के लिए बाध्य किया तो भी अन्ततः एक दिन आता है कि वे अपनी संगिनी को जीवन-संगिनी बनाने के लिए भारत लाते हैं। हमारे पड़ोस में ऐसा ही हुआ—अमेरिका में बेटा किसी के साथ पहले से रह रहा था, माँ-बाप ने बेटे की पसन्द को 'बहू' बनाने का स्वाँग ताम-झामपूर्वक रचाया, सगाई, मेहँदी, फेरे, वधू-स्वागत आदि की सभी रस्में माँ-बाप ने पानी की तरह पैसा बहाकर पूरी कर अपने हौंसले हासिल किए। किन्तु भारतीय मानस इस सबको कैसे स्वीकार करता! पाणिग्रहण के पश्चात् महिला-मंडली की यह टिप्पणी जब कानों में पड़ी तो सोच पर दस्तकें पड़ने लगीं, "सुना है बहू को कुछ माह का गर्भ है और यदि गर्भस्थ शिशु कन्या हुई तो फिर बाप ने (लड़के ने) अपनी बेटी के साथ ही फेरे ले लिए।" लोक का उर्वर मानस ही यह दूर की कौड़ी ला सकता है, पर इससे एक बात बहुत साफ रूप में उभर कर आयी कि अभी हमारा समाज धड़ल्ले से अविवाहित मातृत्व को स्वीकृति देने के लिए तैयार नहीं है।

फिर किशोर मातृत्व की ओर ही लौटा जाय तो यह सोचना चाहिए कि यह समस्या समाज में पनप क्यों रही है? महँगे-महँगे स्कूलों में, ख्यातिलब्ध शिक्षण संस्थाओं में जो लोग बच्चों को प्रवेश दिला रहे हैं, वे अपने बच्चों को पैसे से हर चीज़ मुहैया कराने की स्थिति में हैं। अभिभावक हर चीज़ मुहैया न भी करा पाएँ तो अकूत पैसा, महँगी गाड़ियाँ, घड़ियाँ, क्रेडिट कार्ड्स, मोबाइल,

आदि तो वे इन्हें यूँ ही दे देते हैं। सोचने का विषय है कि गुड़गाँव के पास के प्रख्यात 'इंटरनेशनल' ब्रांड स्कूल में विदेशी शराब की 700 से ऊपर बोतलें कहाँ से और कैसे पहुँचीं। निश्चित रूप से इस स्कूल के छात्रों के पास इन्हें खरीदने की क्षमता होगी और वे इन महँगी बोतलों का प्रयोग करते होंगे। स्कूलों के बच्चों में देर रात तक चलने वाली पार्टियों का भी प्रचलन रुतबे (स्टेटस सिम्बल) के रूप में बढ़ा है। पिकनिक और आउटिंग भी स्कूलों की चर्चाओं में अनिवार्यतः ही आ गये हैं, वहाँ कितना और किस सीमा तक नियन्त्रण रखा जा सकता है, यह सब अध्यापक वर्ग जानते हैं। वस्तुतः आम घरों में शुरू से ही बच्चों को 'न टोकने' की प्रवृत्ति का प्रलचन बढ़ा है, अभिभावक मानते हैं कि 'टोकने' से व्यक्तित्व का विकास रुक जाएगा। फलतः ज्यों-ज्यों बच्चे बड़े होते हैं उन्हें 'टोकने' और 'न' सुन पाने की आदत नहीं रहती। इस बेरोकटोक की जिन्दगी में किशोर पग न जाने कितने अवांछित रास्तों की ओर मुड़ लेते हैं। अनब्याहा किशोर मातृत्व इन्हीं परिस्थितियों में नित्य बढ़ता चला जा रहा है। एक समाचार है कि चौथी-पाँचवीं कक्षा के कुछ बच्चे पोर्नोग्राफी मैगजीन्स (अश्लील पत्रिकाएँ) पढ़ते पाए गये। जब स्थितियाँ इस रूप में विकराल हो रही हों तो क्या अनब्याहे किशोर मातृत्व को रोका जा सकता है, फिर भी कुछ प्रयत्न तो होने चाहिए ही।

समाज : नव सभ्याचार

किसका गाँव : गाँव में डेटिंग

जिन दिनों गुलज़ार निर्देशित 'गोदान' धारावाहिक रूप में दूरदर्शन पर आ रहा था और कभी-कभार देखने को मिल जाता था—देखने को मिल जाता था इसलिए कि लगभग सभी घरों में चूल्हे इसी मिट्टी या गैस-युग में एक मैटीरियल के बने हैं कि 'दूरदर्शन' (सरकारी) देखने को नहीं मिलता है, परिवार के अन्य लोग अपने पसन्दीदा चैनल लगाए बैठे रहते हैं और आप जिसे आवश्यक समझ देखना चाहते हैं, वह देखने को नहीं मिल पाता है। 'गोदान' की कुछ कड़ियाँ देखकर बार-बार सिर धुनता और यही लिखने को मन चाहता कि 'गुलज़ार ने गाँव नहीं देखा है। गुलज़ार का 1934-36 ई. 'गोदान' का गाँव तो थोड़ा बहुत गाँव था भी, पर छोटे परदे पर 'जब लव हुआ', का गाँव तो हर ओर से बर्दाश्त-बाहर-सा है। यों छोटे-बड़े परदे के गाँव हमेशा से ही, कुछेक अपवादों को छोड़ निर्देशक की अपनी सृष्टि होते आये हैं—वास्तविकता से प्रायः ही दूर! किन्तु इस धारावाहिक में गाँव की बयार को बुरी तरह से प्रभावित करने की क्षमता है। गाँवों में उपभोक्तावादी दौर का नव फ़ैशन-संसार तेजी से पैर पसार रहा है। उसके श्रेष्ठ को लीलता हुआ, किन्तु यह धारावाहिक वेशभूषा, रीति-व्यवहार, लोक-व्यवहार से लेकर जीवन-पद्धति किसी भी दृष्टि से गाँव का किंचित् भी तो चित्रण या प्रतिनिधित्व नहीं करता। इसके उलट ऐसे रास्ते दिखा रहा है जो गाँव की काया-पलट करने को पूरी तरह आमादा हैं। वैश्वीकृत गाँव का रूप देने के लिए नगर-कस्बा अमेरिकीकृत किया जा रहा है, नित नये-नये समायोजनों द्वारा जिनका विवरण देने की आवश्यकता नहीं है, वह सब अब रोज़ का जाना-पहचान हो गया है। किन्तु इस सीरियल की प्रेमी जोड़ी को 'डेटुवा-डेटिंग' तक ले लाया गया है। गाँवों में युग-युगों से ऐसी प्रेमी-प्रेमिका मिलन के लिए सहेट-स्थल तो चलते चले आये हैं, विवाहेतर काम-सम्बन्ध भी लुकाछिपी ख़ूब ग़ुल खिलाते रहे हैं, किन्तु खुल्लम-खुल्ला 'डेटिंग' और 'पिकनिक' पर जाने के आयोजन यहीं टी.वी. के गाँव में ही सम्भव हैं। निर्देशक द्वारा गाँव न देखे होने का एकाध उदाहरण

ही इस धारावाहिक में नहीं है, अनेक प्रसंग और उदाहरण ऐसे हैं जिनसे ज्ञात होता है कि निश्चय ही इन लोगों ने गाँव नहीं देखा है। इससे पूर्व गहना और रघु को एक ही गाँव के होते हुए भी सरपंच विवाह-बन्धन में बाँधना-बँधवाना चाहता है। गाँवों की स्थिति यह है कि एक ही गाँव के लड़के-लड़की का विवाह कभी नहीं होता—वे तो भाई-बहन के सम्बन्ध में बँधे माने जाते हैं। इतना ही नहीं, वहाँ विवाह-सम्बन्ध करते हुए जब गोत्र-विचार होता है तो कितने ही गाँव तक यह छानबीन चलती है कि पितृ-कुल और मातृ-कुल दोनों में से किसी का भी गोत्र विवाह-सम्बन्ध करने वाले घर में न मिले। गाँव के लड़के का गाँव की लड़की से विवाह का चलन तो दूर-दूर तक, कम-से-कम उत्तर भारत की गाँव-पट्टी में कहीं भी नहीं है। गाँववालों को 'पिकनिक' मनाना भी सिखाने की कोशिश की जा रही है, भले ही वे इस शब्द को ठीक उच्चरित भी न कर पा रहे हैं।

बम्बइया शैली के इस गाँव में या कहें बॉलीवुड के गाँव-जवार में जरा पात्रों की वेशभूषा पर भी दृष्टि डाल ली जाय। जिस धोती, अंगरखा और दुपट्टे में रघु को सज्जित किया गया है, कौन-से गाँव का नवयुवक यह वेशभूषा धारण करता है? उसके हाथ में छोटी लाठी भी पकड़ाई गयी है। निर्देशक को पता नहीं है कि लाठी रखने का चलन भोला जैसे नवयुवकों में तो क्या बड़ी उम्र के लोगों में भी न जाने कब का छूट चुका है। रात-बिरात को चलते हुए कोई लाठी उठा ले तो उठा ले, वरना लाठियाँ तो अब किसी बुरे वक्त (लड़ाई) के लिए ही सहेज कर रखी जाती हैं। यह जो रघुआ भाषा बोलता है, उसे गँवई-स्पर्श देने के लिए कुछ और सचेत होकर उसे यथार्थ के निकट रखा जा सकता था। रघु को गाँव का भोला-भंडारी युवक दिखाने के लिए आन्या के 'किस' आदि के प्रभाव से इतना अनभिज्ञ दिखाया गया है कि वह हास्पास्पद हो उठता है। गाँव में भटकती शहरी बालाओं, आन्या व उसकी छोटी बहन ईशा की वेशभूषा का तो कहना ही क्या, यह तन-उघाड़ू संस्कृति किसी भी गाँव को स्वीकार्य नहीं होगी, विशेषत: जब वहाँ पर हर काम सरपंच जी से पूछ कर किया जा रहा हो। रघु के मित्र भोला की भाषा तो हास्य उत्पन्न करने के लिए इतनी 'शुद्धतापरक' कुछ ठीक भी मानी जा सकती है, किन्तु वेशभूषा में यहाँ भी यथार्थ से कोसों दूर रहकर कुछ ही निर्देशकों ने अपनी अदूरदर्शिता का परिचय दिया है। इन पाँचों की वेशभूषा और सैट की प्रस्तुति एक फूहड़पन का अहसास देती है। अब सवाल यह है कि यदि ये धारावाहिक गाँव के यथार्थ से इतनी दूर, एक फूहड़पन का सृजन कर रहे हैं तो हम इन्हें देखते क्यों है? मेरे जैसा दर्शक तो इसीलिए, कुछ और काम भी सलटाते हुए, देख लेता है कि देखें इतना प्रभावी माध्यम किस

प्रकार गाँव के यथार्थ का मटियामेट करता हुआ अपने दर्शकों को गाँव किस प्रकार परोस रहा है। अपनी 'महिला' के साथ-साथ कुछ अन्य महिलाओं से बात हुई कि आप लोग इन धारावाहिकों को देखती क्यों है, क्या है इनमें? उनका उत्तर बड़ा ज़मीनी था, देखें तो देखें क्या! हमें तो इस समय कुछ देखना ही है, कुछ तो मनोरंजन चाहिए। हम तो वही देखेंगे जो दिखाया जा रहा है। दूरदर्शन, टी.वी. मात्र इलेक्ट्रॉनिक माध्यम से आगे बढ़कर एक कला-माध्यम भी तो हैं। क्या इस कला-माध्यम में यथार्थ, आदर्श और 'बाज़ार' का ऐसा सम्मिलन नहीं हो सकता कि वह जनता को स्वस्थ्य मनोरंजन प्रदान कर सके! या इन पर जनरुचि (लोकप्रियता की रेटिंग) का ऐसा दबाव नहीं बनाया जा सकता कि वे गाँव और समाज को उसके सही परिप्रेक्ष्य में प्रस्तुत कर सकें। काश! यह बात धारावाहिक निर्माताओं, निर्देशकों तक पहुँच पाती!

छोटे पर्दे पर बड़े घर

छोटे पर्दे पर बड़े-बड़े घर ही दिखाई देते हैं, कहानी भी बड़े-बड़े घरों की, भले ही उसे नाम 'घर-घर की कहानी' का दिया जा रहा हो। मध्यवर्ग छोटे पर्दे से एकदम से गायब है, यद्यपि मध्यवर्ग किसी भी देश और समाज की रीढ़ हुआ करता है, साहित्य और कलाओं में उसकी उपस्थिति ही उस कला रूप को युग-जीवन का चित्र बनाती है। निम्नवर्ग तो यहाँ एक सिरे से ग़ायब है। यदि कभी निम्नवर्ग का चित्रण गाँव के रूप में आया भी तो एकदम फूहड़ और अविश्वसनीय रूप में उसकी प्रस्तुति हुई—मानो वह गाँव हिन्दुस्तान का गाँव ही नहीं किसी अदृश्य-अनामित लोक का गाँव-समाज है। इन सीरियलों के भवनों को देखिए तो दाँतों तले उँगली दबाते रह जाइए। प्रथम दृश्य (शॉट) में ही किसी भी सीरियल में जब कहानी का आलीशान भवन (मकान तो वहाँ है ही नहीं) दिखाया जाता है तो उसका कई-कई सौ गज़ों में फैला सुन्दर-सा रनवे (भवन तक जाने का रास्ता), खूब-खूब लम्बा, साइड में प्यारी-सी करीने-से काटी हैज़ की सजावट जिसमें पीछे झाँकता खूबसूरत-सा लॉन! ये भव्य कोठियाँ दुमंजिले से कम की होती ही नहीं हैं। यह केवल उन सीरियल कथाओं में ही नहीं है जिनमें राजपूतों की शान की कहानियाँ हैं, सभी में इन 'महलों' की भव्यता आतंकित करने वाली होती है। शैंडलियर-झाड़-फानूस सज्जित, आलीशान सोफों से सज्जित ड्राइंग रूम जिसके एक ओर ऊपर से दो-तरफ आती भव्य सीढ़ियाँ जिनसे नायक-नायिका और अन्य पात्र उतर कर आते हैं, आलीशान कालीन, कहीं-कहीं तो एकाधिक, डिज़ाइनर बेडरूम और उनमें पड़ी डबल बेड जिन पर सोते भी सामान्य आदमी को डर लगे, डिज़ाइनर रसोई (रसोई नामक चीज़ तो यहाँ होती ही नहीं) 'किचिन' जिसमें करीने से सजाई गयी क्रॉकरी, बर्तन-भांडे और बीच की सर्विंग जगह पर सुसज्जित सब्ज़ियाँ, फल, जूस आदि जहाँ पर खड़ी हुई घर की नयी बहू पहली बार भोजन बनाती है और कोई खलनायिकानुमा पात्र—ननद, मौसी, भाभी, आदि उसकी बढ़िया बनी खीर में नमक झोंक देती हैं। सबकुछ फूहड़-फूहड़! ड्राइंग

रूम या बेडरूम में गलीचों के ऊपर बिना किसी खौफ के दस्तावेज़, विशेषतः तलाक के काग़ज़ या कुछ तस्वीरें जलाई जाती हैं—किसी के बाप का क्या जाता है—कालीन जले तो जले। लॉबी में बड़े घर के बहुत सारे या दो-एक सदस्य भी जब नाश्ता (ब्रेकफास्ट) या भोजन (डिनर) करते हैं तो इतनी-इतनी लम्बी पन्द्रह-सोलह आदमियों के भोजन करने की जगहवाली कुर्सियों से सज्जित डाइनिंग टेबिल और उस टेबिल पर सजे 'फल-फ्रूट'—सभी को देखकर आतंकित हुआ जा सकता है। सभी सीरियलों में ये आलीशान भवन और उनकी भीतरी साज-सज्जा इतनी-इतनी अमीरी का प्रदर्शन करने वाली इसलिए है कि बने-बनाए स्टूडियो जो सीरियलों के लिए किराए पर लिये जाते हैं, उनकी सभी की बनावट और सजवाट ऐसी ही है। आश्चर्य होता है यह देखकर कि इन स्टूडियो में उन कहानियों-सीरियलों की बात दिमाग में क्यों नहीं रखी गयी कि सामान्य मध्यवर्गीय पात्रों से सम्बन्धित कहानियों में सामान्य या मध्यवर्ग के मकानों की जरूरत भी पड़ सकती है।

तनिक इन घरों में रहने वाले पात्रों की ओर भी मुड़ लिया जाय। प्रेस की हुई माँएँ, सासें, दादियाँ, हर समय भारी-भारी साड़ियों, गहनों से लदी-फदी। स्मार्ट माँओं और दादियों को लक्षित कर एक हास्य-कार्यक्रम के कलाकार ने ठीक ही कहा कि उनकी लड़की से कम और दादी या माँओं से प्यार करने को जी ज्यादा चाहता है। सोते समय, घर के अन्दर विभिन्न कार्य करती हुई, कार्य तो ये कम ही करती हैं, बस संवाद-ही-संवाद करती रहती हैं, उन संवादों में कई-कई किलो सोने और रत्नजटित हारों आदि से लदी-फदी वे युवतियाँ (भले ही वास्तविकता में यह सोना पॉलिश किया पीतल और रत्न नकली ही हों), माँएँ, विशेषतः दादियाँ—पूरे गले को आभूषणों से मंडित कर जिस लोक से अवतरित की जाती हैं मानो वह अप्सरा-लोक में हो। बात यहीं तक नहीं रुकती, इनसे प्रभावित जनमानस की युवतियाँ बाज़ार में सुनारों और बुटीकवालों से वही सब आभूषण-परिधान माँगती हैं जो अमुक सीरियल में अमुक-तमुक ने पहना था, धारणा किया हुआ था। किसी विवाहोत्सव आदि में चले जाइए तो वहाँ इनकी नकल के वस्त्राभूषण धारण किए हुए मध्यवर्ग-उच्च मध्यवर्ग के लोग मिलेंगे। उपभोक्तावाद और मुक्त भोग की संस्कृति को ये 'सीरियल शोभाएँ' और भी बढ़ावा देती हैं। सोने, उठने-बैठने, बाज़ार जाने, किसी उत्सव में शरीक होने—सभी समयों में सीरियलों-सुन्दरियों की सजावट प्रायः एक-सी ही रहती है। हो न हो एक दिन समाज में भी यही चर्या इसी रूप में आ जाय।

इन सीरियल-कहानियों में जहाँ-कहीं भी पैसे का लेन-देन सुना जाता है, वह अब लाखों में होना बन्द हो गया है, सीधे-सीधे करोड़-करोड़ों की ही बात

की जाती है, हो भी क्यों न, फिल्मी सितारों का मेहनताना एक-एक फिल्म के लिए बहत्तर करोड़ तक हो गया है, क्रिकेट-स्टार और फिल्मी सितारे एक-एक विज्ञापन के 5-6 करोड़ रुपये आसानी से झटक रहे हैं। यह हमारे समाज की एक अलग तस्वीर और यथार्थ है जिसके अनुगमन के कारण अकूत सम्पत्ति-धन अर्जित करने की लालसा में अपराध और भ्रष्टाचार बढ़ रहे हैं—पुलिस और सेना के रिटायर्ड जवान भी आधा-आधा किलो या लगभग इतनी ही छोटी-सी मात्रा की कोकीन-हेरोइन कहीं-से-कहीं पहुँचाकर करोड़ों में खेलते नजर आ रहे हैं।

इन बड़े घरों से सम्बन्धित पात्रों की कहानी पर यदि विचार किया जाय तो सिर चकराने लगता है। क्या कहा जाय, क्या छोड़ा जाय, जितना भी कहा जाय कम होगा, फिर भी कुछ विद्रूपताओं को चर्चित किया जा सकता है। इन संभ्रान्त परिवारों, जिनकी कथा-कहानियाँ सीरियल प्रस्तुत कर रहे हैं, में क्या कुछ पारिवारिक संस्कार, सभ्याचार शेष रह गया है या नहीं—यह देखने की बात है। प्रायः ही सास, बहू के रूप में दो खूँखार नारियों का मुकाबला दिखाई देता है। सास के लिए आज यह अवधारणा बलवती होती जा रही है कि वह बहू को बेटी ही माने, समाज में यह मूल्य अच्छे घरों, संभ्रान्त कुलों में विकसित हो रहा है, किन्तु इन सीरियलीकृत सासों में बहू को 'ठीक कर देने' का भाव सदैव उनके मन-मस्तिष्क को कुरेदता हुआ किसी-न-किसी खुराफ़त को अंजाम देने की योजना बनाता रहता है। बहू भी 'हम किसी से कम नहीं' के अन्दाज़ में सास को छकाने की चेष्टा में रहती है। सास-बहू या बहू-ननद या फिर सौत की क्रूर कारस्तानियों को देखकर प्रथमतः यही अनुभूति होती है कि नारी इतनी क्रूर-नृशंस व्यवहार वाली हो ही नहीं सकती, न ही अपने सामाजिक परिदृश्य में स्त्री का इतना क्रूर और वीभत्सता की हद तक का कठोर अमानवीय व्यवहार कहीं देखा जा सकता है। पात्रों के दो ध्रुवांतों को भी ये सीरियल निरन्तर बढ़ावा दे रहे हैं—एक नारी पात्र बिल्कुल निरीह जो बड़े-से-बड़े घोर अमानवीय, दुर्व्यवहार को भी मौन सहते हुए उसकी चर्चा तक अपने पति से नहीं करती है। मानवीय स्वभाव के विपरीत घोर चुप्पी को इन बहुओं—स्त्रियों—का आभूषण और विशिष्ट चारित्रिक गुण बनाने का प्रयास किया जाता है, किन्तु वह किरदार इतना अप्रभावी और अविश्वसनीय हो उठता है कि उसकी उपस्थिति-मात्र से खीज-सी उठने लगती है। यह सीरियलों की कथा-रूढ़ि, कथा-फैशन ही बन गयी है कि एक स्त्री पात्र विशेषतः बहू घर में ऐसी जरूर बना दी जाय जो सर्वगुण सम्पन्न समस्त समस्याओं का समाधान करने और हथेली पर सरसों जमाने तक में भी समर्थ हो, सौ दुःखों की एक दवा हो। कभी-कभी दो पात्र घोषित रूप में एक-दूसरे के खिलाफ़ 'महाभारत' रचते हैं और अपनी एक-एक क्रूर चाल की सफलता की उद्घोषणा

एक-दूसरे से इस प्रकार के जय-भाव से करती हैं जैसे भीम और दुर्योधन का चुनौतीपूर्ण संवाद हो रहा हो। कभी-कभी इन्हें झोंटा-पकड़ (बाल-पकड़) मल्ल-युद्ध में भी उतारकर अपने-अपने शारीरिक जौहर दिखाने का अवसर प्राप्त करा दिया जाता है। जैसे मसाला-मूवी के विभिन्न घटक होते हैं, ऐसे ही घटक इन सब सीरियलों के बन गये हैं, टी.आर.पी. की होड़ में सभी सीरियल एकरूपी होते चले जा रहे हैं। कभी सास-प्रधान सीरियल तो कभी भाभी प्रधान तो कभी राखी का बन्धन निभाने वाले बहन-भाई प्रधान—जब एक लहर एक चैनल पर आती है तो दूसरे उसका अन्धानुगमन करते हैं। कभी समय आता है तो इन संभ्रान्त कुलीन घरों में प्रत्येक सीरियल में सगे बाप, या बाप की खोज शुरू हो जाती है, हर सीरियल का एक पात्र इसे अपना जीवनोद्देश्य ही बना लेता है—मानो सभी जारज सन्तान हों। कभी दिखाया जाता है कि प्रत्येक कुलवधू बच्चे की प्राप्ति के लिए किराए की कोख़वाली माँ (सोरोगेट मदर) के रूप में वेश्या को झेलने के लिए अभिशप्त हो जाती है। हर जगह यह कोख़ प्रदान करने वाली माँ-परिवार के विभिन्न सदस्यों की ब्लैकमेलिंग करती है। इन सीरियलों के पिता, जो प्राय: ही बहुत बड़े व्यवसाय के स्वामी होते हैं, के पुत्री के लिए अकूत गहरे प्रेम को किस-किस फूहड़ रूप में प्रदर्शित किया जाता है कि सारी भारतीय पारम्परिक मान्यताएँ और परिवार का शील बिखरता नजर आता है। पिता पुत्री के 'लड़का मित्र' (ब्वाय फ्रेंड) से स्वयं मिलवाने का प्रयत्न करता है, होटल, आदि तक उनका पीछा कर उनके एकान्त को छिपकर देखने का उपक्रम करता है। प्रश्न उठता है कि यह किस देश का शील और किन उच्च परिवारों का चित्रण है। सीरियल निर्माताओं का तर्क है कि लोग इन सीरियलों को पसन्द कर रहे हैं, इसीलिए तो हम टी.आर.पी रेटिंग को देखकर ऐसे सीरियल बना रहे हैं। वस्तुस्थिति यह है कि लोगों को आपने ऐसी आदत डाल दी है कि वे अपने खाली समय और विशेषत: रात्रि के विश्रान्त समय में टी.वी. जरूर देखें, सोने के पहले चन्द घंटे उसी के हैं और वे वह देखने के लिए अभिशप्त हैं जो आप उन्हें परोस रहे हैं। टी.वी. पर अप्रिय और अश्लील न दिखाया जाय, इसके लिए हाल ही में एक बोर्ड या समिति का गठन हुआ है जिसमें काफी प्रसिद्ध-चर्चित नाम हैं, किन्तु वे तभी कोई कार्रवाई कर सकेंगे जब किसी कार्यक्रम की शिकायत होगी। क्या इसका सीधा-सा अर्थ यह नहीं है कि यदि कोई शिकायत नहीं होगी तो यह नियामक संस्था कोई कार्य करेगी ही नहीं, हाथ-पर-हाथ धरे ही बैठी रहेगी। समय की माँग कुछ और है—किसी ऐसी नियमन, नियन्त्रण करने वाली संस्था की जो छोटे पर्दे की सभी सामग्री की प्रस्तुति का समुचित मार्गदर्शन और नियमन कर सके।

छोटे शहरों में खतरे की घंटियाँ

भूमंडलीकरण का तेज़ी से दौड़ता रथ पूरी दुनिया के नगरों-महानगरों को वैश्विक ग्राम की इकाई बनाने के प्रभाव में जुटा हुआ है, किन्तु अब उसके अभियान में छोटे-छोटे नगर और कस्बे भी शामिल होते जा रहे हैं। शहर और कस्बे अपनी सांस्कृतिक अस्मिता के लिए पहचाने जाते हैं। हमारे शहर में तो हर बरस 'हैरीटेज मेला' भी आयोजित होता है। विरासत को सहेजे रखने का एक गौरव-भाव भी इन छोटी जगहों के नागरिकों में होता है और वे अपनी सांस्कृतिक पहचान के प्रति एक ममत्व-भरा दर्प-भाव भी रखते हैं। औद्योगिकीकरण, बाज़ारीकरण जैसी स्थितियों का अवश्यंभावी परिणाम यह होता है कि छोटे शहर, आर्थिक दृष्टि से छोटे-पिछड़े लोग बड़े शहरों-महानगरों और बड़े लोगों का अनुकरण, प्राय: ही अन्धानुकरण ही हद तक करते देखे जाते हैं। अन्धानुकरण की यह प्रवृत्ति तब और भी जोर मारती है, जब साधनों-संसाधनों में अभिवृद्धि हो, उपभोक्ताओं की क्रय-सामर्थ्य बहुत अधिक बढ़ गयी हो। बड़े-बड़े शहरों के होटल-रेस्तराँ, पब, बार, क्लब छोटे शहरों में भी अपनी उपस्थिति पाने लगते हैं। हाल के वर्षों में छोटे शहरों में जिस रूप में पबनुमा रेस्तराओं, ब्यूटी पॉर्लरों, स्वास्थ्य-केन्द्रों, बदन-सुधार व्यायामशालाओं (जिमों), फास्ट-फूड प्लाज़ाओं, हटों-पीज़ा हटों (कुटियाओं) का जो प्रचलन बढ़ा है, वह चौंकानेवाला है। अपने-अपने शहरों में विकसित इन इकाइयों के नामों पर जरा ध्यान दीजिए—'क्लब सिक्सटीन', 'ड्रिंक एंड डाइन', 'जीवन-प्लाजा', 'गार्डन रिज़ोर्ट' (सभी रेस्तराँ-होटल), 'पर्सनलटी', 'फिट ऐंड फाइन' (जिम) आदि ये सभी हमारे तेजी से बदलते सामाजिक परिदृश्य की पहचान के 'शानदार' बिन्दु हैं। इन सबके माध्यम से वैश्वीकृत ग्राम की हर शै हम तक हमारी नयी पीढ़ी तक पहुँच रही है।

हाल-फिलहाल मेरी चिन्ता का विषय अपने शहर (पटियाला) में हुई एक 'रेव पार्टी' का हंगामा है। पता नहीं ऐसी कितनी 'रेव पार्टियाँ' हमारे या ऐसे ही कुछ छोटे शहरों में आयोजित होती रही होंगी, होती रहती हैं, किन्तु जब

शाही शहर पटियाला, जो अपनी सामन्ती शान-शौक़त, रीति-रिवाजों पर फ़ख्र करता है, में ऐसी सनसनीखेज़ रेव पार्टी हुई जिसे राष्ट्रीय स्तर के कई समाचार-चैनलों ने बार-बार दिखाया, बाहर से फोन आये कि 'ज़रा टी.वी. लगाकर देखो आपके शहर में क्या-कुछ हो रहा है' तो टी.वी. पर अपने ही शहर के एक 'प्लाज़ा' में हुई 'रेव पार्टी' का विचलित करने वाला दृश्य देखा। शहर की मुख्य सड़क पर पड़ी नशे में धुत नवयुवती, आयँ-बायँ बोलती हुई दूसरी ओर नशे में धुत एक छात्रा को बालों से पकड़कर सड़क पर खचेड़ती पुलिस आदि, आदि ऐसा ही बहुत कुछ। ज्ञात हुआ कि पार्टी में आने वाले सभी छात्र-छात्राएँ सन्निकट कस्बे के पास स्थित एक अच्छे इंजीनियरिंग कॉलिज के थे। सभी बहुत अच्छे, उच्च-पदाधिकारियों के लाड़ले-लाड़लियाँ, होनहार इंजीनियरिंग छात्र-छात्राएँ! कुछ ने पुलिस को धमकियाँ भी दीं कि वे अमुक-तमुक उच्च पुलिस अधिकारियों के बेटे-बेटियाँ हैं। कदाचित् इसी कारण एक-दो दिन में मामला जल्दी रफ़ा-दफ़ा कर दिया गया। घटना समाप्त हो गयी, किन्तु अपने पीछे कितने-कितने सवाल छोड़कर।

लगभग तीन वर्ष हुए होंगे जब पुणे में ऐसे ही उच्च शिक्षा प्राप्त नवयुवकों-नवयुवतियों की 'रेव पार्टी' का समाचार प्रिंड मीडिया में आया था। तो कुल तीन वर्ष लगे पुणे (बम्बई) से इस 'पार्टी' को पटियाला जैसे छोटे शहर में आने में। अब मीडिया में प्रचारित होकर अन्य छोटे नगरों में पहुँचने में इतना भी समय नहीं लगेगा, पाँच-छः माह, वर्ष-भर में ही ये पार्टियाँ अपना वजूद वहाँ खोज लेंगी। आखिर हर कॉलिज, स्कूल, विश्वविद्यालय की प्रत्येक कक्षा में प्रति वर्ष 'मिस्टर' ऐंड 'मिस' का चुनाव एक आवश्यक रीति (कस्टम) ही बन गया है। जब पुणे में 'रेव पार्टी' का समाचार पढ़ा था, मुझ जैसे अल्पज्ञों को इसका अर्थ भी ज्ञात नहीं था। 'ज्ञानार्जन' के लिए कॉलिन्स की 'कोबिल्ड' अँग्रेज़ी डिक्शनरी खोली—पार्टी सन्दर्भ में 'रेव' के दो अर्थ मिले एक—वह चीज़ या क्रिया जो 'अत्यधिक' लोकप्रिय हो और फैशन में हो, दूसरा—वह पार्टी 'जिसमें आप ड्रिंक और डांस करते हुए' आनन्द प्राप्त करते हैं और जिसमें अव्यवस्थित रूप से शोर-गुल मचाते हुए आनन्द उठाते हैं। 'रेव पार्टी' में ये सारी चीज़ें होती हैं, 'अव्यवस्थित रूप से शोरगुल मचाने' के काम को अंजाम डी.जे. का कानफोड़ू 'म्यूज़िक' देता है। तो....यह होती है 'रेव पार्टी'।

शहर में चर्चा थी कि 'इन बच्चों को' (किशोरों-युवाओं) बिगाड़ा माँ-बाप के पैसे ने ही है। बात काफी हद तक ठीक थी। जरा उन स्थितियों पर विचार किया जाय जिनसे इन नौनिहालों के कदम इन 'प्लेज़र-स्थलों' के 'प्लाजाओं' तक पहुँचते हैं। पंजाब जैसे समृद्ध प्रदेश में अभिभावकों की क्रय-शक्ति में

आशातीत रूप से अभिवृद्धि हुई है। दो-दो वेतन घर लाते माँ-बाप, साथ में कुछ की लम्बी-चौड़ी जमीनें-जायदाद—ये लोग अपने बच्चे को हर महँगी-से-महँगी वस्तु लाकर फौरन हाजिर कर देते हैं, तर्क यह भी कि आखिर कमाते किसलिए हैं। बच्चों की ख्वाहिशें पूरी करने के लिए ही ना! बात केवल यहीं तक नहीं रुकती कि कुछ आवश्यक चीज़ें ही बच्चों को लेकर दे दी जाएँ जिनके बिना काम ही नहीं चलता हो, बल्कि वे उस वस्तु की महँगी-से-महँगी किस्म लेकर बच्चों को देने में अपना और बच्चों का सन्तोष ढूँढ़ लेते हैं। मोबाइल फोन को ही लें—मोबाइल आज एक आवश्यकता बन गया है, ठीक ही मान लीजिए इस बात को, किन्तु मोबाइल अब महँगे-से-महँगा चाहिए जिसमें दुनिया-भर के 'फंक्शंस' हों, फोटो, म्यूजिक एम.एम.एस. (देखी ही नहीं कि कैसी होती है, किन्तु सुना जरूर है कि क्या बला होती है) नेट, कम्प्यूटरीकृत अनेक सुविधाएँ हों। इसी शौक के चलते तो एक होनहार (छात्र) नवयुवक ने साढ़े बारह लाख रुपये की बोली लगाकर अपनी पसन्द का फोन नम्बर लुधियाना में लिया। ध्यातव्य है लुधियाना हिन्दुस्तान का मानचेस्टर है, जहाँ सड़क पर छोटी गाड़ियाँ इक्की-दुक्की और बड़ी-बड़ी, लम्बी-लम्बी गाड़ियाँ ही बहुयातत में पाई जाती हैं। बड़ी-लम्बी गाड़ियाँ और महँगे मोबाइल फोन तथा जरूरत और विलासिता की सारी चीज़ें उपकरण युवा छात्र-छात्राओं को सहज ही उपलब्ध हैं। इन माँ-बाप के आदर्श भी पिछले दस-बीस बरस में बहुत बदले हैं, अधिक न कहकर एक उदाहरण से इस बात को स्पष्ट करना चाहूँगा। प्रायः बीस-पच्चीस बरस पहले कॉलिज में पढ़ाते हुए एक दिन विद्यार्थियों से प्रति विद्यार्थी कुछ रुपये किसी जनोपयोगी कार्य के लिए इकट्ठे करने थे। काफी विद्यार्थियों ने पैसे दे दिए—एक चीफ इंजीनियर के सुपुत्र ने कहा, 'सर! मैं कल दे दूँगा', मैंने अलग से विद्यार्थी से पूछा 'यार, तुम्हारे पास दस-बीस रुपये भी नहीं होते हैं, इतने बड़े अफसर के बेटे हो।' उसका उत्तर, 'सर, हमारे डैडी कभी भी हम लोगों को अतिरिक्त पैसे जेब-ख़र्च के रूप में नहीं देते हैं। कहते हैं चीज़ बताओ जो तुम्हें चाहिए—हम लाकर देंगे।' पता नहीं, यह आदर्श आज के समय में कितना व्यावहारिक हो पाएगा, किन्तु जब तब साइकिल पर आता चीफ इंजीनियर का वह होनहार बेटा मेरी स्मृति में आ धमकता है—विशेषतः इन 'रेव पार्टी' जैसी स्थितियों में।

बात वहीं आकर रुकती है कि आज हम परिवार में बच्चों को संस्कार कौन-सा दे रहे हैं। बच्चों का कभी भी किसी हालत में किसी भी वस्तु के लिए 'न' न कहना, छुटपन से वे चाहे जैसा व्यवहार या कोई कार्य करें, उन्हें न टोकना यह नयी पीढ़ी के अभिभावकत्व (पेरेंटहुड) का नवाचार है, अपनी गढ़ी नयी

आचार संहिता है। उनका कहना है कि इस प्रकार टोका-टाकी या किसी चीज़ को मना कर देने से उनके व्यक्तित्व का विकास रुक जाएगा। इस तथाकथित 'विकास' की नयी परिभाषा के दूरगामी दुष्परिणामों पर भी ध्यान दीजिए। जब किसी अवांछित व्यवहार पर किसी किशोर को डाँटा तो उनका उत्तर—'इतना तो हमारे माँ-बाप ने भी हमें नहीं डाँटा'। हमारा उत्तर 'भई, अगर वे तुम्हें डाँट कर सही रखते तो हमें क्यों डाँटना पड़ता, तुम्हें हम से डाँट क्यों खानी पड़ती।' बचपन-छुटपन से ही ग़लत आदतों-क्रियाओं से बच्चों को रोकना चाहे, मृदुता से चाहे (समयानुसार) किंचित् सख्ती से, उनके विकास के मार्ग में रोड़ा अटकाना नहीं हैं, विकास को सही दिशा देने का सार्थक प्रयत्न हैं। आख़िर जब बात रेव पार्टी तक पहुँच जाएगी, तब भी तो आप बच्चों को रोकेंगे-टोकेंगे ही। नशाख़ोरी, रेव पार्टी, बैचलर पार्टी आदि को जिस रूप में किशोर और युवा वर्ग अपना रहा है, उसे रोकने का पहला सिलसिला घर से ही प्रारम्भ होगा, पुलिस और प्रशासन से नहीं।

छोटे स्कूलों के चोंचले

स्कूलों में दाखिले का समय चल रहा है, कुछ ज्यादा प्रतिष्ठित स्कूल नवम्बर-दिसम्बर से ही अपने यहाँ दाखिलों का पंजीकरण शुरू कर देते हैं। नगर-कस्बे में स्कूल का जितना अधिक नाम, दाखिले में उतने ही ऊँचे दाम। प्रवेश-शुल्क कितने-कितने हज़ार हो सकता है वह सब अनुमान से ही ऊपर ही होता है, दस-एक साल पहले एक प्रांतीय चैनल पर हँसोड़ कार्यक्रम की एक झलकी थी जिसमें चाचा रौणकीराम ट्रैक्टर की ट्राली में गाँवों में दहेज में दिए जाने वाले बड़े सन्दूक को रखकर ले जा रहा है, साथ में एक छोटा बच्चा बैठा है। किसी ने पूछा 'ओ चाचा, कहाँ चले, इस बच्चे का दाखिला नर्सरी में कराना है, पर साथ में एक सन्दूक क्यों?' उत्तर मिलता है 'सन्दूक में इसके दाख़िले के वास्ते नोटों की गड्डियाँ हैं।' तत्कालीन वस्तु-स्थिति को देखते हुए स्कूलों की फ़ीस का अनुमान लगाया जा सकता है। दस-बारह साल में वक्त बहुत बदल गया है। माँ-बाप अपने नौनिहालों को पढ़ाने के लिए अच्छी से अच्छी फ़ीस देने के लिए तैयार हैं—नोट ले जाने के लिए बड़े सन्दूकों की आवश्यकता नहीं, चैक, ड्राफ्ट आदि से भुगतान के विकल्प मौजूद हैं। अब स्कूलों की फ़ीस सुनकर झुरझुरी नहीं उठती, आज चिन्ता के कारण कुछ दूसरे हो गये हैं।

जलन्धर में परिवार के बच्चे को दूसरी-तीसरी (एल.के.जी. से ऊपर की कक्षा) में प्रवेश दिलाने की बात चल रही है, कुछ स्कूलों के नाम लिए जाते हैं कि उस स्कूल में करा दो, या उस स्कूल में—किसी में कोई कमी तो किसी में कोई कमी। मुझे भी कुछ स्कूलों की जानकारी थी—उनके नाम चर्चा में आते हैं। बच्ची की माँ ने बताया कि अमुक स्कूल के विषय में यह सुना जाता है कि वहाँ छठी कक्षा की छात्राएँ भी 'ड्रग्स' (नशीली गोलियाँ) आदि का इस्तेमाल करती हैं। यह बात सुनकर मेरी ऐसी स्थिति हो जाती है कि पैरों के नीचे से जमीन निकल रही हो। छठी कक्षा की छात्रा की क्या उम्र हो सकती है, 11-12 वर्ष

के बीच, थोड़ी बहुत कम-ज्यादा। मन कई दिन इस समस्या से आन्दोलित रहता है कि हम किस 'आधुनिकता' में प्रवेश कर रहे हैं, बच्चों के मन-मस्तिष्क इतने विकृत किस प्रकार हुए कि इस अबोध उम्र में नशा-सेवन में पड़ गये। कौन से वे सूत्र हो सकते हैं जो इन शिशु-मन्दिरों में पढ़ने वालों को इस डगर पर धकेलते हैं—स्कूल के चपरासी, माइयाँ, चौकीदार या कोई और इनसे ऊपर की श्रेणी का कर्मचारी या साथी छात्र-छात्राएँ!! मन में प्रश्न उठते हैं, किन्तु उनका उत्तर नहीं मिल पाता। एक और स्कूल का नाम लिया जाता है जिसमें 'कैम्ब्रिज' नाम लगा हुआ है—अन्तर्राष्ट्रीय स्तर की मोहर का प्रतीक। मैं फोन पर कहता हूँ कि कैम्ब्रिज, वैम्ब्रिज तो ये लोग नाम में वैसे ही लगा लेते हैं—यूँ ही कोई सामान्य-सा स्कूल होगा। उधर से उत्तर 'नहीं, ऐसा-वैसा स्कूल नहीं है, बहुत ऊँचे लेविल का 'बच्चा-बिगाड़' स्कूल है—नर्सरी से पाँचवीं तक का। पहले साल इनके बच्चों की पिकनिक इंग्लैंड गयी थी और इस साल आस्ट्रेलिया!!' ऐसी जगह बच्चों को पढ़ाने का क्या फ़ायदा। मुझे दूसरा बड़ा झटका लगता है, अभी तक तो छठी के बच्चों के नशा-सेवन की सूचना से ही आतंकित था, उबर नहीं पाया था, यह दूसरा झटका कि नर्सरी से पाँचवीं तक के बच्चे पिकनिक पर विदेश!! क्या रुतबा है! बच्चे बड़े होकर तो विदेश भाग ही रहे हैं, छोटे-छोटे बच्चों के मन में इंग्लैंड और आस्ट्रेलिया के स्वर्ग की छाप अभी से पड़ जाएगी। हम उन्हें अभी से भूमंडलीय गाँव का सदस्य इस रूप में बनाने की जुगत में लगे हुए हैं। जलन्धर होशियारपुर, नवाँशहर, आदि का दोआबा क्षेत्र ऐसा क्षेत्र है जहाँ प्राय: हर दूसरे-तीसरे घर का एक-न-एक सदस्य विदेश में बैठा हुआ है। जलन्धर आदि नगरों में अप्रवासियों (एन.आर.आईज़) के लिए भवन निर्माता अलग से कॉलोनियाँ काट रहे हैं, आलीशान भवन बना रहे हैं। ऐसे में बचपन से ही विदेश प्रेम की ललक इन नर्सरी स्कूलों से डालने का कार्य बीजवपन जैसा है जो आगे चलकर भयंकर प्रभावों को जन्म दे सकता है। मेरे मन में यह सवाल भी उठता है कि इन स्कूलों को विदेश में पिकनिक मनाने का विकल्प क्यों चुनना पड़ा। उन्होंने अपने देश में इतने महत्त्वपूर्ण और विश्व प्रसिद्ध पर्यटन-स्थलों के भ्रमण की बात क्यों नहीं सोची। विश्व का सातवाँ आश्चर्य यहाँ है, प्राकृतिक सुषमा के अनेक पर्वत-स्थल और समुद्री तट हैं जहाँ आने की आकांक्षा विदेशी पर्यटकों को रहती है। मातृभूमि, स्वदेश और स्वदेशी के प्रति प्रेम और श्रद्धा-भाव जगाने के लिए देश में ही बच्चों को घुमाना चाहिए। शिक्षक होने के नाते मैं यह सुझाव भी देने की स्थिति में हूँ कि पर्यटन के लिए बच्चों को ले जाते हुए उनकी आयु का भी ध्यान रखना नितान्त आवश्यक है जिससे वे इस परिभ्रमण का आनन्द उठा सकें, उसके लिए

जाते हुए ही शरीर से पूरी तरह थककर चूर न हो जाएँ। इन नन्हें शिशुओं को तो आस-पड़ोस के स्थलों पर, जो घंटे-दो घंटे की पहुँच, दूरी में हो ले जाना ही श्रेयस्कर है। इससे अलग दाद तो उन माँ-बापों और उनके आर्थिक संसाधनों की देनी पड़ेगी जो इतनी विपुल-राशि बच्चों की पिकनिक के लिए देने में समर्थ हैं। आनन्द तो उन अध्यापकों का भी है जो शिक्षा के इन महान लघु निकायों में काम करते हुए ऐसे-ऐसे स्थानों का यात्रा-लाभ उठाते हैं जो उनकी कल्पना और पहुँच से एकदम परे हैं।

टाई रे, हाय टाई!

गर्मियों की छुट्टियाँ समाप्त हो गयी हैं, स्कूल खुल गये हैं, कॉन्वेंट स्कूल खुल गये हैं, इंटरनेशनल स्कूल खुल गये हैं, नन्हे शिशुओं के टाइनी-टॉट्स स्कूल खुल गये हैं, बच्चे भारी बस्ती से लदे-फदे अपनी माँओं की अँगुली पकड़ रिक्शा या बस तक लस्त-पस्त चले जा रहे हैं। अल्पवित्त परिवारों की माँएँ टाई बँधे इन बच्चों को हर गली-मोहल्ले में खुले इन अँग्रेज़ी स्कूलों तक छोड़ आती हैं। इस दृश्य का हृदय विदारक रूप डेढ़-दो बजे इन स्कूलों की छुट्टी हो जाने पर दिखाई देता है जब भूख-प्यास और ऊपर से तिलमिलाती धूप में बिलबिलाए चेहरे अपनी टाई की गाँठ को नीचे और नीचे को खींचते लस्टम-पस्टम चले आते हैं, तब उन्हें देखकर बड़ा तरस आता है। चित्त देर तक इस दृश्य को देख विचलित रहता है। मैकाले ने देशवासियों को अँग्रेज़ी और अँगरेजियत से इस कदर रँगने की बात सोची भी न होगी। इस आधुनिकता की लपेट में हम ऐसे आये कि गाँवों तक में ऐसे-ऐसे 'इंटरनेशनल', 'कॉन्वेंट' तथा अन्य अनेक अँग्रेज़ी नामधारी स्कूल खोल, सब बच्चों के गले में टाई लटकवा दी। हम यह भी नहीं सोच पाए कि इंग्लैंड और यूरोप के ठंडे देशों में स्कूली वेशभूषा में टाई की अनिवार्यता उनके लिए सुखकारी है। किन्तु हमारे यहाँ जहाँ गर्मियों में पारा कहीं-कहीं 44° से 46° डिग्री को छूता हो टाई कितनी असुविधाकारी हो सकती है। यदि कोई इन स्कूलों के आकाओं का समझाए कि भारत जैसे गरम जलवायु वाले देश में टाई स्कूली बच्चों के लिए एक असुविधाजनक और घातक बन्धन है तो शायद वह उनकी समझ में आ जाय।

स्कूली बच्चों से अलग हटकर देखें तो टाई दो अन्य क्षेत्र के लोगों के लिए जानलेवा बनी हुई है। सभी प्रतिष्ठित दवा कम्पनियों ने अपने बिक्री प्रतिनिधियों के लिए यह टाई अनिवार्य ही कर रखी है। ये प्रतिनिधि भी अधिकांशत: दोपहर में ही डॉक्टरों से मिलने का समय डेढ़-दो बजे का पाते हैं। अपनी जीविका की मज़बूरी में ये भी भरी गर्मी टाई लटकाए घूमते रहते हैं। अन्य विपणन अधिकारियों

का भी यही हाल है। आजकल तो गली-गली प्रत्येक कॉलोनी में गरीबी की मार से मुरझाए चेहरों के नवयुवकों के ये झुंड के झुंड किसी उत्पाद की बिक्री के लिए मिन्नतें करते पाए जाते हैं। वक्त-बेवक्त हर द्वार की घंटी बजा कभी ये मेज़पोश बेच रहे हैं तो कभी कोई रसोई उपकरण। कहते अकसर ये यह हैं कि हम एम.बी.ए. कर रहे हैं और प्रशिक्षणार्थ हमें विपणन (मार्किटिंग) में लगाया गया है। सामान्य-सी वेशभूषा पर लगी टाई 'अरहर की टट्टी में गुजराती ताला' तो लगती ही है, अकसर ही यह आभास होता है कि यदि ये लोग बिना टाई के होते तो अधिक सुदर्शन लगते। मुद्दा यह है कि क्या स्कूली बच्चों, दवा कम्पनियों के प्रतिनिधियों, विपणन से जुड़े बिक्री कर्मचारियों-अधिकारियों के लिए यह कितना जरूरी है कि वे टाई लगाकर सुदर्शन—चुस्त (स्मार्ट) दिखने का नाटक करें, भले ही वे इस गर्मी में कितनी ही असुविधा अनुभव करें। कहाँ होगा इसका अन्त, हमें रुक कर सोचना चाहिए। बहुत सारे हाईटेक, साधु व्यापारिक संस्थानों कार्पोरेट हाउसों में जाकर वहाँ जीवन-पद्धति को बदलकर 'जीने की कलाएँ' सिखा रहे हैं, क्या इन संस्थानों के नियन्ताओं को नहीं समझाया जा सकता कि वे इस चली आती 'टाई परिपाटी' को बदलें। आवश्यकता तर्कसम्मत ढंग से बात मनवाने की (कनविंस करने की) है, यदि हम उन्हें समझा सकें कि अपने अँग्रेज़ी सम्प्रभुओं की नकल को भारत की बड़ी बहुराष्ट्रीय कम्पनियों में अपनाने की आवश्यकता नहीं है, यहाँ परिधान (ड्रेस) का कोई और नियम (कोड) बनना चाहिए तो निश्चय ही वे समझ सकते हैं। इस सोच को एक निजी अनुभव से और संपुष्टि मिलती है। 1963-69 ई. तक मैं कॉलिज छोड़कर देश के एक प्रतिष्ठित पब्लिक स्कूल, सैनिक स्कूल, भुवनेश्वर में पढ़ा रहा था। वहाँ अच्छा वेतनमान, रहने-खाने की निःशुल्क शानदार व्यवस्था थी। स्कूल के प्रधानाचार्य वायुसेना के एक विंग कमांडर थे जो एम.ए. (कैंटब) थे और उन्हें अपने एम.ए. 'कैंटब' होने पर बड़ा नाज़ था। जब कभी कोई चर्चा-प्रसंग उठता, प्रायः ही वे यह उदाहरण देते कि आक्सफोर्ड में ऐसा होता है, 'कैंटब' में वैसा होता है। भुवनेश्वर में दोपहर में कितनी गर्मी होती है, यह सर्वविदित है। लगभग एक-डेढ़ बजे स्कूल की कक्षाओं से निवृत्ति होती, कक्षाओं में तो मोटा काला गाउन पहनकर जाना अनिवार्य ही था, उन्होंने दोपहर भोजन (लंच) के समय भी गाउन में ही डाइनिंग हॉल में अध्यापकों की उपस्थिति आवश्यक कर दी थी। एक दिन एक 'बड़ा खाना' हुआ, उसके बाद प्राचार्य महोदय ने मुझसे पूछा कि 'खाना कैसा था', मैंने कहा 'पता ही नहीं।' 'क्यों?' — स्वाभाविक-सा प्रतिप्रश्न था, मैंने कहा इस झूल (गाउन) को इस गर्मी में पहनकर खाना कैसे 'खाया' जा सकता था, जो कुछ सामने आता है, उसे किसी तरह भीतर डाल लेते हैं। प्राचार्य महोदय ने फिर आक्सफोर्ड-कैंटब के गीत गाए, मेरा तर्क था

कि आपको पता है वहाँ का तापमान कितना है और भारतवर्ष का कितना!! वहाँ टाई और गाउन उनके जलवायु के अनुकूल हैं, भारत जैसे देश में और उसमें भी भुवनेश्वर की गर्मी में यह ड्रेस उपयुक्त कैसे हो सकती है। हमेशा 'हाँ' सुनने वाले सैन्य अधिकारी को यह तर्कशीलता बहुत भाती ही नहीं थी—वे तो 'यस सर' सुनने के ही अभ्यासी रहे थे, पर मैंने अपनी बात उनके सामने रखी थी। तब तो प्रिंसिपल सुनकर चले गये किन्तु उनके अन्तर्मन में शायद इस बात ने कुछ उथल-पुथल मचाई। दो-तीन दिन बाद आदेश आ गया कि भोजन के समय अध्यापकों को गाउन पहनने की आवश्यकता नहीं है। यह उदाहरण इस बात को सिद्ध करता है कि यदि हम किसी प्रबन्धन को समझाएँ कि टाई से ही स्कूलों की प्रतिष्ठा नहीं बढ़ती, कम्पनियों के उत्पादों की बिक्री नहीं बढ़ती, उनका बल तो गुणवत्ता पर होना चाहिए, चाहे वे स्कूल हो या कम्पनियाँ यदि वे अपने कार्य और परिणामों में बेहतर होंगे तो टाई क्या कर पाएगी, उसकी आवश्यकता ही नहीं रह जाएगी। स्कूल प्राचार्यों, शिक्षाविदों आदि के इतने विचार-विमर्श, गोष्ठियाँ, शिविर आदि होते हैं, क्यों नहीं इस विषय पर खुलकर विचार-विमर्श होता कि इस देश के स्कूलों में कैसी वेशभूषा, बच्चों की वर्दी होनी चाहिए, उसमें टाई की आवश्यकता है या नहीं, यह भी विचारने के लिए महत्त्वपूर्ण मुद्दा है। बढ़िया शिक्षा देने के उपक्रम में शिशुओं, किशोरों के साथ यह अन्याय तो नहीं होना चाहिए कि उन्हें इस दमघोटू परिधान को जबरदस्ती धारण करना पड़े। वैयक्तिक स्वतन्त्रता और निजी स्कूलों की स्वतन्त्रता के नाम पर बच्चों के स्वास्थ्य के साथ यह खिलवाड़ अब बहुत दूर तक बर्दाश्त नहीं किया जाना चाहिए। मैं टाई को इस दृष्टि से नहीं देख रहा हूँ कि वह एक विदेशी-सा चिह्न है। जब देश के सभ्य प्रतिष्ठित समाज ने टाई को अपना लिया है तो बच्चों को टाई पहनाने में गुरेज़ क्यों। मेरी चिन्ता तो गरमी में टाई पहनने की असुविधाजनक स्थिति से है। यदि टाई आवश्यक ही है, तो उसे नवम्बर से मार्च तक के महीनों तक ही स्कूली वेशभूषा का अंग रहना चाहिए, गरमियों में नहीं। यदि सरदी-गरमी का खयाल कर राज्य की राजधानी बदली जा सकती है तो अलग-अलग मौसम में अलग-अलग स्कूली वेशभूषा की व्यवस्था क्यों नहीं की जा सकती। अभी भी तो अक्टूबर, नवम्बर में स्कूलों का समय बदलता है, वही समय हो कि सर्दियों की वेशभूषा प्रारम्भ हो जाय और टाई तब उसका अनिवार्य अंग बना दी जाय। देखने में यह समस्या छोटी भले ही लगे, किन्तु है बड़ी, जो शिक्षा-जगत और व्यापार-जगत दोनों में एक व्यापक विमर्श की आवश्यकता जगाती है। जब हम अपनी सांस्कृतिक अस्मिता की पहचान के बहुत से बिन्दु तलाश रहे हैं तो 'टाई' पर भी इसी दृष्टि से विचार कर लें, यह समय की आवश्यकता है।

अब कुछ दहेज पक्ष में

प्रत्येक समाज और व देश में बदलते समय के अनुसार नैतिकता, सामाजिक आचार-व्यवहार के मूल्य तथा मान्यताएँ बदलती हैं। कल तक जो मान्यता या रीत ग़लत थी, आज उसमें कुछ ग़लत नहीं माना जा सकता है। आज 'ग़लत' और 'पाप' की परिभाषाएँ कल से भिन्न हो सकती हैं। दहेज एक सामाजिक बुराई रही होगी कभी, किन्तु आज तो वह एक अनिवार्यता बन गयी है। ऊपर-ऊपर से हम चाहें इसे मानें या न मानें, स्वीकारें या अस्वीकारें पर इसे आज लगभग सभी, कुछ अपवादों को छोड़कर, भीतर-ही-भीतर स्वीकारते हैं, चाहते हैं, कि दहेज का लेन-देन आवश्यक रूप में हो। भारतीय समाज में दहेज न लाने के कारण हत्याओं-आत्महत्याओं का सिलसिला निरन्तर जारी है, आये दिन, आये दिन क्या लगभग रोज़ ही प्रिंट मीडिया और टी.वी. समाचार चैनलों में दहेज के समाचार नित्य ही पढ़ने-सुनने-देखने को मिलते हैं, किन्तु हाल ही जिस खौफनाक ख़बर ने दिल को दहला दिया और प्रत्येक दहेज-हत्या के समाचार को सुनकर उसका पुनः पुनः स्मरण हो आता है, वह यह है । दहेज-लोलुप दानवों ने उस बहू-लड़की को मार डाला जिसके व्यवसायी पिता ने विवाह के दहेज में 50 लाख नक़द रुपये, एक मर्सीडीज़ कार (लगभग 34 लाख रुपये की), हर बाराती को जो संख्या में 100 थे, एक-एक सोने की अँगूठी, 5-5 हज़ार की दी अर्थात् लगभग 5 लाख की। इस बहू की हत्या से दस दिन पहले दबाव डाल कर 35 लाख रुपये लड़की के पिता से और मँगा लिये गये। इस सब धनराशि का योग लगा कर आँखें फटी-की-फटी रह जाती हैं, आख़िर और क्या चाहते थे लड़के के घर वाले। इस समाचार से उन माँ-बाप को जरूर कुछ राहत की साँस आ सकती है जो अपने मध्यवर्गीय साधनों में पर्याप्त दहेज जुटा कर भी यह कचोट मन में रखते हैं कि वे अपनी बेटी को इतना धन-दहेज नहीं दे पाए, नहीं तो ससुराल में उसका मान बढ़ता या उसे परेशान नहीं किया जाता। कितनी-कितनी लड़कियों को अन्दर-ही-अन्दर यह पीड़ा सालती रहती है कि काश! उनके माँ-बाप कुछ

और अच्छा दहेज जुटा पाते तो शायद उन्हें इतना अपमान और ताने-तिसने सुनने नहीं पड़ते। दहेज की लोलुप-वृत्ति की कोई सीमा नहीं हो सकती, यह घटना उसका एक बहुत बड़ा उदाहरण है। थोड़े समय पहले यह सुना जाता था कि उच्च वर्ग (धन की दृष्टि से) में दहेज के कोई अर्थ नहीं हैं, वहाँ तो सबके पास पैसा-ही-पैसा है। किन्तु 50 लाख नक़द, 34 लाख की गाड़ी, 5 लाख की अँगूठियाँ और बाद में मँगाए गये 35 लाख भी जब दहेज-तृष्णा को शान्त नहीं कर पाए, तो फिर छोटे-मोटे आदमी की तो बिसात ही क्या!

हमें बदलते हुए समय की व्यवस्था और मनोवृत्ति को स्वस्थ्य दिशा देने की चेष्टा करनी चाहिए, किन्तु जब यह सम्भव न हो सके तो कुछ ऐसे रास्तों और जुगत की तलाश करनी चाहिए कि जीवन और जीवन-स्थितियाँ बेहतर हो सके। वैश्वीकरण की सौगातों में उपभोक्तावाद ने धन की जो कभी शान्त न होने वाली तृष्णा जगाई है, उसके चलते दहेज को बन्द नहीं किया जा सकता। भारतीय समाज दहेज के विरोध में जो प्रयत्न करता आ रहा है उसे सौ वर्षों से भी अधिक समय बीत चुका है। हम अपने बचपन के दिनों से ही देखते आ रहे हैं कि विभिन्न जातियों की पंचायतों, महापंचायतों तथा उनके सक्रिय जन-नेताओं ने अनेक सभाएँ कर, गाँव-गाँव, कस्बे-कस्बे, तो कभी महानगरों में भी घूम-घूमकर विवाह के रास्तों को कम खर्चीले बनाने, बारातों में आदमियों की संख्या निश्चित करने के न जाने कितने-कितने प्रयत्न किए, परन्तु परिणाम वही निकला 'ढाक के तीन पात'। बन्दिशें लगाई गयीं कि बारात में पाँच/दस/इक्कीस आदमी ही जाएँगे और बारात एक रात से ज्यादा नहीं रुकेगी। पाँच चीज़ें सोने की और पाँच चाँदी की चढ़ाई जाएँगी। नक़द में 101/- रुपये ही विदा के समय दिए जाएँगे। ये बात कुछ दिन चली, कुछ दिन के बाद समाज स्वयं अपने ढर्रे पर चलने लगा। विभिन्न कौमों के नेतागण शादी-ब्याहवाले घरों में जाकर समझाते-बुझाते और कभी सत्याग्रह के मार्ग का अनुसरण कर धरना देकर भी बैठे, किन्तु परिवर्तन की आँधी बहुत तेज चल रही थी, कौम के नेताओं की बात कौन सुनता, अपने ही घर-परिवार के बड़े-बूढ़ों की सत्ता डगमगा रही थी। इस सबके चलते दहेज की विकरालता बढ़ती ही गयी।

तीस-एक बरस पहले दहेज ठहराने की रीति केवल वणिक वर्ग में थी, इसी वर्ग के एक मित्र से एक बार बात हो रही थी कि आपके यहाँ तो बुरा रिवाज़ है—शादी-ब्याह का सारा मामला पहले ही तय हो जाता है, हमारे यहाँ (ठाकुरों में) यह नहीं होता, हमारे यहाँ माँगना मरण समान है। उन्होंने जो उत्तर दिया उसकी सार्थकता मुझे बाद के वर्षों में दिखाई दी। उन्होंने कहा था कि हमारे यहाँ

प्रथा इसलिए अच्छी है कि फिर (ठाकुरों की तरह) जिन्दगी भर 'कुर्र-कुर्र' तो नहीं होती कि यह नहीं दिया, वह नहीं दिया। यह चाहिए वह चाहिए। उनकी बात में बड़ा बल था कि सब कुछ पहले तय हो जाना चाहिए। किन्तु कालान्तर में यह सिद्धान्त भी बेकार होता चला गया। लगभग करोड़ रुपये केवल दहेज पर ख़र्च करने पर भी उपरिवर्णित घटना में लड़की की हत्या कर दी गयी। कहाँ गयीं वे तयशुदा शर्तें! ऐसी स्थिति में होना यह चाहिए कि विवाह का शर्तनामा बने, उसे कोई कानूनी वैधानिक मान्यता मिले। उपभोक्तावादी समाज की धन-लोलुपता ने स्थितियाँ जब ऐसी ला दी हों कि चाहे ज़मीन बेचकर कोई प्रबन्ध करे पर उसे यामहा मोटर साइकिल, बढ़िया कार (कारों की दौड़ में दहेज के बाज़ार में मारुति—800 बेचारी अब पिछड़ चुकी है), इतने लाख नकद (कैश) अवश्य-अवश्य देना है तो क्यों न इन सब शर्तों को ऐफिडेविट बनवा कर किसी सक्षम अधिकारी के सामने पंजीकृत करा दिया जाय जिससे वर-कन्या दोनों पक्ष कानूनी सीमा में बँधे रहें।

सरकार जब विवाह सम्बन्धी यह कानून बना सकती है कि हर विवाह का पंजीकरण किया जाएगा तो उसे जिला या तहसील स्तर पर विवाह के दहेज के शर्तनामे का भी कानूनी प्रावधान कर देना चाहिए। यह बात ऊपर से देखने पर किंचित् अव्यावहारिक लग सकती है, किन्तु जब सरकार माँ-बाप के सन्तान द्वारा भरण-पोषण का कानूनी प्रावधान कर सकती है तो दहेज सम्बन्धी शर्तनामा लागू करने का प्रबन्धन भी कर सकती है। कानून भी बन जाएगा तो भी घर की चहारदीवारियों में बहू के साथ क्या सलूक किया जाएगा, इसकी गारंटी काफ़ी मुश्किल होगी। किन्तु फिर भी लड़की के हाथ में एक हथियार तो होगा कि वह कानूनन अपने हितों की रक्षा के लिए तत्पर हो सके। जैसे आयकर आदि की सीमा लगाई जाती है, उसी प्रकार विवाह के दहेज की न्यूनतम और अधिकतम सीमा पारिवारिक आय को ध्यान में रखते हुए निर्धारित कर देनी चाहिए। दोनों पक्षों के हस्ताक्षर-युक्त यह शर्तनामा सार्वजनिक कर देना चाहिए जिससे उस समाज के लोगों को भी जानकारी रहे कि क्या कुछ देकर और किस रूप में शादी सम्पन्न होने जा रही है। कुछ लोकोपकारी सामाजिक संस्थाओं (एनजीओज़) को भी विवाह के शर्तनामों को लागू करवाने का दायित्व दिया जा सकता है। दहेज को अनिवार्य-सा बनाकर इसे लागू कर सामाजिक स्थितियों को सँवारा जा सकता है। छूट यह भी होनी चाहिए कि जो वर-कन्या बिना दहेज के विवाह करना चाहें, उन्हें भी यह शर्तनामा पंजीकृत करा लेना चाहिए, बाद में वे इससे न मुकरें। आज के सन्दर्भों में दहेजबन्दी की माँग अनौचित्यपूर्ण है, सौ वर्षों से अधिक समय

में देखा जा चुका है कि इसके बिना काम नहीं चल सकेगा। कुछ लोग यदि दहेज के बिना विवाह करना चाहते हैं तो उनके सामने जो स्थितियाँ आती हैं, वे भी बड़ी हास्पास्पद हैं। एक सम्पन्न मारवाड़ी सज्जन ने बताया कि मैं बिना दहेज के अपने लड़के की शादी करना चाहता हूँ, पर दिक्कत यह आ रही है कि मेरे समाज के लोग सोच रहे हैं कि इसके लड़के में ही कोई-न-कोई कमी है, शिक्षा या व्यवसाय की दृष्टि से न्यूनता है, इसलिए मेरे लड़के के रिश्ते आने ही बन्द हो गये हैं। यह उदाहरण यह बात प्रस्थापित करने के लिए पर्याप्त है कि समाज स्वयं दहेज को एक अनिवार्यता के रूप में स्वीकार रहा है। ऐसी स्थिति में दहेज को कानूनी मान्यता मिल ही जानी चाहिए जिससे इसका रूप और घिनौना न हो पाए।

अथ कोरिअॅर कथा

मेरे साथ अक़सर ही यह होता है कि दोपहर को खाना खाते समय अभी पहला कौर तोड़ा ही है और मुँह तक जाने की प्रक्रिया में वह अधबिचाले की ही स्थिति में ही मुख-द्वार की ओर अग्रसर है, तभी घंटी घनघना उठती है, दरवाज़ा खोलकर देखता हूँ तो धूप में पानी-पानी हुआ लड़का अपनी साइकिल पर खड़े-खड़े गुहार लगता है, 'सर-कोरिअॅर'। कभी, खाना खाकर लेटते ही नींद के पहले झटके के साथ ही दिमाग को झनझनाने वाली तीखी घंटी-ध्वनि कि बाहर कोई कोरिअॅर है। काम करने आने वाली आईयाँ-बाइयाँ तो अपना काम कर चली जाती हैं, किन्तु जब घर में शेष रहे दो अदद प्राणियों को ही आये-गये को निपटाना होता है तो इन कोरिअॅर वालों को 'अटैंड' करना कितना भारी सिरदर्द हो सकता है, यह भुक्त भोगी-जन ही जान सकते हैं। कभी-कभी दोपहरी-भर तीन-तीन बार उठकर इन कोरिअॅर-जनों से भेंट करनी होती है। कुछ कोरिअॅर सर्विसों के जन जानने भी लगे हैं, उनसे बड़ी विनम्र प्रार्थना की है, अब उनमें से कुछ मान गये हैं कि वे कोरिअॅर 2 से 4 बजे के बीच में नहीं देंगे, पहले या बाद में दे देंगे। सवाल उठता है कि कोरिअॅर इतने क्यों—कभी कोई पत्रिका आ रही है, कभी किसी रचनाकार की 'अमूल्य' कृति, कभी किसी बैंक या म्यूचअल फंड का पत्र—सबने अब डाकसेवा का सहारा छोड़ ही दिया है। डाक से भी विश्वस्त प्राय: सस्ते विकल्प से रूप में कोरिअॅर सेवाएँ दिन-ब-दिन हमारी जीवनचर्या में सेंध लगा रही हैं। यह भी मोबाइल क्रान्ति के समान 'कर लो दुनिया मुट्ठी में' की तरह का एक अभियान है।

कोरिअॅर सेवा की तरक्की-बढ़ोतरी के लिए भारत सरकार का डाक विभाग ही श्रेय प्राप्त करने का अधिकारी है। डाक की पहुँच-न-पहुँच के दृष्टान्त सबके साथ घटित हैं, पत्र न मिल पाने से कभी-कभार कितने बड़े नुकसान हो जाते हैं, इसकी कल्पना सहज की जा सकती है—मसलन आप किसी कार्य विशेष के लिए अपने नगर (पटियाला) से दिल्ली के लिए चल पड़ते हैं, कार-पेट्रोल,

ड्राइवर की 'दिल्ली की दिहाड़ी' आदि के नीचे तो आप आ ही गये—गन्तव्य पर पहुँच कर ज्ञात होता है, 'अरे साहब, आप आ गये, हमने तो बीस दिन पहले पत्र डाल दिया था कि कृपया मत आइए।' उनकी पत्र की बात पर विश्वास इसलिए करना पड़ा कि पत्र दिल्ली से लौटकर मिल ही गया। एक लेखक मित्र को लखनऊ फोन किया कि उस सन्दर्भ में आपका पत्र नहीं मिला तो उन्होंने बताया कि वह तो 25-26 दिन पहले डाला था, मानो किसी डाकबक्से की पेंदी में पड़ा रह गया था, वर्षा के पानी में भीगकर उसका अक्षर-अक्षर रो रहा था—'लोचन जल कागद मसि मिल के ह्वै गयी स्याम-स्याम की पाती।' पत्र पुनः उसी मित्र को भेजा, भैया इसका सिर-पैर पुनः लगाओ।

कोरिअॅर की विश्वसनीयता भी कितनी कम होती जा रही है इसके भी उदाहरण सामने हैं। कोरिअॅर समय-पर न मिल पाने या बिल्कुल न मिल पाने का गणित भी अर्थशास्त्र से जुड़ा हुआ है। कुछ लड़कों व कोरिअॅर एजेंसियों से बात कर ज्ञात हुआ कि थोड़ी—बहुत तनख्वाह के साथ या बिल्कुल कमीशन के आधार पर ही—एक पत्र पहुँचाने के अधिक-से-अधिक दो या फिर एक रुपया इन्हें मिलता है। जो दूर-दराज़ के इलाके-कॉलोनियाँ हैं, वहाँ जब इन्हें पत्र देना दुष्कर लगता है तो ये लड़के पत्र पर लिखे देते हैं, 'घर पर कोई नहीं मिला।' एक बार जब किसी म्यूचुअल फंड का चैक कई माह तक नहीं मिला और पूछ-गिछ शुरू की तो ज्ञात हुआ कि चैक आपके घर से इसलिए लौट गया कि कोई था ही नहीं—हिसाब-किताब मिलाकर देखा तो उन दिनों कई महीनों तक ऐसा क्रम रहा कि घर में हर समय कोई-न-कोई सदस्य उपस्थित था, घर में ताला कभी लगा ही नहीं। तभी किसी ने समझाया कि एक रुपये में पत्र कौन पहुँचाए—कभी-कभी ये 'लड़के लोग' ऐसा ही कर देते हैं।

यह अनुभव भी प्रायः रहता है कि कुकुरमुत्तों की तरह उग गयी अनेकानेक कोरिअॅर सेवाओं के चलते, कभी बचत के लालच में आप कोरिअॅर सस्ती-सी कोरिअॅर सेवा से करा देते हैं, उधर पावती को फोन कीजिए कि कोरिअॅर मिला कि नहीं, फिर कोरिअॅर सेवा को फोन कीजिए—पुनः उस प्राप्तकर्ता को फोन कीजिए 'पहुँचा कि नहीं'—इस चक्कर में आपका कोरिअॅर खाते का बिल और बढ़ जाता है। कई बार आवश्यक पत्र न पहुँचाने की स्थिति में और ऊपर से बदतमीज़ी से पेश आने की स्थिति में यह नौबत भी आयी कि उपभोक्ता फॉरम में केस कर दिया, केस जीता भी, किन्तु ग्राहक को कुछ हाथ नहीं आया। कोरिअॅर सेवा पर उपभोक्ता न्यायालय ने पाँच हज़ार रुपये का जुर्माना ठोंका—कई स्थानीय समाचार-पत्रों में धमाकेदार ख़बर इस समाचार की आयी। जुर्माना जमा न कर पाने की स्थिति में कोरिअॅर सेवा को कोर्ट के सम्मन कई बार आये—ज्ञात हुआ कोरिअॅर

एजेन्सी उस मालिक की पत्नी के नाम है अतः सम्मन उसी को दिए जाने चाहिए। कोर्ट के अर्दली को हर बार 50-100 रुपये देकर टरका दिया जाता रहा। हार कर मैंने ही पूछना छोड़ दिया कि क्या रहा उस केस में—'और भी ग़म है जमाने में।' किन्तु अब समय आ गया है कि किसी नियन्त्रक संस्था द्वारा इन कोरिअॅर सेवाओं का नियमन हो। क्या कोई ऐसा विकल्प ढूँढ़ा जा सकता है कि सभी कोरिअॅर सेवाएँ एक निश्चित समयावधि में ही क्षेत्र विशेष में अपने पत्रों की पहुँच दें। दिन भर कोरिअॅर के लिए बजती घंटियों से सामान्य नागरिक को निजात मिल सके। दूसरे, सुनिश्चित समय जो निश्चित ही दूरी के लिहाज़ से तय होगा, पर स्थान विशेष में डाक पहुँच जाय—यथा दिल्ली से पटियाला 1 दिन, पटियाला से कानपुर—3 दिन, कलकत्ता बम्बई आदि चार दिन, यद्यपि है अभी भी ऐसा ही, किन्तु छोटी एजेन्सियाँ इस नियम का पालन नहीं कर पाती हैं। नियामक संस्था को यह नियम बना देना चाहिए कि यदि किसी एजेंसी के इतने पत्र निश्चित समय पर नहीं पहुँचते तो उनके तत्ससम्बन्धी कार्यालय को बन्द कर देना चाहिए। ग्राहकों के सुझावों, शिकायतों का निपटान भी वह नियामक संस्था ही करें, कोरिअॅर एजेंसी नहीं। यह काम इतना कठिन भी नहीं है, नगरों की प्रशासनिक प्रणाली तत्सम्बन्धी व्यवस्था सरलता से कर सकती है। यह इतना व्यय-साध्य भी नहीं होगा, स्थानीय स्तर पर कितना ही (फालतू-सा) सरकारी अमला इस जिम्मेदारी को निभा सकता है।

घरेलू हिंसा : श्वेता प्रकरण से उठते सवाल

हाल-फिलहाल की ख़बर है कि 'कसौटी जिन्दगी की' सीरियल से प्रसिद्धि प्राप्त लोकप्रिय अभिनेत्री श्वेता तिवारी को उसके पति राजाराम चौधरी ने शराब पीकर इतना पीटा कि मामला पुलिस में रिपोर्ट कराने तक जा पहुँचा। हैवानियत यह है कि श्वेता आठ वर्षों से निरन्तर घरेलू हिंसा की इस यातना को बर्दाश्त करती आ रही थी। टी.वी. ख़बरिया चैनलों के माध्यस से ही यह ज्ञात हुआ कि श्वेता का पति राजाराम चौधरी इस कुंठा से ग्रस्त है कि उसकी पत्नी उससे अच्छा धन कमाती है। इस कुंठा के मानसिक अवसादन (डिप्रेशन) से ग्रस्त अनेक पति अपनी पत्नियों को तरह-तरह से पीड़ित कर यातनाएँ देते रहे हैं। पत्नी की प्रसिद्धि, उसका बढ़ता यश और धनपति को ईर्ष्या की अग्नि में धकेल ऐसा रुख अपनाने को उत्प्रेरित करते रहे हैं, (साहित्य और) कला जगत में इस प्रकार के उदाहरण विशेषतः मिलते रहे हैं।

कहा जाता रहा है कि नारी को पति द्वारा शारीरिक प्रताड़ना मिलने का एक मुख्य कारण उसकी आर्थिक परतन्त्रता है, किन्तु ऐसे मामलों में तो आर्थिक परतन्त्रता का प्रश्न ही नहीं उठता है। ये स्वतन्त्र नारियाँ पति से कहीं अधिक धन तथा मान-प्रतिष्ठा पाती हैं। इससे यह मिथ किसी सीमा तक टूटता है कि नारी यदि आर्थिक दृष्टि से स्वतन्त्र है तो वह पति की प्रताड़ना को सहने को विवश नहीं होगी। श्वेता जैसी लोकप्रिय अभिनेत्री जिसने न केवल सीरियलों में नाम और पैसा कमाया, अपितु विज्ञापन जगत में भी अपनी धाक जमाकर दिखाई। फिर वे कौन से कारण थे जिनके कारण श्वेता एक बच्ची की माँ होते हुए भी निरन्तर यह प्रताड़ता सहती रही। अपने देश की बात छोड़ भी दी जाय तो विदेशों में भी अच्छा कमाती-धमाती पत्नियों को भी पति का यह अत्याचार सहना पड़ता है। आस्ट्रेलिया में भारतीय मूल के अप्रवासी परिवारों में भी घरेलू हिंसा का यह तांडव बहुतायत में होते देखा गया है। वहाँ ये महिलाएँ पति के साथ कन्धे से

कन्धा मिलाकर कमाती हैं और इसके अलावा गृहस्थी का खटराग भी उन्हें ही ढोना पड़ता है। आर्थिक परतन्त्रता ही स्त्री की इस नियति का कारण है, यह बात तो किसी सीमा तक निरस्त ही हो जाती है। इसके प्रमाण में यह तथ्य भी हमें ध्यान में रखना चाहिए कि निम्नवर्गीय और मध्यवर्गीय परिवारों की कितनी ही महिलाओं की घर-गृहस्थी बड़े सुचारु रूप में चलती है, उनके पति उन्हें कभी पाँच पोरवे भी नहीं लगाते। स्त्री वर्षों तक वैवाहिक जीवन में यह प्रताड़ना क्यों सहती चली आ रही है इसके दो मुख्य कारण हैं—प्रथम मर्यादा और प्रतिष्ठा की सामाजिक भीतियाँ और दूसरे वैश्वीकरण द्वारा प्रदत उपभोक्तावादी समाज में बढ़ती ऐसी धनेषणा जिसका कहीं कोई अन्त नहीं, कोई ओर-छोर नहीं, इनके साथ ही लड़की के सामने सबसे बड़ा भावनात्मक कारण यह है कि बढ़ती उम्र के मेरे माँ-बाप को यह पीड़ा न पहुँचे कि उनकी बेटी किन यन्त्रणाओं और अभिशापों से जूझ रही है, मर्यादाओं की सामाजिक भीति लड़की के सामने यह कि कोई क्या कहेगा कि उसके रिश्तेदार, पास-पड़ोस, के लोग उसके बारे में क्या-क्या सोचेंगे। पति परित्यक्ता अमुक-तुमक लड़कियों को लोग किस हेय और बेचारगी की दृष्टि से देखते हैं, इसलिए वह वर्षों तक यह सोचती चली जाती हैं कि आज नहीं तो कल शायद स्थितियाँ सुधरेंगी और पति परमेश्वर नामक प्राणी सही रास्ते पर आ जाएगा। प्रायः नित्य मार खाती स्त्री की सहनशक्ति को देख पति का हौंसला और और बढ़ता चला जाता है, स्त्री की सहायता के लिए सरकार द्वारा चलाए जा रहे अनेक प्रकोष्ठ, स्त्री सहायता के लिए पुलिस के विशेष प्रबन्ध और अनेक महिला संगठन, समाज-सेवी संस्थाओं आदि तक वे अपनी आवाज़ नहीं पहुँचातीं। आस्ट्रेलिया जैसे देशों में जहाँ पति से अलग रहती अथवा तलाकशुदा महिलाओं को नौकरी-कार्य न मिलने की स्थिति में समुचित भरण-पोषण के लिए वृत्ति-डोल-का प्रावधान है वहाँ भी महिलाएँ कम-से-कम भारतीय मूल की महिलाएँ किसी भी ऐसी सुविधा का उपयोग न कर पति से निरन्तर मार खाने को ही अपनी नियति मान बैठती हैं, जब ऐसी एकाध महिला से बात हुई कि वे पुलिस को सूचित करने या अन्य कानूनी प्रावधानों की सहायता लेने को तैयार क्यों नहीं होती हैं तो उनका एक ही उत्तर रहा कि हम देखते हैं यहाँ का भारतीय समाज ही पति से अलग रहती स्त्रियों को किस हिकारत की दृष्टि से देखता है। फिर हमारे देश, हमारे माँ-बाप, भाई-बहन, रिश्तेदार आदि हमको लेकर कितने परेशान होंगे, हमारे बारे में क्या-क्या सोचेंगे। कुछ लोग यह सोच भी सकते हैं कि स्वतन्त्रता के पक्षधर उस समाज में कहीं उनकी लड़की भी कुछ गलत रास्तों पर न चल पड़ी हो। दूसरा यक्षप्रश्न उनके सामने यह खड़ा रहता है कि

वे सन्तान, लड़की या लड़के, की परवरिश अकेले कैसे कर पाएँगी। बच्चों को माता-पिता दोनों की ही आवश्यकता होती है। लड़कियों की माँ विशेष रूप से सोचती है कि बेटी का विवाह आदि वे अकेले किस प्रकार कर सकेंगी, रिश्ता करते समय उनके सामने क्या-क्या सवाल उठाए जाएँगे, उनके चरित्र के विषय में क्या-क्या शंकाएँ और क़यास लगाए जाएँगे—इससे वे सिहर उठती हैं। बढ़ती उम्र की लड़कियों की माँएँ इस चिन्ता से भी व्यथित रहती हैं कि विदेश के स्वतन्त्र और किसी हद तक उच्छृंखल समाज में वे अपनी बेटी की देखभाल, परवरिश अकेले कैसे कर पाएँगी। श्वेता तिवारी भी अपनी बच्ची को लेकर परेशान हैं। क्या उन्हें अपनी बच्ची को रखने का अधिकार मिल सकेगा, ये मुख्य कारण स्त्री को निरन्तर मार खाने के लिए विवश करते हैं। इस सबके ऊपर तुर्रा यह कि लड़की को माँ-बाप, भाई-बहन, रिश्तेदारों, अड़ोसियों-पड़ोसियों के सामने बहुत-बहुत सुखी दाम्पत्य का कैसा-कैसा नाटक रचना पड़ता है। 'नच बल्लिए', कार्यक्रम के दौरान श्वेता तिवारी ने अस्पताल की शैय्या पर लेटे राजाराम चौधरी से वीडियो-कॉन्फ्रेंसिंग के द्वारा बात करते हुए संवेदना के अश्रुपूरित नेत्रों से दर्शकों को यही बोध दिया कि उनकी जोड़ी न केवल रंगमंच की रणभूमि में, अपितु जीवन में भी कितनी-कितनी सफल और प्रेम से ओतप्रोत है। यह थी श्वेता की सामाजिक भीतियों-मर्यादाओं से घिरी विवशतापूर्ण स्थिति। स्त्री में ऐसी सहनशीलता है कि वह अपने घर को हर हालत में बचाने के लिए निरन्तर कष्ट, यातना सहती रहती है।

घरेलू हिंसा के आर्थिक कारणों पर विचार करें तो यही सिद्ध होता है कि आज हमने अपनी आवश्यकताओं को इतना-इतना विस्तार दे दिया है कि कितना भी धन कमा लें, वह हमें थोड़ा दिखाई देता है। श्वेता और राजाराम चौधरी के पास इतनी धन सम्पत्ति है ही कि उसमें दाम्पत्य की कलह का यह रूप नहीं बनना चाहिए था। कला जगत से जुड़े अत्यधिक संवेदनशील प्राणियों में यह गुंजाइश होनी ही चाहिए कि वे अपने साथी की बढ़ती मान-प्रतिष्ठा और धन-दौलत से डाह न रखें। फिर प्रश्न वही उठता है कि वैश्वीकरण के उपभोक्तावादी बाज़ार, द्रुत आर्थिक विकास की सरपट दौड़, विज्ञापन और विपणन ने हमें वहाँ ला खड़ा किया है जहाँ से हम पीछे मुड़कर देखने को तैयार ही नहीं हैं। राजाराम चौधरी को यह बोध तो होना ही चाहिए था कि टी.वी. सीरियलों में स्त्री पात्रों का अधिक वर्चस्व है। आँकड़े बताते हैं और एक टी.वी. परिचर्चा में स्मृति ईरानी और अरुण वडोला की बातचीत से यह तथ्य स्पष्टत: सामने उभरकर आया कि टी.वी. सीरियलों में स्त्री पात्रों की अधिक माँग है और उन्हें पुरुष पात्रों से अधिक

राशि अपने कार्य के लिए दी जाती है। श्वेता तिवारी से विवाह करते समय राजाराम चौधरी को इन सब स्थितियों का ज्ञान और भान होना चाहिए था। अत्यधिक पैसा इन दाम्पत्य सम्बन्धों की विकटता का बड़ा कारण है, इसका प्रमाण यह भी है कि अब से दस-पन्द्रह वर्ष पूर्व जब नारी स्वावलम्बन, स्वातन्त्र्य और समानता के इतने अधिक नारे नहीं उठे थे, तब घरेलू हिंसा इतनी बहुतायत और इतनी विकृति के साथ नहीं थी। कुल मिलाकर स्थिति यही बनती है कि आज भी पुरुष वर्चस्ववादी समाज स्त्री को दोयम स्थिति में ही मान रहा है।

बच्चियों के कानों में उत्तजेक टॉप्स

इधर पंजाब के धुर देहाती जिले के कई इलाकों की ख़बर है कि वहाँ सरकारी स्कूलों में कुछ निजी कम्पनियाँ विभिन्न उत्पादों की बिक्री जन-लुभावन तरीकों से कर रही हैं। उत्पाद हैं पेट की चर्बी कम करने वाले उपकरण, चमकीले घने बाल—काले बालों की बात नहीं क्योंकि अब वे फैशन का अंग नहीं माने जा रहे हैं, ब्लड प्रेशर ठीक रखने की औषधियाँ आदि। इन उत्पादों में एक के जिक्र ने न केवल चौंकाया, अपितु वह समस्या के रूप में कई दिन तक मन-मस्तिष्क को आन्दोलित कर गया, वह है स्कूलों में कानों के लिए ऐसे टॉप्स (कर्णफूलों) की बिक्री जो सेक्स, उत्तेजक, यौन-क्षमतावर्द्धक बताए जा रहे हैं। इनको पहनने के लिए कानों के छेद की आवश्यकता नहीं है, अपितु इन्हें कानों पर चिपकाया जा सकता है। सेल्समैन इनकी प्रशंसा में बताते हैं कि तीन दिनों के भीतर ही ये अपना प्रभाव दिखाना शुरू कर देते हैं, यदि इन्हें 45 दिन पहन लिया जाय तो कहना ही क्या! निष्प्रभाव सिद्ध होने की स्थिति में 250 रुपये के इन टॉप्स के 25 रुपये काटकर ग्राहक की राशि लौटाने की पेशकश है। इस आकर्षक उत्पाद को न केवल स्कूली बालाएँ ही खरीद रही हैं, अपितु अध्यापक-अध्यापिकाएँ भी खरीद रहे हैं। ऊपर से तुर्रा यह है कि अधिकांश स्कूलों में इनका ख़र्च अपनी जेब से देने के बजाय 'पीटीए फंड'—अभिभावकों और अध्यापकों की साँझी निधि से दिया जा रहा है। वैश्वीकरण की प्रक्रिया से संवृद्धि पाते उपभोक्तावाद का यह भयावह रूप हमारे दरवाज़ों पर इस रूप में दस्तक देगा, कभी सोचा भी न होगा। बाज़ार के मायावी संसार ने हमें तरह-तरह के कड़वे विषफल मधु-वेष्ठित कर दिए हैं किन्तु ये विषफल हमारी किशोर या कैशोर्य की दहलीज पर पैर रखती पीढ़ी तक इस रूप में पहुँचेंगे, यह कल्पना से भी परे है। ध्यातव्य है कि यह स्कूलों के उन परिसरों में हो रहा है जहाँ प्रधानाध्यापिका की आज्ञा के बिना ऐसे सेल्समैन आदि प्रविष्टि नहीं पा सकते। विचार करें ये स्थितियाँ आयीं क्यों? हमारी शिक्षा-दीक्षा और सारी संस्कृति का जोर 'शरीर' और 'शारीरिक सौन्दर्य'—अभिवृद्धि

पर हो गया। देश-विदेश में हो रही सौन्दर्य प्रतियोगिताएँ केवल वहीं तक सीमित होकर न रह गयीं, अपितु कस्बे-कस्बे, गाँव-गाँव पहुँची। टाईधारी सारे 'पब्लिक स्कूल' अपने यहाँ 'मिस्टर' और 'मिस' स्कूल का चयन वर्ष के प्रारम्भ में ही करा रहे हैं। विश्वविद्यालय में पढ़ाते हुए जब यह 'मिस' और 'मिस्टर के चयन का प्रचलन हुआ तो अकसर पूछना पड़ता कि भई! यह 'कैट वाक्' क्या है, अब जब इन स्कूल के मंचों (रैंप) पर 'कैट वाक्' देखता हूँ तो यही सोचता हूँ कि यह पीढ़ी कितनी जल्दी उत्तर आधुनिक फैशनों में ढल रही है। महज़ यह शैशव का 'कैट वाक्' करना नहीं है, अपितु पूरी पीढ़ी और संस्कृति का मुख, ध्यान, दूसरी ओर मोड़ना है। एक टी.वी. इंटरव्यू में कोई कलाकार किसी पाँच-छः वर्ष की बालिका से पूछ रहा था, तुम मेधा पाटकर बनना चाहोगी या ऐश्वर्या राय। बिना किसी झिझक के उसका उत्तर था—'ऐश्वर्या राय'। थोड़ी और बड़ी बालिकाओं से यह प्रश्न पूछा गया तो उनका भी उत्तर यही था। मीडिया का प्रचार जगत, विज्ञापन, इस रूप में तन की संस्कृति को परोस रहा है कि यह आँधी रुकने का नाम ही नहीं ले रही है। अभी एक 'एजिंग क्रीम' (त्वचा को बुढ़ापे से बचाने की क्रीम) का बाज़ार में अवतरण ('लाचिंग') हुआ है जिसकी कीमत महज़ 999/- रुपये यानी मात्र एक हज़ार रुपये है। इसके साथ ही कितने ही सूर्य-रोधक लेप इसी मूल्य में बाज़ार में विभिन्न कम्पनियों द्वारा उतारे गये हैं। इस सबका परिणाम यह हुआ कि हमारे सामाजिक जीवन में एक नया शब्द 'सेक्सी' अपनी नयी धज में अस्तित्व में आया है। 'सैक्सी'—शब्द में जो अश्लीलत्व अशोभन था, वह दबकर मात्र 'उत्तेजक' अर्थ रह गया है। हमने इसे 'सुन्दर' और 'श्रेष्ठ' के स्थानापन्न रूप में स्वीकार कर लिया है। आज युवक-युवतियाँ 'सुन्दर', 'मोहक' आदि कहलाना पसन्द ही नहीं करते, अपितु इसको ही गौरवपूर्ण मान रहे हैं। पहले यदि किसी को 'सैक्सी' कहा जाता था तो वह एक अवमावना-भरी बात थी, किन्तु आज इसे एक अभिनन्दन ('कम्पलीमेंट') तथा श्लाघा के रूप में स्वीकार जा रहा है। ऐसे में बच्चियों के कानों में सैक्सी टॉप्स (कर्णफूल) पहुँचना एक स्वाभाविक परिणति ही माना जा सकता है। किशोर-वय बालिकाएँ जिस समाज और परिवेश में रह रही हैं, उसमें केवल 'हाय सैक्सी, हाय सैक्सी' का शोर नहीं है, अपितु चारों और इस 'सैक्सी' शब्द का विभिन्न रूपों में बहुतायत से प्रयोग हो रहा है। किसी ने बहुत सुन्दर साड़ी, स्कर्ट, टॉप या ऐसी ही चीज़ पहनी है तो कहा जाता है 'बड़ी सैक्सी साड़ी है' या 'बड़ा सेक्सी टॉप है।' इतना ही नहीं चढ़ते शेयर बाज़ार के विषय में भी कहते सुना गया है—'बाज़ार तो बहुत सैक्सी हो गया।' जहाँ श्रेष्ठता केवल 'उत्तेजन' या 'उत्तेजना' में ही आ बसी हो, उस समाज के जीवन-व्यवहार, रहन-सहन में अन्तर आना बहुत

स्वाभाविक है। इस 'उत्तेजन' में बाज़ारवाद को इस प्रकार हावी किया कि प्रति वर्ष दो हज़ार करोड़ रुपये की वृद्धि पाता सौन्दर्य-प्रसाधनों का व्यापार अब और तेजी से वृद्धि पा रहा है। आँकड़ों द्वारा कहा जाता है कि प्रसिद्ध सौन्दर्य विशेषज्ञ शहनाज़ हुसैन का व्यापार चार अरब डॉलर तक जा पहुँचा है। विज्ञापन विशेषज्ञ अपने आकर्षक विज्ञापनों द्वारा 'देह निखार कार्यक्रम' का ऐसा विपणन गणित बिछा रहे हैं कि कोई उसके मायावी चंगुल से बच नहीं पाए। भारत और चीन एशिया के दो ऐसे महादेश हैं जो अपनी समृद्ध सांस्कृतिक थाती को वैश्वीकरण की आँधी के खिलाफ़ सँजोने का महत् प्रयत्न कर सकते हैं। चीन में स्कूल-स्तर पर सांस्कृतिक धरोहर को बचाने के प्रयत्न प्रारम्भ हो चुके हैं। वहाँ 'क्यू एक्सी' नामक त्योहार मनाया जाता है जिससे जुड़ी लोकगाथा दर्शाती है कि असफल प्रेम के कारण स्वर्ग पहुँची आत्माएँ नक्षत्रों का रूप ले आकाश में सुशोभित होती हैं। वहाँ के व्यापारी इस दिन को फूलों तथा अन्य उपहारों के रूप में प्रोत्साहित कर इसे अपने यहाँ के 'प्रेमी दिवस' ('वेलेंटाइन डे') के रूप में रूपान्तरित करने का प्रयास कर रहे हैं। इस प्रकार वे भूमंडलीकृत प्रेमी-दिवस—वेलेंटाइन डे—को अपनी जड़ों से जोड़ने का प्रयत्न कर रहे हैं। क्या हमारे स्कूलों में वसन्तोत्सव (वसन्त पंचमी) को यह रूप दे प्रेमी दिवस (वेलेंटाइन डे) का भारतीय रूप नहीं दिया जा सकता—इसका समय भी लगभग वही पड़ेगा—वसन्तागम का समय। 'सैक्सी टॉप्स' जैसे उत्तेजक कर्णफूलों से इनका ध्यान हटाकर एक नया सांस्कृतिक माहौल इस युग के अनुरूप रचा जा सकता है।

पारिवारिक रिश्तों की गरिमा

शहर के एक नामी-गिरामी डॉक्टर के यहाँ किसी काम से जाना हुआ। चाय का दौर चला तो उनकी श्रीमती भी साथ ही थीं। दोनों 65-68 की आयु के लेपेटे में। डॉक्टर साहब कुछ क्षण के लिए उठ कर चले गये थे—बातचीत में ज्ञात हुआ कि कुछ समय पहले डॉ. साहब के पिताश्री का देहान्त हो गया था। डॉ. साहब की पत्नी से मेरी पत्नी ने पूछा कि, 'क्या पिताजी आपके पास रहते थे।' उनका उत्तर था कि 'वो हमारे पास नहीं रहते थे, हम उनके पास रहते थे। वे ही मुझे ब्याहकर लाए थे और मैं तभी से उन्हीं के घर में रह रही हूँ।' मेरी जानकारी में था डॉ. साहब ने ही यह नयी आलीशान कोठी बनाई थी, उनके पिता निकटस्थ कस्बे से आकर उनके पास रहते थे, किन्तु कितना बड़ा आदर्श इस एक वाक्य में उनकी पत्नी ने हमारे सामने प्रस्तुत कर दिया। कहीं कोई मालिकाना भाव नहीं, पुत्रीवत् ससुर के प्रति पूर्ण समर्पण और निष्ठा भाव। यह उत्तर नयी पीढ़ी की उन आधुनिकाओं के सामने और भी महत्तर हो उठा जो बात-बात में ससुराल के घर पर, पति के घर पर अपना पूर्ण मानसिक हक जताते हुए बात-बात में, 'मेरे यहाँ यह नहीं होता', 'मैंने अपने घर में नया सोफा या फर्नीचर लिया है', आदि उचारती हैं। बहू के इस अहं भरे ममत्व भाव में एक असहनीय-सी अनुभूति होती है। आज जब पारिवारिक रिश्ते दरदराकर टूट रहे हैं, जब उनकी ऊष्मा शेष हो गयी है, संयुक्त परिवार प्रथा का ढाँचा पूरी तरह चरमरा उठा है, घर में बुजुर्गों की स्थिति फालूत-सी होकर वे हाशिए पर चले गये हैं तो ऐसे आदर्श वाक्य भीतर तक सरसा जाते हैं, एक आनन्द भरते हैं। वृद्ध-जीवन किस प्रकार एक 'दुर्वहता' का भाव देता है स्वयं वृद्धों को भी और परिजनों को भी, उस स्थिति में 60-62 वर्षीया बहू का यह मनोचिन्तन कि वह तो उन्हीं के घर में रहती थी'—एक आशा की किरण-सी जगाता है कि अभी भी आपाधापी के सर्वग्रासी जीवन-मूल्यों में इन जैसी बहुओं के आचार-विचार आदर्श के ज्योतिपुंज का कार्य कर सकते हैं। आज कहानी-उपन्यास में निरन्तर इस समस्या का चित्रण जिस

रूप में हो रहा है, वह भयावह रूप प्रस्तुत करता है। बेहतर स्वास्थ्य-सुविधाओं, उन्नत जीवन-स्तर से औसत आयु का बढ़ना आदि कारणों से वृद्ध-जनसंख्या में निरन्तर वृद्धि हो रही है। आधुनिक जीवन की यह भयंकर त्रासदी है कि वृद्धजन परिवार से बहुत अलग छिटककर रह गये, उनके नौनिहाल अपना-अपना आकाश खोजने दूर-दराज़ के स्थानों पर या विदेश में चले गये हैं। किसी भी कॉलोनी-मुहल्ले में चले जाइए, ऐसे वृद्धों की काफ़ी संख्या मिलेगी जो केवल बुढ़िया-बूढ़े के रूप में अपने घरों में रह रहे हैं। बच्चे कहीं बाहर हैं। ऐसे में ऐसे वृद्ध-दम्पती भी मिल जाएँ जो कहें कि हम तो 'पिताजी के साथ ही रह रहे थे। वे ही हमें रख रहे थे' तो अपार खुशी और सुख-सन्तोष तो मिलता ही है—एक अनुकरणीय आदर्श भी सामने आता है। आज यदि बहुएँ (और बेटे भी) यदि यह आदर्श अपना लें कि सब कुछ तो माँ-बाप का ही है, ये ही तो हमें यहाँ लाए, इस दुनिया में लाए और हमें इस काबिल बनाया कि कुछ कर सकें तो आधी सामाजिक-पारिवारिक समस्याएँ सही समाधान पा जाएँ।

सास-ससुर और बहू-बेटे के सम्बन्धों में यह संस्कार, जो ऊपर डॉक्टर साहब की पत्नी ने प्रस्तुत किया कोई एक दिन में आयत्त संस्कार नहीं होगा, उसकी पट्टी और घुट्टी निरन्तर उन्हें अपने परिवार की पाठशाला में मिली होगी। बहुत कम परिवार होंगे ऐसे जो बच्चों को यह संस्कार देते होंगे, अन्यथा पारिवारिक सम्बन्धों में वृद्धों की यह समस्या समस्या का रूप नहीं लेती, पर आज यह संस्कार परिवार में किस प्रकार अपनी जगह बनाए, अब तो वहाँ दिन रात टी.वी. पर दिखाई जाने वाली बहुएँ अपने प्रभाव और संस्कार छोड़ रही हैं। कोई घर में घुसते ही चावलों से भरे लोटे या कलश में अपने श्रीचरणों का प्रहार करते ही इस मुद्रा में अवतरित होती है कि 'तुम सबको ठीक कर दूँगी या देख लूँगी।' कहीं वह विवाह होते ही पति से 36 का सम्बन्ध रखते हुए पीठ-से-पीठ मिला कर चुनौतीपूर्ण मुद्रा अपनाती है और पति के सभी घरवालों के लिए आफत की परकाला का रूप धर लेती है। छोटे परदे की दुनिया में ऐसी-ऐसी बहुओं ने भी अवतार धरा है जो बीमार और लकवाग्रस्त ससुर को विभिन्न प्रकार की यातनाएँ, शारीरिक-मानसिक कष्ट देती हुई उन्हें पूर्ण लाचार स्थिति में ला देती हैं, वह मुँह से कुछ भी कह पाने की स्थिति में भी नहीं है। इसके बरअक्स ऐसी भी बहुएँ हर सीरियल के परिवार में हैं जो सारे जहान की मुसीबतें-विपदाएँ अपने सिर पर लेकर हर स्थिति में विघ्नहारिणी (दुर्गा) का रूप लेती हैं, किन्तु इन 'बहुओं' का प्रभाव जन-मानस पर नहीं पड़ जाता क्योंकि वे ऐसी सन्नारियाँ हैं जिनका धरती की सचाइयों से दूर-दूर तक कोई वास्ता नहीं है। ऐसी पार्वतियों, वाणियों, सलोनियों को जनमानस इसलिए ग्रहण नहीं कर पाता कि उनमें अनुकरणीय

और व्यावहारिक कुछ है ही नहीं। जनमानस प्रभावित होता है कुटिल कोटि की उन्हीं 'बहुओं' से जो अपनी कुचालों से परिवार में एक हड़कम्प मचाए रखती हैं। इन सब स्थितियों से निस्तार तभी पाया जा सकता है जब हम अपने पारिवारिक संस्कारों को पुख्ता करें, यह प्रयत्न करें कि परिवार की प्रथम पाठशाला में सभी आदरणीयों को पूरा-पूरा सम्मान और प्रेम प्रदान करें—तभी कल की होने वाली 'बहुएँ' यह संस्कार लेकर जा सकेंगी कि घर तो उसके पिताजी (ससुर) का ही है, वे ही हमें (मुझे) अपने घर ब्याहकर लाए हैं और पिता (ससुर) भी इसी मर्यादा का पालन करें कि इस बेटी को तो स्वयं चुन कर लाए हैं।

गुरुडम और डेरों से हारता तन्त्र

वैश्वीकृत समाज में आ रही अपार समृद्धि आदमी के भीतर की शान्ति को लील कर कहीं-न-कहीं उसे ऐसी बेचैनी दे रही है जिसके शमन के लिए वह आध्यात्मिकता की ओर उन्मुक्त हो बाबाओं, सन्तों, महन्तों की शरण में जाता है। पंच सितारा हाईटेक बाबाओं की बढ़ती 'जनसंख्या' का कारण एक यह भी है ही। कभी-कभी आश्चर्य होता है इन बाबाओं, श्री-श्रीयों की अकूत सम्पत्ति और वैभव को देखते हुए इनके बैठने—सुशोभित होने—के आसनों, सिंहासनों को ही देखकर किसी भी स्वर्ग के इन्द्र को ईर्ष्या होना अस्वाभाविक नहीं होगा। पर इस समय मेरी चिन्ता का कारण यह बन रहा है कि इतने बड़े लोकतन्त्र के विराट प्रशासन-तन्त्र को बाबाओं के गुरुडम के सम्मुख हारना क्यों पड़ रहा है। प्रशासन-तन्त्र क्यों इनके सामने इतना लाचार बन गया है कि कुछ न कर पाने की स्थिति में आकर स्थितियों का मूकद्रष्टा बनकर रह जाता है। एक बाबा की कोर्ट में पेशी बारह बार माँगी जा चुकी है जिसमें से वे कुल छः बार हाजिर हो पाए। पेशी से पहले प्रशासन को यह व्यवस्था करनी पड़ती है कि शहर की सुरक्षा-व्यवस्था को चाक-चौबन्द करने के लिए विभिन्न जिलों से इकट्ठे कर पाँच सौ से अधिक पुलिसकर्मी तैनात करने पड़ते हैं, जब बाबा पेशी के लिए नमूदार नहीं होते, धन्य उन्हें बचाने वाली कोर्ट और वकील व्यवस्था, तो यह पुलिसबल अपने-अपने स्थानों को वापिस लौटता है। इस पुलिसबल का एक बार की पेशी पर आनेवाला ख़र्चा कितना होता होगा, इसका अनुमान किया जा सकता है। ध्यान दीजिए उस तथ्य की ओर जब पंजाब की आतंकवादी स्थितियों से निपटाने के लिए केन्द्रीय सुरक्षाबलों की तैनाती का ख़र्चा केन्द्र सरकार ने पंजाब सरकार से माँगा था। तो क्या अब यह वाज़िब नहीं है कि कोर्ट में पेशी के समय लगाए गये पुलिसबल के खर्चे का भार डेरा प्रमुख ही उठाएँ? यदि सरकार उस व्यक्ति (देव-कोटि के व्यक्ति) से इस ख़र्च को न लेकर राजस्व पर ही यह भार लादना चाहती है तो यह उसकी बेचारगी नहीं तो क्या है? खर्चे से अलग प्रश्न एक और भी है—

बाबों को लेकर उनके अनुयायियों और दूसरे मत के अनुयायियों में जो मारकाट पिछले कुछ सालों से चली आ रही है और उसमें कितनी जानें गयी हैं—उसके बाद भी शान्ति भंग करने के आरोप में पुलिस ऐसे बाबाओं को गिरफ्तार क्यों नहीं कर सकती? केवल इस डर से कि दो राज्यों में अमन-शान्ति कायम नहीं रह पाएगी? किन्तु जो प्रशासनिक ख़र्चा इन भिड़ंतों को बचाने में प्रशासन को करना पड़ता है—पुलिसबल, केन्द्रीय सुरक्षाबल और स्थिति बिगड़ जाय तो सेना का मार्च, आदि, उस सबको कौन वहन करे? क्या प्रशासन/सरकार उसकी भरपाई का कुछ भी अंश इन धनाढ्य डेरों से नहीं वसूल सकती। देश का सामान्य-सा नागरिक यदि किसी प्रकार शान्ति-भंग करने की चेष्टा करे तो उसकी जगह सीख़चों के पीछे है, किन्तु बाबाओं को इस सबसे मुक्ति किस आधार पर दी जाती है? केवल इस आधार पर कि उनकी गिरफ़्तारी से भक्तों की सेना, रेला, सड़कों पर आकर उपद्रव करेगा? उसे दबाने की पूर्ण शक्ति-सामर्थ्य प्रशासनतन्त्र में है—जब लालकिले को 15 अगस्त जैसे अवसरों पर इस रूप में सुरक्षित बनाया जा सकता है कि चिड़िया भी पर न मार सके तो यह प्रशासकीय मशीनरी बाबाओं के भक्तों द्वारा शान्ति भंग करने के प्रयासों को दबाने के लिए क्यों इस्तेमाल नहीं की जा सकती। यह ख़र्चा तो दो-एक बार ही होगा, किन्तु अब तो हम देख रहे हैं कि कई-कई सालों से वर्ष में कई-कई बार प्रशासन को शान्ति बनाए रखने के लिए बाबाओं की फ़ौज को सँभालने का ख़र्चा उठाना पड़ता है। एक ही राज्य की प्रशासकीय मशीनरी को नहीं दो-दो राज्यों की मशीनरी को यह सब प्रबन्धन करना पड़ता है। बात को इससे जोड़ कर देखा जाना चाहिए कि यदि कोई सामान्य व्यक्ति ऐसा करे तो प्रशासनतन्त्र उसके खिलाफ़ क्या कार्रवाई करेगा। क्या दो-दो बच्चों की हत्या के आरोपी को शासन खुला छोड़ देगा, क्या किसी बलात्कारी को इतने लम्बे समय तक उन्मुक्त, खुला छोड़ा जा सकता है? जहाँ हत्या सिद्ध भी न हुई हो, केवल वहाँ से शव बरामद हुए हों—किसी आश्रम को सीलबन्द करने का यह आधार क्या काफी नहीं है? तहकीकात, जाँच आदि तो बाद में होती रहेगी, प्रथम दृष्टया कार्रवाई तो गिरफ्तारी की ही बनती है। उन्हें देश के सामान्य नागरिकों से अलग व्यवहार क्यों दिया जाता है? 'कानून सबके लिए बराबर है' का सनातन सिद्धान्त उसके लिए क्यों अपनी सारवत्ता खो देता है?

कहा जाता है कि इन डेरों आदि में गुप्त द्वार और गर्भगृह, गुफाएँ आदि भी बनी हैं। बिना नक़्शा पास कराए गये अवैध निर्माणों को गिराने का कार्य प्रायः हर नगर में कराया जा रहा है, मेरे नगर में आजकल बिना नक़्शा पास कराए किए गये निर्माणों को ध्वंस करने का नोटिस थमाए जाने का सिलसिला जोरों पर है, क्या इन धार्मिक संस्थाओं के आलीशान भवनों के निर्माण का नक़्शा नगर-प्रशासन

द्वारा पास किया गया है, यदि नहीं तो आज ये उन्मुक्तता से क्यों खड़े हुए हैं, समाज-विरोधी कृत्यों का अड्डा किस रूप में बने हुए हैं। प्रशासन कदाचित् कुछ करने की चाह भी रखता हो, किन्तु शाहे-वक्त (प्रान्तीय सरकार) उन्हें कुछ न करने की स्थिति में वोट की राजनीति के कारण, ला खड़ा कर देता है। समाचार-पत्रों में आता रहा है कि किस बाबा ने किस चुनाव में हवा को किसके पक्ष में मोड़ दिया था। राजनीतिक नेतृत्व प्रशासनतन्त्र को इंगिति दे देता है कि इस सन्दर्भ में 'धीरे चलो' (गो स्लो)।

प्रश्न इन बाबाओं, धर्माचार्यों, सन्तों-महन्तों की संस्थाओं के अकूत खज़ाने और अपार धन सम्पत्ति, भवनों आदि का भी है। इस देश में अदना-से नौकरीपेशा आदमी को आयकर विभाग शक और जाँच के घेरे में ले लेता है कि उसके पास यह 40-50 हज़ार की बैंक एंट्री कहाँ से आयी, छोटे-छोटे व्यापारी, बड़े से बड़े औद्योगिक घराने, बड़े-बड़े राजनेता आयकर के आय से अधिक सम्पत्ति के घेरे में आकर आयकर विभाग की पेशी-दर-पेशी भुगतते हैं, किन्तु आयकर विभाग इन धर्माधिकारियों की सम्पत्ति की जाँच या नियमन की व्यवस्था क्यों नहीं करता। यदि देश का कानून इस पक्ष से ढीला है तो उसमें संशोधन कर धर्म के ठेकेदारों को भी उसकी सीमा में लाना चाहिए। यह कोई छूट का आधार नहीं है कि इन सन्तों-महन्तों की इतनी-इतनी जनसंख्या अनुयायी है। इस कॉलम में यह विचारना अधिक समीचीन नहीं होगा कि कौन-सी जनता, कैसी-कैसी जनता, समाज के कौन-से वर्ग इन धर्माधिकारियों के अनुयायी हैं। केवल साक्ष्य से इसे देखा जा सकता है कि आप-हम किसी बाबा धर्माधिकारी की बनत को सूक्ष्म रूप से देखें कि वे चन्द वर्षों में किस प्रकार लोकप्रियता 'अर्जित' करते हैं, इस 'अर्जन' की क्या-क्या विधाएँ उनके पास हैं और वे इन्हें किस रूप में इस्तेमाल करते हैं।

स्वतन्त्रता दिवस : यह कैसा उत्सवी माहौल

आज़ादी का यह पर्व भी बीत चला, प्रत्येक वर्ष लगभग एक-सी रस्मों, कवायदों में ढला 15 अगस्त का स्वतन्त्रता दिवस राष्ट्र के वासियों में क्यों नहीं एक भावोद्रेक और उत्सव का उछाह जगा पाता? प्रत्येक वर्ष राष्ट्रीय पर्व चाहे वह स्वतन्त्रता दिवस हो या गणतन्त्र दिवस महज़ एक सरकारी अनुष्ठान बनकर रह गये हैं। ज्यों-ज्यों समय बीतता जा रहा है, आज़ादी और स्वयंभू सत्ता प्राप्ति के इन अवसरों पर जनता-जर्नादन की रुचि कम होती जा रही है। सरकारी संस्थानों, निजी संस्थाओं, आदि के कर्मचारियों-अधिकारियों के लिए यह दिन एक छुट्टी का दिन, सिर्फ़ एक छुट्टी का दिन, बनकर रह गया है। न भीतर से कोई उत्साह, न आयोजन में सम्मिलित होने के लिए तत्परता! स्वतन्त्रता-दिवस पर सरकारी कर्मचारियों की हर वर्ष निरन्तर घटती जा रही उपस्थिति से परेशान होकर कुछ समय पहले भारत सरकार के मुख्य सचिव को एक अधिसूचना केन्द्र सरकार के सभी विभागों और निकायों को जारी करनी पड़ी कि दिल्ली स्थित सभी सरकारी कर्मचारियों को लालकिले के ध्वजारोहण समारोह में अपनी उपस्थिति यकीनी बनानी होगी, इस अधिसूचना की उल्लंघना को गम्भीरता से लिया जाएगा। केन्द्र सरकर के कर्मचारी जो छुट्टी मनाने की योजनाएँ बनाए हुए थे, उनकी योजनाओं पर तुषारापात हो गया। अधिसूचना में यह भी निर्देशित किया गया कि जब तक प्रधानमन्त्री और उनका सरकारी परिवार लालकिले से विदा नहीं हो जाता, तब तक उनकी उपस्थिति वहाँ अनिवार्य रूप से रहेगी। प्रतिवर्ष सरकारी कर्मचारियों के लिए नियत स्थानों-कुर्सियों का अधिकाधिक खाली रहे चले आने का सिलसिला बढ़ता ही चला जा रहा था जिससे चिन्तित होकर केन्द्र सरकार के मुख्य सचिव को यह अधिसूचना जारी करनी पड़ी है। हो सकता है आगामी वर्षों में विभिन्न राज्य सरकारों के मुख्य सचिवों को भी ऐसी ही अधिसूचनाएँ जारी कर इन राष्ट्रीय महोत्सवों में सम्मिलित होने के लिए कर्मचारियों को अनुशासित करना पड़े। प्रश्न यह है कि यह स्थिति आयी ही क्यों? राष्ट्रीय पर्वों के प्रति उदासीनता जन-

जन में क्यों व्यापी? क्यों ये आयोजन केवल स्कूली बच्चों, एन.सी.सी. कैडेटों तथा विभिन्न सैन्यदलों की टुकड़ियों के लिए ही अनिवार्य बने चले आये, शेष जन-समाज की भागीदारी उनमें निरन्तर कम क्यों होती चली गयी। कहाँ चूक हुई हमसे, हमारे शिक्षा के योजनाकारों से, हमारे परिवारों से, राजनेताओं से कि आज़ादी के इतने वर्षों बाद स्वतन्त्रता दिवस के लिए हमारे मन में कोई उत्साह ही शेष न रहा। कहाँ गया आज़ादी की लड़ाई का वह जज़्बा जिसमें तिरंगे की शान को क़ायम रखने के लिए आज़ादी के दीवानों ने हँसते-हँसते प्राणों की बाजी लगाई थी? इन स्थितियों पर गम्भीरतापूर्वक विचार करते हुए, समय रहते कुछ कर लिया जाय तो वह एक महत्त्वपूर्ण कार्य होगा।

हमारा समाज एक उत्सव-धर्मी समाज है, ज़रा-ज़रा-सी बात और कारण के लिए उत्सव! यह अलग बात है कि उसके पीछे धार्मिक विश्वास और मान्यताएँ भी एक कारण हैं। उत्सव-त्योहार का उल्लास यहाँ दो ही रूपों में झलकता है, पहनने के लिए नये वस्त्र और घर में खाने के लिए रुचि अनुसार व्यंजन-पकवान-मिठाइयाँ, आदि। दोनों में ही बच्चों का उल्लास देखते बनता है। पर आज़ादी और गणतन्त्र दिवस उत्सवों, राष्ट्रीय पर्वों पर क्या हम अपने घरों में कुछ तीज-त्योहार जैसा माहौल बना पाते हैं? क्या खाने-पीने के लिए कुछ विशेष पकवान, आदि घरों में बनते हैं? या बच्चों को जिस प्रकार त्योहारों आदि पर कपड़े, आदि ('गिफ्ट') दिए जाते हैं उसी प्रकार इन राष्ट्रीय पर्वों पर क्यों नहीं दिए जाते हैं? हमारी नयी पीढ़ी को कैसे अहसास हो कि यह कोई पर्व है, राष्ट्रीय पर्व है!! पर्व और उत्सवों के लिए एक संस्कार और फिर उस पर्व का सारा सँभार बच्चों में घर-परिवार के स्तर पर ही जन्म लेता है। जब देश स्वतन्त्र हुआ तो निश्चय ही कुछ समय तक घर-परिवारों में भी इस दिन और गणतन्त्र दिवस पर उत्सव का माहौल रहता था। बचपन की धुँधली स्मृतियों में उस कमीज़ का रंग और धारियाँ आज भी याद हैं जो हमें 15 अगस्त, 1947 के दिन पहनने को मिली थी—खासतौर से सिलवाई गयी थी—स्कूल में दौनों में बँटी बर्फी और लड्डू अभी भी रस दे रहे हैं, पिता जी के कन्धों पर चढ़ 15 अगस्त की परेड देखने और शाम को राष्ट्रीय भावनाओं से भरे गीतों-कविताओं के बीच पिता जी के सारे दोस्तों द्वारा अँग्रेज़ी गुलामी के प्रतीक अपने हैटों की होली जलाने की याद, बाल-मन पर आज़ादी के चढ़े उत्साह से आज भी स्फूर्ति मिलती है। पर मैं या मेरी पीढ़ी अपने बच्चों को यह संस्कार नहीं दे पाए कि अन्य त्योहारों-उत्सवों की तरह स्वतन्त्रता दिवस और गणतन्त्र दिवस भी हमारे पर्व हैं। क्या इस दिन कुछ पतंगबाजी, काव्य-संगीत-गोष्ठियों का आयोजन राष्ट्रीयता की भावना का संचार नहीं करता! बहुत कम परिवार ऐसे रह गये हैं जहाँ टी.वी. पर लाल किले

से सीधा प्रसारण बच्चों द्वारा देखा जाता हो या गणतन्त्र दिवस की परेड को प्रति वर्ष देखा जाता हो। यदि कोई बुज़ुर्ग लालकिले पर हो रहे आयोजन, गणतन्त्र दिवस परेड को लगाकर बैठ भी जाता है, तो परिवार में कहीं-न-कहीं से कुछ ऐसे ही विरोधी स्वर उठते हैं, 'क्या लगाकर बैठ गये, सुबह-सुबह, जल्दी अपना काम, आदि निपटाकर नाश्ता आदि कर लो।' क्यों नहीं अनुष्ठान की तरह घर के सब सदस्य टी.वी. के सामने बैठकर इस राष्ट्रीय दिवस के आयोजनों को देखते? अब तो लगता है कि वक्त हाथ से निकल गया है। टी.वी. की अपसंस्कृति के पसारे में ऐसे राष्ट्रीय कार्यक्रम अपनी कुछ अहमियत बना पाएँगे, यह शंका का विषय है। टी.वी. चैनलों पर कुछ देशभक्तिपूर्ण, कुछ राष्ट्रीय स्वतन्त्रता-संग्राम के इतिहास पर आधारित, कुछ देश भक्तों के जीवन-चरित्र को लेकर धारावाहिकों की प्रस्तुति हुई। सब जानते हैं कि उनका क्या हश्र हुआ, उनकी टी.डी.पी. रेटिंग कितनी कम रही। इतने सशक्त जन-शिक्षण-माध्यम का भी उपयोग हम इस ओर नहीं कर पाए। श्याम बेनेगल जैसे समर्थ सिनेमा निर्माता नेहरू और सुभाषचन्द्र बोस की जीवनी को सैल्यूलाइड पर उतार कर भी अपनी तत्सम्बन्धी फिल्मों को अपेक्षित लोकप्रियता नहीं दिला पाए। सबके मूल में एक ही कारण कि हमारी राष्ट्रीयता की भावना इतनी लुप्त हो चली है कि रक्त में कोई उबाल ही नहीं आ पाता है। सिनेमा के परदे के माध्यम से राष्ट्रगान का प्रसारण करने का प्रयोग भी सरकार ने करके देख लिया। जब हर सिनेमा में फ़िल्म की समाप्ति के बाद 52 सेकेंड का राष्ट्रगान का प्रसारण होता था तो कोई भी उसे 'बर्दाश्त' नहीं करना चाहता था। फ़िल्म समाप्त हुई, न हुई—लोग अपनी सीटें छोड़ निकासी के दरवाज़ों की ओर भाग लेते थे—ये वे जन थे जो तीन-तीन घंटे बैठे हुए कितनी-कितनी ही देर तक साबुन, चॉकलेट, टूथपेस्ट और न जाने किस-किस अलाय-बलाय के लम्बे-लम्बे विज्ञापन झेलते थे, किन्तु 52 सेकेंड का समय राष्ट्रगान के लिए उनके पास नहीं था। इस सबमें एक सुखद स्थिति यह बनी कि 'वन्दे मातृम् (मातरम्) को लेकर ए.आर. रहमान आदि ने कुछ अच्छे प्रयोग अवश्य किए। जब महाभारत और रामायण के धारावाहिकों द्वारा जनता को मन्त्रमुग्ध और सम्मोहित किया जा सकता है तो देशभक्ति सम्बन्धी धारावाहिकों की भी ऐसी रोचक और उत्तेजक प्रस्तुति की जा सकती है जो नयी पीढ़ी को संस्कारित करे। आवश्यकता सिने जगत और टी.वी. जगत से जुड़े कलाकारों द्वारा चुनौती स्वीकार करने की है। प्रश्न उठता है कि इन धारावाहिकों या सिने-चित्रों को देखेगा कौन? प्रारम्भिक प्रयत्नों के रूप में इन्हें आवश्यक रूप में स्कूल-कॉलिजों में दिखाया जाना चाहिए। आज भी नयी पीढ़ी के नौजवान भगत सिंह, चन्द्रशेखर आज़ाद, सुभाषचन्द्र बोस आदि के जीवन, विचारों और साहित्य में रुचि रखते हैं। अभी प्रत्येक प्रान्त के शहीदों के विषय में कितनी कम जानकारियाँ हैं, दृश्य माध्यम का प्रयोग कर इस

नयी पीढ़ी को संस्कारित किया जा सकता है।

स्कूल-कॉलेजों में स्वतन्त्रता-दिवस और गणतन्त्र दिवस को लेकर जो स्थिति है, उस पर भी विचार करना समीचीन होगा। पहले तो कुछ वर्षों तक शिक्षा संस्थाओं में इन अवसरों पर कुछ आयोजन होते थे, झंडा फहराना, भाषण, परेड आदि। पर धीरे-धीरे वह समाप्तप्राय है। अब स्कूली बच्चों की सहभागिता इन आयोजनों में सबसे ज्यादा होती है—केवल इन आयोजनों में ही क्यों राजनेता के भाषण सुनने के लिए जुटाई जानेवाली भीड़ से लेकर एड्स दिवस, वन-महोत्सव दिवस आदि में, जहाँ और जब ज़रूरत हो सरकारी शिक्षण संस्थाओं से अनिवार्य रूप से बच्चे बुलवा लो, सड़कों पर नन्हें-मासूम हाथों में विभिन्न नारों की तख्तियाँ थमा दो। स्वतन्त्रता दिवस पर भी स्कूली बच्चे ही सबसे ज्यादा होते हैं—जब प्रधानमन्त्री भाषण दे रहे होते हैं तो ये बेचारे बिना जाने-समझे वहाँ ताली बजा देंगे जहाँ दूर खड़ी उनकी अध्यापिकाएँ उन्हें संकेत कर देंगी। बहुत देर से बैठे बच्चे जब उबासियाँ लेते हैं तो बड़ी दया आती है कि देश और दुनिया के कितने-कितने गहरे सवालों से जुड़े भारी-भरकम भाषण को उन्हें अपने कन्धों पर लादना होता है। बच्चों के लिए तो इन राष्ट्रीय पर्वों पर ऐसा कुछ आयोजन अलग से हो जिसमें बच्चे चहकें-महकें। कॉलिजों में एन.सी.सी. आदि से स्वतन्त्रता-दिवस पर कैडेट्स-विद्यार्थी-दल भेजना और भी दिक्कत-भरी कवायद होती है। पूरी जुलाई और अगस्त के प्रथम सप्ताह तक कॉलिजों में दाखिले होकर निपटते हैं—कहाँ से अगस्त के प्रथम सप्ताह में एन.एस.एस. या एन.सी.सी. के कैडेट भेजें जाएँ जो किसी केन्द्रीय स्थान पर जाकर परेड का पूर्वाभ्यास कर सकें—ये सारी स्थितियाँ छात्र समुदाय और अध्यापकों के लिए एक उबाऊ दायित्व बन जाती हैं, वे विवशता-सी में इन राष्ट्रीय पर्वों में अपनी उपस्थिति दर्ज करा पाते हैं।

राजनेता आज जो आदर्श हमारे सामने प्रस्तुत कर रहे हैं, उसकी चर्चा न ही की जाय तो बेहतर है। स्थानीय स्तर से लेकर प्रान्तीय और राष्ट्रीय स्तर तक के सभी नेताओं का चरित्र कमोबेश एक जैसा देखकर जनता का इनसे बहुत बड़ा मोहभंग हुआ है। अत: ध्वजारोहण कोई भी करे, लोग उसे सोत्साह सुनने नहीं जाते, किसी-न-किसी अनिवार्यता में बँधे हुए ही वहाँ जाते हैं। इन सब स्थितियों को देखते हुए क्या कुछ ऐसे पग नहीं उठाने चाहिए कि स्वतन्त्रता-दिवस, गणतन्त्र दिवस और राष्ट्रपिता महात्मा गाँधी का जन्म दिवस महज़ सरकारी आयोजन बनकर न रह जाय, जनता उनमें उल्लासपूर्वक सहभागिता करे। फिर किसी मुख्य सचिव को आवश्यकता नहीं पड़ेगी कि वह अधिसूचना जारी कर सरकारी कर्मचारियों की सहभागिता सुनिश्चित करे।

मौसम का पूर्वानुमान : हमें नहीं कुछ भान

मौसम विभाग द्वारा मौसम का पूर्वानुमान सभी मौसमों में प्रेस और टी.वी. माध्यमों द्वारा होता है। विशेषज्ञों द्वारा की जाने वाली मौसम की इन भविष्यवाणियों पर हमारा ध्यान विशेष रूप से बरसात के मौसम में जाता है जब गर्मी से चारों ओर त्राहि-त्राहि होने लगती है तो आशा कि किरण पाने के लिए मौसम-विशेषज्ञों के पूर्वानुमानों की ओर ध्यान जाता है। यूँ जन-सामान्य के मन ये पैठ गया है कि मौसम के ये पूर्वानुमान प्रायः ही गलत होते हैं। चुटकुला ही बन गया है कि जब ये लोग वर्षा की घोषण करें तो समझो सूखा रहेगा और जब ये सूखे की बात कहें तो जानो अवश्य ही वर्षा होगी। घर-पड़ोस में या कहीं गप्प-गोष्ठी में यह कहो कि टी.वी. पर बताया गया है कि अमुक दिन वर्षा होगी तो प्रायः कहीं सुनने को मिलता है कि 'इनकी भली चलाई, कभी ठीक निकला है इनका पूर्वानुमान!' इन पूर्वानुमानों की भाषा-बयानी पर भी गौर किया जाय तो लगेगा कि कैसे फूँक-फूँककर कदम रख रहे हैं बेचारे, कहीं कल को यह पूर्वानुमान गलत हो गया तो स्थिति इनके फँसने की न बने। इसलिए विभाग के निदेशक या किसी बड़े अधिकारी को—हो सकता है ('मे'), सम्भावना है ('माइट'), शायद आदि अँग्रेज़ी समतुल्य शब्दों से अपना काम चलाना होता है, मौसम विभाग के निदेशक टी.वी. चैनल पर बयान दे रहे थे, उसमें बार-बार 'सम्भव' है' (माइट, 'मे') 'हो सकता है' ('जस्ट पोसिबल') की पुनरावृत्ति बता रही थी कि उन्हें स्वयं अपनी बात की आश्वस्ति नहीं है। हमने इतने-इतने उपग्रह (सैट्लाइट्स) अन्तरिक्ष कक्षाओं में स्थापित किए और आश्वस्ति दी गयी कि अब मौसम के पूर्वानुमान में अधिक विश्वसनीयता बनाई जा सकेगी, किन्तु ऐसा हो नहीं पाया। उनकी घोषणाओं पर भी जन सामान्य को विश्वास नहीं आता कि 'ऐसी सर्दी पिछले 30, 50, 80, साल से नहीं पड़ी'। लोगों के बीच यही सुना जाता है 'ये तो हर साल ऐसी ही हाँकते रहते हैं, पिछले साल भी कुछ ऐसा ही कहा था—इनके आँकड़े स्वयं इन्हीं के खिलाफ़ जाते हैं।' बड़ा आश्चर्य होता है कि

जब इन सबके बरक्स विदेशों में मौसम का सही-सही, अत्यन्त वैज्ञानिक पूर्वानुमान टी.वी. चैनलों पर देखते हैं और काफी दिन पहले—एक सप्ताह पहले—आगामी सप्ताह का प्रत्येक दिन का तापमान, वर्षा-स्थिति आदि पूरी जानकारी दी जाती है और शत-प्रतिशत सही निकलती है।

पीछे आस्ट्रेलिया—मैलबॉर्न—में था तो वहाँ मौसम विभाग द्वारा घोषित पूर्वानुमानों की सत्यता देखने का मौका मिला। जब कभी हमारे आतिथेय अगले रविवार को कहीं बाहर जाने का कार्यक्रम बनाते, कहीं दूर जाने की चर्चा होती तो सबसे पहले उन सभी को यह कहने की आदत देखी कि क्या तापमान और कैसा मौसम होगा उस दिन, टी.वी. पर देखा क्या! प्रातः ही मैं नित्य मौसम का पूर्वानुमान देखता—पूरे एक सप्ताह का मौसम अनुमान मुख्य-मुख्य शहरों के आधार पर दिया जाता। जब उसी दिन का मौसम बताया जाता तो यह भी बताया जाता कि सबसे ज्यादा गर्मी और कितना तापमान दिन में कब रहेगा—जरूरी नहीं कि दोपहर 2-3 बजे ही तापमान सर्वाधिक हो, वह 4-5 बजे के बीच भी हो सकता है। जब घोषित समय पर तापमान उतना पहुँच जाता तो पुनः मौसम बताया जाता कि अब तापमान इतना पहुँच गया है। दोपहर बाद वर्षा बताई जाती तो यह भी बताया जाता कि आज ढाई-तीन बजे या अमुक समय सबसे ज्यादा वर्षा होगी। वहाँ लोग अपना बाहर जाने का सारा कार्यक्रम इन मौसम-घोषणाओं के आधार पर ही बनाते हैं। भयंकर गर्मी से 42 डिग्री से 46 डिग्री सेल्सियस तापमान पर वहाँ जंगलों में आग लग जाने की सम्भावना बढ़ जाती है, आग लग ही जाती है। आग तो लगनी ही है, इसको दृष्टि में रखते हुए वहाँ अनेक उपाय—अग्निशमन दलों की तैनाती, बाग़-बग़ीचों में 'बारबी क्यू' पर अग्नि न जलाने का दिन ('नो फायर डे') आदि घोषित कर दिए जाते हैं। वहाँ पिछली गर्मियों में अकेले विक्टोरिया प्रान्त में लगभग 160 जगह आग लगी और पशुधन के जान-माल की भारी क्षति हुई, किन्तु मौसम विभाग ने इन सबकी पूर्व-सूचना दे रखी थी। मौसम-विभाग के पूर्वानुमानों जैसा ही एक और काम वहाँ बड़ी मुस्तैदी से किया जाता है। वहाँ के दो मुख्य टी.वी. चैनल रोज़ प्रातः हैलीकॉप्टर में उड़ान भरते हुए, उसी के बीच से, यातायात-ट्रैफिक की स्थिति बताते हैं कि इस समय शहर में किस स्थल पर सबसे ज्यादा ट्रैफिक जाम है और घंटे या दो घंटे बाद वहाँ ट्रैफिक की क्या स्थिति रहेगी। टी.वी. चैनलों पर ही नहीं, जगह-जगह मुख्य सड़कों पर लगे स्तम्भों के अन्दर लगी लाइटों से सूचित होता रहता है कि मुख्य-मुख्य स्थानों, गन्तव्यों तक जाने में इस समय, जब ट्रैफिक की स्थिति यह है—कितना समय

लगेगा। इसमें सारी लालबत्तियों पर रुकने आदि में लगने वाले समय जगह-जगह के यातायात, अवरोध-ट्रैफिक-जाम आदि समय को भी शामिल कर लिया जाता। मैंने अनुभव करके देखा कि गन्तव्य स्थान तक जाने में जितना समय बताया गया, उतना ही समय लगता था। इस सब स्थिति को देखते हुए मैं आश्चर्यचकित था कि कैसा देश है, जहाँ इन्सान और समय का इतना अधिक महत्त्व समझा जाता है। हम मेधा और प्रतिभा में किसी से कम नहीं हैं, हमारे यहाँ के कम्प्यूटर-इंजीनियरों और सॉफ्टवेयर की धूम विश्व के अग्रणी राष्ट्रों में है, वहाँ हमारे नवयुवकों ने इस क्षेत्र में एक अलग पहचान बनाई है। हमारे उपग्रह-सैटलाइट भी अन्तरिक्ष कक्षाओं में कम नहीं हैं। फिर कमी कहाँ है, इसका उत्तरदायित्व सरकार के किसी भी संस्थान को तो लेना चाहिए ही। हम यह भी जानते हैं कि मानसून-आगमन की पूर्व घोषणाओं का हमारे शेयर बाज़ार के 'तापमान' (संवेदी सूचकांक) से कितना गहरा सम्बन्ध है, देश की अर्थ-व्यवस्था पर इसका प्रभाव पड़ता है। इसलिए इन घोषणाओं का सुनिश्चित, सही होना लाज़िमी है। हमारे मौसम पूर्वानुमानों की हालत कितनी बोदी है, एक पूर्वानुमान से वस्तु-स्थिति को समझा जा सकता है। कल कोलकाता के 'द टेलीग्राफ' में नगर परिशिष्ट में बड़े मोहक अन्दाज़ में मौसम का एक पूर्वानुमान घोषित किया गया कि सौरव गांगुली के विदेश जाने से पहले कोई सम्भावना नहीं कि ईडन गार्डेन में गर्मी और उमस से जूझते हुए अभ्यासरत गांगुली को कोई राहत मिले, शाम को समाचार-चैनलों पर मौसम विभाग के उन्हीं 'मे' 'माइट' 'पोसिब्लिटि' जैसे जुमलों में घोषित किया गया कि बंगाल की खाड़ी पर मानसून का दबाव कम हो गया है, इस कमज़ोरी की वजह से कुछ दिन अभी वर्षा और दूर है। टेलीग्राफ अखबार के ही इस पृष्ठ पर 'कुछ स्थानों' पर ही कहीं-कहीं बारिश की सम्भावना बताई गयी है। मज़ा यह है कि उसी रात लगभग 9.30-10 बजे कोलकाता में झमाझम पानी बरसा। क्या हमारे यहाँ ऐसा होना सम्भव नहीं है कि सम्भावनापूर्ण अनिश्चय वाली, बच-बचकर चलने वाली, घोषणाओं से अलग ऐसी घोषणाएँ हो सकें कि कोलकाता के पूर्वी-पश्चिमी या किसी और क्षेत्र की इन कॉलोनियों में 'वर्षा होगी'—पूर्णतया निश्चित शब्दावली हो, पूर्णतया निश्चित दायित्व हो उस विभाग के अनुभाग विशेष का कि वह अपने क्षेत्र का सुनिश्चित पूर्वानुमान दे सके। आख़िर यह शब्दावली कब तक चलेगी—'कुछ स्थानों पर सामान्य से लेकर भारी वर्षा की सम्भावना है'—'सामान्य भी' 'भारी भी'। क्या बढ़िया मज़ाक है! कभी-कभी इन घोषणाओं पर सिर धुनने को जी चाहता है—'कुछ स्थानों पर छींटे पड़ सकते हैं (नहीं पड़े तो

क्या कर लेंगे आप, हमने तो सम्भावना-मात्र जताई थी), एक साथ ही कह दिया जाता है 'हरियाणा, दिल्ली, पश्चिम उत्तर प्रदेश के कुछ इलाकों में कहीं-कहीं वर्षा होगी, कहीं भारी वर्षा भी हो सकती है। ऐसे अन्दाज़े फेंकने का काम तो पहले गाँव का किसान भी कर लेता था कि चन्दा के चारों ओर थाली आ गयी है, दो दिन में बारिश होगी। वैश्विक ग्राम-संस्कृति का अंग होते हुए भी हम अपने भारत नाम्ना ग्राम में विदेश की वह सही तकनीक नहीं ला सकते जिसके सहारे हमारे मौसम पूर्वानुमान 'सम्भावनापूर्ण शब्दावली' से हटकर 'सुनिश्चित शब्दावली' में सुनिश्चित स्थानों का सुनिश्चित मौसम पूर्वानुमान दे सकें।

पुलिस : औपनिवेशिक ढाँचे से मुक्ति का एक पग

दिल्ली आते-जाते करनाल से गुज़रते हुए प्रायः ही मधुवन के पुलिस प्रशिक्षण केन्द्र की ओर नज़र उठ जाती थी। एक-दो बार मन भी हुआ कि इस प्रशिक्षण संस्थान को देखा जाय, किन्तु आवाजाही में जो भागमभाग रहती थी, उस सबमें यहाँ रुकने का अवसर ही नहीं मिला। अबकी बार जाने का बानक इसलिए बना कि वहाँ के निदेशक आई.जी. विकास नारायण राय, जिनका साहित्य में भी अपना दख़ल और महत्त्वपूर्ण कार्य है, का आग्रह रहा कि मैं कभी आते-जाते वहाँ रुकूँ- कई गोष्ठियों में हुई मुलाक़ातों में जाने का यह दबाव मन पर बना। पुलिस प्रशिक्षण संस्थान एक काफी बड़ा शिक्षा-संस्थान है जिसमें न केवल पुलिस जवानों, अफसरों आदि को, अपितु न्यायपालिका से सम्बन्धित न्यायालय अधिकारियों आदि को अल्पावधि पाठ्यक्रमों मे शामिल किया जाता है। जैसे ही पुलिस प्रशिक्षण केन्द्र में दाख़िल होते हैं जगह-जगह 'संवेदी पुलिस' के नामपट्ट दिखाई देते हैं। मन में सवाल उठता है कि यह 'संवेदी पुलिस' क्या है? अवसर मिलते ही राय साहब से पूछूँगा। चाय प्रारम्भ होने से पूर्व ही एक अर्दलीनुमा व्यक्ति राय साहब को एक पुस्तिका लाकर देता है जिसका शीर्षक है 'पुलिस और नागरिक समाज संवेदी पुलिस से संवेदी समाज' पुस्तिका देखकर मैं चहक उठता हूँ, 'राय साहब, मैं पूछने ही वाला था कि यह 'संवेदी पुलिस' क्या है, जगह-जगह मैं इसके बोर्ड देख रहा हूँ। राय साहब बहुत सरलमना पुलिस अफसर हैं, मैंने उन्हें सदैव सामान्य नागरिक की वेशभूषा में देखा है, जितने सरल उतनी ही सामान्य-सी उनकी यह वेशभूषा—सिविलियन ड्रेस। वे उतनी ही सरलता से 'संवेदी पुलिस' का प्रकल्प बताने लगते हैं। उनकी दृढ़ धारणा है कि जब तक पुलिसतन्त्र अपने 'सामन्ती-औपनिवेशिक ढाँचे से पूर्ण छुटकारा' पाकर 'लोकतान्त्रिक नहीं बन जाता जब तक पुलिस समाज संवेदी' नहीं बन सकती। वे आगे बताते हैं कि वर्तमान में पुलिस की सामन्ती-औपनिवेशिक विरासत वाली मानसिकता है जिसकी जवाबदेही 'राज'

(प्रशासन और शाहे-वक्त) के प्रति है न कि 'नागरिकों के प्रति'। हमारा प्रयत्न है कि पुलिस बल किसी तरह इस मानसिकता से मुक्त हो अपनी समाज हितकारी भूमिका में आ सके। 'पुरोहिती, सामन्ती, औपनिवेशिक, सैनिक, तानाशाही, और यहाँ तक कि पिछड़े लोकतान्त्रिक शासनों में पुलिस की 'दमनकारी भूमिका' ही प्रमुख रहती है। इसे और अधिक क्रूर एवं दमनकारी रूप देने में ताज़ीराते हिन्द कानून ('इंडियन पीनल कोड') का बड़ा हाथ है जिसे सन् 1860 ई. में 'आयरिश पीनल कोड' की तर्ज़ पर बनाया गया था, इसमें वही साम्राज्यवादी मंसूबे पूर्ण कराने की क्षमता थी जो ब्रिटिश सरकार आयरिश जनता से चाहती थी। स्वतन्त्रता प्राप्ति के इतने वर्ष बीत जाने पर भी इस पीनल कोड को नागरिक संवेदी अथवा समाज संवेदी बनाने के विशेष प्रयत्न नहीं किए गये। राय साहब ने उपरि-उक्त पुस्तिका में न केवल उन प्राविधियों की चर्चा की है जो पुलिस को नागारिक-संवेदी, समाज संवेदी बना सकती हैं, अपितु अपने प्रशिक्षण संस्थान में वे जिस रूप में इस सबको व्यावहारिक रूप देते हैं उन सब गतिविधियों का भी परिचय सविस्तार दिया गया है। संवेदी पुलिस बनाने के लिए वे जिन मंचों का प्रयोग करते हैं, उनमें सर्वाधिक महत्त्वपूर्ण सांस्कृतिक मंच हैं—इसमें साहित्य, आत्मकथा, नाटक, फिल्म, नृत्य, संगीत, गायन, डायरी-लेखन, चित्रकला इत्यादि हैं। पुलिस के जवानों द्वारा '1857 : भारत का स्वतन्त्रता-संग्राम' नामक नाटक हरियाणा पुलिस की एक महत्त्वपूर्ण उपलब्धि है जिसकी विभिन्न नगरों में अनेक प्रस्तुतियाँ हुई हैं और इसे लगभग साढ़े तीन लाख लोग देख चुके हैं। इसके अतिरिक्त संवेदी पुलिस अनेक सांस्कृतिक कार्यक्रमों का भी आयोजन करती है। 'अपनी राष्ट्रीय विरासत से साक्षात्कार' जैसे कार्यक्रम भी जवानों के सांस्कृतिक संस्कार को विकसित करने में सहायक एक अत्यन्त महत्त्वपूर्ण पग हैं। यह संवेदी पुलिस एक और महत् कार्य कर रही है, अनेक पुस्तकों का प्रकाशन राय साहब के उद्यम से हुआ है जिसमें स्वदेश दीपक से लेकर अनामिका आदि की पुस्तकें तो हैं ही, एक उनकी सीरीज़ है 'प्रेमचन्द्र से दोस्ती', 'भगत सिंह से दोस्ती', 'अम्बेडकर से दोस्ती' आदि। यह दोस्ती केवल किताब के पन्नों तक ही सीमित नहीं है, जहाँ कहीं भी राय साहब गोष्ठियों में जाते हैं, वहीं इनकी पुस्तक-बस को जवान ले जाते हैं और सभा-स्थल पर उनका बुक-स्टॉल सज जाता है। जवानों के साथ आई.जी. रैंक का व्यक्ति स्वयं खड़ा होकर पुस्तकें बेच रहा हो, यह देखना एक अलग तरह का 'साहित्य-सुख' है। राय साहब इस मत से सहमत नहीं हैं कि हिन्दी में पाठक नहीं हैं, वे बार-बार कहते हैं, 'लोग पढ़ना तो चाहते हैं, खरीद कर पढ़ना चाहते हैं। जरूरत है उन तक पुस्तक पहुँचाने की और सही चीज़ पहुँचाने

की।' कानूनी सशक्तीकरण और सामाजिक जागरूकता भी पुलिस को समाज संवेदी बनाने में सहायक है, अपने प्रशिक्षण पाठ्यक्रमों में वे इसकी भी व्यवस्था करते हैं। पुलिस को समाज संवेदी बनाने का यह प्रकल्प यदि पूरा होता है तो निश्चय ही हमारे प्रशासनिक ढाँचे में एक बुनियादी बदलाव आ जाएगा, यह काम मुश्किल है, किन्तु विकास नारायण राय के नेतृत्व में हरियाणा पुलिस का यह प्रकल्प पूरे देश के लिए अनुकरणीय है—सभी राज्यों में पुलिस को संस्कारित करने का काम होना चाहिए, भले ही इसके परिणाम देर से आएँ किन्तु वे दूरगामी सिद्ध होंगे।

भाषा और साहित्य चिन्ता

पत्रकारिता का भाषा बोध

प्रथमत: हिन्दी के कुछ सर्वाधिक बिक्री के आँकड़ों वाले तथा अत्यन्त प्रतिष्ठित, समादृत समाचार-पत्रों के रविवारीय और सप्ताह के अन्य दिनों के परिशिष्टों (पुल-आउट्स) के कुछ शीर्षक द्रव्टव्य हैं:

1. 'SUNDAY लाइफ़' (दैनिक भास्कर)
इसमें अन्तर्वर्ती पृष्ठों पर कुछ शीर्षक (विभिन्न अंकों से) :
'वांटेड', 'हैपिली मैरिड विद चंडीगढ़'
'लक्ज़री बोले तो बी.एम. डब्ल्यू या मर्सिडीज़'
'लाइफ़-राउंड दी क्लॉक',

पिछले आवरण पृष्ठ पर फ़िल्मी ख़बरों को लिए शीर्षक-'टॉप ऐंड फ्लॉप', 'कॅमाई के साथ आउटिंग भी', ज्योतिष का पृष्ठ—'Star says', 'नॉलेज' Page के अन्तर्गत 'लेफ्ट हैंडर्स राइट वंडर्स', फैशन पृष्ठ पर 'स्टाइल—edge'.

2. 'SUNDAY आनन्द—(अमर उजाला)
X-जनरेशन (अमर उजाला)
स्पोर्ट्स प्लस (अमर उजाला)
कैरियर प्लस (अमर उजाला)
टीन वर्ल्ड (अमर उजाला)
फ़ोर्टी प्लस (अमर उजाला)

Junior आओ Smart बनें (अमर उजाला) (इसके मध्यवर्ती पृष्ठों में दो पृष्ठों के आधे से अधिक भाग पूरे-पूरे अँग्रेज़ी में 'जी K Quiz' के साथ

3. 'नयी राहें' परिशिष्ट के एक शीर्षक यथावत् रोमन में
ANIMAL WORLD-GREAT ELEPHANT
Be Creative & Innovative
व्हीस्पर कैंपेन ने लिया लिखित रूप 'राज्य भर' में किसानों ने ट्रेनें रोकीं

4. Hello Delhi (नवभारत टाइम्स)

5. वर्किंग मॉम की लाइफ़ लाइन (सहारा आजकल)

'अन्तर्वर्ती पृष्ठों पर कुछ शीर्षक 'ब्यूटी विद ब्रेन', 'फूड फ्लेवर्ड-ब्यूटी उत्पाद'

ये हमारी मातृभाषा हिन्दी के कुछ अखबारों के कुछ भाषा-नमूने हैं और आप तथा हम हैं कि इन्हें पहचान नहीं पा रहे हैं कि ये किस भाषा के अख़बार हैं। इन समाचार-पत्रों के इस भाषा-बोध और नीयत तथा उद्देश्य पर विचार करना समय की आवश्यकता है।

अब से कुछ समय पहले यह विश्वास क़ायम था कि समाचार-पत्र जिस भाषा का प्रयोग करते हैं वह चलित भाषा (क्वाइंड लैंग्वेज़) का मानकीकृत रूप है। भाषा को परिनिष्ठित रूप में ढालने के साथ-साथ पत्रकारिता भाषा के विकास, उसे नया-नया रूप-मुहावरों की गरिमा, शब्दों के विभिन्न प्रसंगों में विभिन्न रंग और ध्वनियाँ, शब्द-कौतुक द्वारा भाषा की नयी ऊर्जा सामर्थ्य-क्षमता प्रदान करने का महत्त्वपूर्ण कार्य करती है। कोशों में बन्दी लम्बे-लम्बे शब्दों को थोड़े ही समय में समाचार-पत्रों की भाषा ने नयी स्वतन्त्रता देकर उनका रूप ही बदल दिया, नयी धज दी, लाघव और मार्दव प्रदान कर आकर्षक बना दिया। कितना लम्बा था 'संसद सदस्य' इसे समाचार-पत्रों ने ही 'सांसद' बनाया, कितना अनगढ़-सा प्रयोग था— 'नगर परिषद् सदस्य' समाचार-पत्रों ने उसे 'पार्षद' किया। कितना अनुवाद-जीवी शब्द था 'उपकुलपति', समाचार-पत्रों ने उसे 'कुलपति' बनाया और 'चांसलर को 'कुलाधिपति'—ऐसे कितने ही उदाहरणों से यह सम्पुष्ट किया जा सकता है कि नये-नये शब्द गढ़कर कितने-कितने नये प्रयोगों से पत्रकारिता ने भाषा को समृद्धि प्रदान की है। यूँ ऐसे उदाहरण भी हैं जहाँ पत्रकारिता ने चूक की—अँग्रेज़ी पद-नामों आदि को सुविधापूर्वक नहीं बदला—रजिस्ट्रार' (विश्वविद्यालय सन्दर्भ में) का स्थानापन्न 'कुलसचिव' उन्होंने प्रायः प्रयुक्त नहीं किया। कुछ अनुवादजीवी शब्दों को यदि छोड़ दिया जाय तो भाषा की प्रभावी क्षमता देखते ही बनती है। अँग्रेज़ी के पास मारने के अर्थ में केवल 'किल्ड' है, किन्तु जब हिन्दी समाचार-पत्र 'दस आतंकवादी ढेर', या 'हलाक' कहते हैं तो समाचार का प्रभाव सीधे-सीधे पड़ता है। हिन्दी के ही समाचार-पत्र नहीं, अपितु प्रत्येक भाषा के पत्र भाषा के नये-नये प्रयोग कर भाषा की शक्ति में अभिवृद्धि कर रहे हैं। अँग्रेजी में कोई न्यूनता नहीं है, वहाँ यह काम भी मुस्तैदी से समाचार-पत्रों द्वारा हो रहा है। वहाँ नित्य नये प्रयोग, दूसरे कार्य-क्षेत्र के शब्दों को किसी दूसरे कार्य-क्षेत्र और सन्दर्भों में प्रयुक्त कर वहाँ शब्दों में जो नयी-नयी भंगिमाएँ, अर्थ-छवियाँ प्रदान की जाती हैं, वे देखते ही बनती हैं। नये-नये विशेषण बिल्कुल नये सन्दर्भों में जिस प्रकार वहाँ अपनी निर्मिति पाते हैं, उसे देखकर अपनी भाषा के अख़बारों की भूमिका नगण्य लगती है।

इधर पिछले 8-10 बरसों में ही कुछ समाचार-पत्रों ने अपने क्षेत्रीय संस्करण

प्रकाशित कर भारत-भर में छा जाने की मुहिम जिस रूप में छेड़ी है, उसे देखकर आश्चर्य होता है कि उन्होंने हिन्दी समाचार-पत्रों का कितना बड़ा पाठक-वर्ग तैयार किया है। एक-एक पत्र के कितने ही नगरों से संस्करण—दर-संस्करण निकालकर इन समाचार-पत्रों ने अपना बाज़ार बनाया है, करोड़-करोड़ की बिक्री वाले आँकड़े प्रस्तुत किए हैं। निश्चय ही इन अखबारों ने एक चुनौती स्वीकार की है कि इतने बड़े हिन्दी भाषी समाज में हिन्दी के अख़बार के पाठक/ग्राहक इतने कम क्यों हैं? इन्होंने अपनी बढ़ती बिक्री से यह सिद्ध किया है कि हिन्दी समाचार पत्र के पाठक भी इतनी बड़ी संख्या में मौजूद हैं। तरह-तरह की नयी इनामी योजनाओं और विपणन-नीति, बाज़ार-प्रबन्धन की नयी-नयी जुगतों ने हिन्दी समाचार-पत्रों का एक बड़ा पाठक वर्ग बनाया है। यह बहुत स्वस्थकर स्थिति है, किन्तु चिन्ता का विषय यह है कि ये समाचार-पत्र भ्रष्ट भाषा की होड़ा-होड़ी में कौन-सी भाषा हिन्दी समाज को दे रहे हैं या कहें इस हिन्दी-भाषी समाज की भाषा को किस ढब और चाल में ढाल रहे हैं? एक चिन्ताजनक बात यह भी है कि प्रादेशिक भाषा के अख़बारों में भी भाषा को प्रदूषित करने की होड़ा-होड़ी की संक्रामक बीमारी हिन्दी अख़बारों की तरह ही फैलती चली जा रही है। एक दिन यूँ ही पंजाबी का एक अखबार उठाया, उसके फिल्मी पृष्ठ पर पंजाबी में शीर्षक था 'हॉलीवुड सैलीब्रिटीज़'—फिर दो सिनेतारिकाओं के नाम, पर पूरी तरह अँग्रेज़ी-रोमन में। पता नहीं भाषा का कौन-सा आन्दोलन या शब्द शिल्पियों का कौन-सा विरोध इस आँधी को रोक पाने में समर्थ हो सकेगा! हो भी सकेगा या नहीं? शायद नहीं! फिर भी नक्कारखाने में तूती की आवाज उठती ही रहनी चाहिए, उतनी बुलन्दी से जितनी बुलन्दी से हम उठा सकें।

बड़ी रोचक बात यह है कि हम समाचार-पत्रों में अपनी भाषा का 'हिंग्लिशीकरण' और कहीं-कहीं पूरी तरह अँग्रेज़ीकरण उस समय कर रहे हैं जब अँग्रेज़ी के समाचार-पत्र अपनी भाषा में देसी तड़का लगाते हुए हिन्दी के शीर्षक जस-के-तस अपना रहे हैं। (इन पंक्तियों के लिखते समय) अँग्रेज़ी 'हिन्दुस्तान टाइम्स' चंडीगढ़ सामने है—उसमें 'फूड' के अन्तर्गत यह शीर्षक रोमन में है—'Kuchh Meeta ho Jaye' (कुछ मीठा हो जाय), इसी प्रकार 'Gyaika Gaayab' (गायिका गायब), इसी तरह इनके विज्ञापनों में 'Sale Dhamaka'-Bhari Chhoot', 'Banjaye life' जैसे अनेक प्रयोग देखे जा सकते हैं—इस सबका 'अर्थात्' यह बनता है कि विज्ञापन गुरु इस मन्त्र—'मंत्रा' (Mantra)—को मान चुके हैं कि यदि हिन्दी भाषी जनता में अपने उत्पाद की बिक्री बढ़ानी है तो अँग्रेज़ी में हिन्दी का 'तड़का' लगाना पड़ेगा जिससे उनके विज्ञापन एकदम प्रभावी और लोकप्रिय धुन की तरह आकर्षक, मोहक ('कैची') बन सकें। फिर समझ में नहीं आता कि हिन्दी समाचार-पत्रों के विपणन-नीति-निर्धारक अपने सम्पादकों को

निर्देशित कर भाषा का कौन-सा खेल रचना चाहते हैं। जब यह प्रक्रिया प्रारम्भ हुई तो इसकी पीड़ा का गहरा अहसास करते-कराते हुए मनोहरश्याम जोशी ने अपने खिलन्दड़ी अन्दाज़ में एक बहुत सशक्त कहानी 'हाय दिल्ली उर्फ एक दिल्लीसिके की वाह' (हंस, जून, 2002 ई.) लिखी जिसमें व्यंग्य को एक जबर्दस्त अस्त्र के रूप में प्रयोग कर हिन्दी पत्रकारिता को वर्तमान गर्त में डुबोने की स्थितियों का सार्थक प्रतिकार किया गया था। बताने की आवश्यकता नहीं है कि अपनी तेज़ प्रबन्धन-व्यवस्था, आकर्षक इनामी योजनाओं से लैस विज्ञापनी व्यवस्था ने इन समाचार-पत्रों की बिक्री को खूब चमकाया है। पर भाषा को इस प्रकार भ्रष्ट कर समाचार-पत्र की बिक्री बढ़ाने का यह तो कोई कारगर उपाय नहीं है। यह भी इन समाचार-पत्रों का मुग़ालता है कि बिक्री भाषा की इस नयी प्रयोग-दृष्टि से बढ़ रही है। बिक्री तो इन पत्रों के अधिकाधिक सनसनीखेज़, खोजी पत्रकारिता, के शगूफ़ों और आपके द्वारा प्रस्तुत सामग्री के कारण बढ़ रही है। इसी सब सामग्री को शालीन, संस्कारी और परिनिष्ठित भाषा में परोसकर देखिए—तब भी बिक्री उतनी ही रहेगी। यह भी कोई तर्क नहीं बनता कि हम भूमंडलीकरण के अन्य प्रभावों को भी तो आत्मसात कर रहे हैं, क्यों नहीं हम यह स्वीकार कर लेते कि भाषा का वैश्वीकरण ऐसे ही होगा। सब क्षेत्रों में समेकन (फ्यूज़न), रीमिक्स चल रहा है तो भाषा को भी यह समेकन, रीमिक्स स्वीकार करना होगा, यह बोदा तर्क है! मनोहरश्याम जोशी की उपरिलिखित कहानी में 'हिंग्लिश' के साथ-साथ एक और शब्द दिया गया है 'पन्हिंग्लिश' जिसका तात्पर्य हिन्दी पंजाबी इंगलिश है। इस सत्य की प्रतीति एक हिन्दी समाचार-पत्र के परिशिष्ट (पुल आउट) 'पंजाबियों दा टशन' से होती है।

समाचार-पत्र एक निष्ठा, सेवा भाव और उद्देश्य से निकाले जाते थे। स्वतन्त्रता आन्दोलन का इतिहास इसकी साक्षी देता है, किन्तु आज समाचार-पत्र, अधिकांश समाचार-पत्र एक उत्पाद के रूप में निकल रहे हैं। सांस्कृतिक मूल्य, राष्ट्र-निर्माण, भाषा और साहित्य की अभिवृद्धि जैसे आदर्श इनके लिए कोई अर्थ नहीं रखते—माल को बिकाऊ होना है। हाल के दिनों में किसी समाचार-पत्र के ये शीर्षक देखकर बहुत देर तक चित्त खिन्न रहा, सोचता कि यह कौन-सी भाषा ईज़ाद हो रही है—शीर्षकों के अन्तर्गत समाचार-भाषा का हाल कुछ ऐसा है : 'डीसीज़ और एसएसपीज़ हमारी ही नहीं सुनते' 'सीएम के साथ मामला उठाएँगे.....सिंह।' 'शीघ्र ही मुख्यमन्त्री के साथ चेयरमैनों की बैठक बुलाई जाएगी' जब आप समाचार के विस्तार में 'मुख्यमन्त्री लिखकर यह मान लेते हैं कि आपका पाठक 'मुख्यमन्त्री' स्वीकार कर लेगा, उसे भली प्रकार समझ लेगा तो आप शीर्षक में 'सीएम', 'पीएम' क्यों लिख रहे हैं? सवाल यह उठता है कि आप अख़बार किस भाषा में किस भाषा-वर्ग के लिए निकाल रहे हैं—हिन्दी का ही न! अँग्रेज़ी या 'हिंगलिश', 'पन्हिंग्लिश'

का तो नहीं। न ही यह सोचा जा सकता है कि हमारा अख़बार आमफहम भाषा का प्रयोग कर रहा है। यह तो अवाम को आमफहम भाषा के नाम पर वैचित्र्यपूर्ण भाषा परोसी जा रही है जिसे पचाने, आत्मसात् करने के लिए उसे विवश किया जा रहा है, भले ही वह उनके गले से नीचे उतरे या न उतरे। कुछ समय पहले प्राय: ही यह कहा जाता था कि 'आकाशवाणी समाचार हिन्दी में नहीं देती—समाचारों में हिन्दी देती है। हिन्दी में समाचार नहीं, समाचारों में हिन्दी।' चारों ओर अमेरिकीकरण का पसारा फैलता जा रहा है, अब हिन्दी का भी अमेरिकीकरण बिना किसी जरूरत, बिना किसी बाहरी दबाव के होड़ाहोड़ी में होता चला जा रहा है। ऊपर एक उदाहरण से स्पष्ट किया गया था कि इस संक्रामक रोग से अन्य भारतीय भाषाओं के अखबार भी संक्रमित हो रहे हैं। हिकारत की दृष्टि से देखते हुए 'समाचारों में हिन्दी' के जो अनेक-अनेक उपहास, चुटकुले ईजाद किए गये थे, अब उनके बरअक्स अख़बारों में परोसी गयी 'हिन्दी में अँग्रेज़ी' के कुछ हास्यास्पद नमूने देखिए : 'हैल्थ मन्त्र', 'कॅरिअर मन्त्र' जैसे शीर्षकों से समाचार-पत्रों के परिशिष्ट (पुल आउट्स) पहले ही आ रहे थे, किन्तु अब एक अख़बार ने 'Plus' (रोमन में) शीर्षक से अपना अन्तिम पृष्ठ निकाला है। हिन्दी अख़बारों में कुछ स्तम्भों के शीर्षक पूरी तरह अँग्रेज़ी में ही छपते हैं, यथा—'Dance with me,' 'Film work', 'Video Par Talwar', 'Filmi Rang', 'Himachal ki Sair', 'Romanchak Khel', 'Filmi Duniya', 'Western Colour', 'Bollywood', 'Good Luck', 'Punjabi Play', 'Fashion Trend Banda Bindas Hai'— ये सारे शीर्षक और लेख के प्रारम्भ में दिए गये शीर्षकों वाले सप्ताह के सभी दिनों के समाचार-पत्रों से दिए गये हैं। अब कुछ समाचार-पत्र नित्य या रविवार को Sms Funda छाप कर कुछ अँग्रेजी ई-मेलों से पाठकों को मालामाल कर रहे हैं। सोचा जाय कि इनमें कौन-सा शीर्षक ऐसा है जिसे देवनागरी लिपि या उसी रूप में हिन्दी में वह अर्थ-छवि न दी जा सकती हो। 'वेस्टर्न कलर्स' को 'पश्चिमी रंग' लिखने में क्या हर्ज़ है, इनकी कोई विशेष प्रभावान्विति पाठक पर पड़ती हो, ऐसा भी नहीं है। 'न्यूज़ ब्रीफ़', 'स्पोर्ट्स ब्रीफ़',—सहजता से हिन्दी में दिए जा सकते हैं। इन शीर्षकों से पता चलता है कि अखबार 'हिन्दी का है या हिन्दी में अँग्रेज़ी का।' अभी एक समाचार-पत्र के रविवारीय पन्नों के फिल्मी ख़बरनामे में शीर्षक है—'स्टार स्पीक'। कभी-कभी तो इस हिन्दी को पढ़कर सिर चकराने लगता है, "अंडर ट्रायल कैदियों की पहले से ही प्लानिंग थी कि पेशी के बाद बख़्शीखाने से भाग जाना है", "दलीप मर्डर केस की अगली सुनवाई", "32 प्राइमरी स्कूलों की बिल्डिंग कंस्ट्रक्शन के लिए", "लाइब्रेरी प्रशासन 2000 किताबों की संख्या को एक्जेक्ट फ़ीगर नहीं मानता" "वे एयरफोर्स को क्या बताकर हमले के लिए बुलाते", "ब्रिगेडियर ने वार के समय इस चोटी पर हमला भी किया था।" किस विवशता के तहत इन अँग्रेज़ी शब्दों का इस्तेमाल किया गया है? क्या

हिन्दी और हिन्दी समझने वाले इतने कंगाल हैं कि न तो उनके पास 'अंडर ट्रायल' के लिए शब्द है, न 'प्लानिंग' के लिए, न 'वार के लिए', न 'बिल्डिंग के लिए', न 'एक्ज़ेक्ट फीगर के लिए'। अख़बार को डर है कि इन शब्दों के लिए खूब-खूब प्रचलित हिन्दी शब्दों को जनता-जर्नादन समझ नहीं पाएगी, हाँ उन्हें यह विश्वास अवश्य है कि 'बख़्शीखाने' जैसे अल्पज्ञात शब्द को हर आदमी समझ लेगा!! मीडिया तरह-तरह से भूमंडलीकृत 'नियामतों' को जनमानस पर थोप रहा है, उसका सबसे मारक हथियार इस भाषा की ईज़ाद है : "मार्निंग अवर्स के एक ट्रैफिक को देखते हुए डिस्ट्रिक्ट एडमिनिस्ट्रेशन ने जो ट्रैफिक रूल्स अपने ढंग से इंप्लीमेंट करने के लिए जो जेनुइन एफर्ट्स किए हैं, वे रोड को ब्लाक कर देते हैं। इस प्राब्लम का इमीडिएट सोल्यूशन मस्ट है" (भोपाल के एक दैनिक से उद्धृत)। एक पत्र के सम्पादन से जुड़े एक वरिष्ठकर्मी से जब इस सम्बन्ध में बात हुई तो उन्होंने बड़े गर्वीले अन्दाज़ में कहा, 'अरे साहब, रिक्शावाला भी हमारा पत्र पढ़ रहा है और उसे यह भाषा रास आ रही है।' जो रिक्शावाला समाचार-पत्र पढ़ता है, वह इस भाषा के आकर्षण में बँधकर अख़बार नहीं खरीदता-वह तो खरीदने के बाद देखता है कि उसे कौन-सी भाषा परोसी गयी है। पत्र की भाषा नहीं, अपितु भीतर और ऊपर छा रही नग्न-अर्द्धनग्न तस्वीरें, भड़काऊ विज्ञापन (इस मुद्दे पर बात फिर कभी,) इनामी योजनाओं में बिखरता धन और अन्य आकर्षक वस्तुएँ—उसे 'सपनों का' अख़बार ख़रीदने की बाध्यता देते हैं। जहाँ अँग्रेज़ी के शब्द हिन्दी शब्दों से आसान और सहज दिखाई दें, वहाँ उनका प्रयोग बेहिचक किया जा सकता है—मसलन उत्तरी क्षेत्र के लोग 'विश्वविद्यालय' को कठिन पा रहे हैं और यूनिवर्सिटी को सरल तथा बहुप्रचलित तो 'यूनिवर्सिटी' के प्रयोग में कोई हिचक नहीं होनी चाहिए।

इस सन्दर्भ में हिन्दी के पुराने प्रतिष्ठित समाचार-पत्रों—'जनसत्ता', 'नवभारत टाइम्स', 'हिन्दुस्तान', 'दैनिक ट्रिब्यून', आदि तथा क्षेत्रीय समाचार-पत्रों—'सन्मार्ग' (कलकत्ता), 'प्रभात ख़बर', ('कलकत्ता'), 'देशबन्धु' (राँची, बिलासपुर), 'लोकमत' (नागपुर), पटना, भोपाल, इन्दौर आदि से निकलने वाले पुराने प्रतिष्ठित पत्रों ने अपनी भूमिका का निर्वहन भली प्रकार किया है। इनकी भाषा-नीति भूमंडलीकरण प्रभावों—'हिंग्लिश'—के व्यामोह में नहीं पड़ी है। जब ये अख़बार अपना प्रबुद्ध और जन-सामान्य पाठक वर्ग बनाकर चल सकते हैं तो तेज़ी से अपना वर्चस्व फैला रहे अख़बार क्यों नहीं अपने सांस्कृतिक कर्तव्य को ध्यान में रखकर भ्रष्ट भाषा की आँधी के प्रदूषण को रोक पाने में समर्थ हो पा रहे हैं? आवश्यकता केवल अपनी आँख खोलने और पत्रकारिता के कर्तव्य और निष्ठा के पालन की है।

समाचार-पत्रों में भाषा को लेकर जो उच्छृंखलता है, उसका एक उदाहरण वर्तनी सम्बन्धी लापरवाही से भी दिया जा सकता है। 'जागृत', 'जाग्रति', 'पूज्यनीय', 'अधिग्रहीत', संग्रहीत', 'प्रस्तुतिकरण', 'दृष्टव्य' जैसे प्रयोग तो वहाँ बेफ़िक्र

होकर इस्तेमाल किए जा रहे हैं। कभी किसी समाचार-पत्र के वरिष्ठ सम्पादक से जब कहा कि भई! 'अधिग्रहण' और 'अधिगृहीत' का अन्तर कीजिए तो उन्होंने पूर्ण विनम्रता से अपनी अनभिज्ञता बतायी— मुझे पता ही नहीं कि ऐसा है, मेरे सन्तोष का बिन्दु यह था कि उन्होंने मान तो ली अपनी अनभिज्ञता, अहं भाव से 'भिड़े' तो नहीं। प्रश्न यह है कि भाषा को बहता नीर के नाम पर क्या पूरा खुला छोड़ देना श्रेयस्कर है? जो लेखक चाहे उसका जैसा चाहे प्रयोग करें या उसके परिनिष्ठित और मानक रूप की भी कोई चिन्ता की जा सकती है।

इस सम्बन्ध में मुझे 'कल्पना' और उसके यशस्वी संस्थापक तथा सम्पादक बदरीविशाल पित्ती याद आ रहे हैं जिन्होंने पत्रिका के प्रारम्भिक वर्षों में भाषागत इस अव्यवस्था को देखते हुए अप्रैल, 1950, जून, 1950 और अगस्त-अक्टूबर, 1950 के अंकों में भाषा के मानकीकरण के सम्बन्ध में खुली चर्चा चलाई। फिर उन्होंने प्रायः दस वर्ष पश्चात् अपने सभी लेखकों को वर्तनी सम्बन्धी सुझाव देते हुए उन नियमों के संक्षिप्त-से हैंडबिलनुमा पत्रक जारी कर अनुरोध किया कि सभी लेखक इन नियमों को अपनाएँ और सभी से व्यापक रूप से इन्हें प्रचारित करने की उन्होंने प्रार्थना भी की।

आज जब हम समाचार-पत्रों, पत्रिकाओं में भाषागत अशुद्धियाँ देखते हैं तो पीड़ा तो होती ही है—यह बोध भी चिन्ता देता है कि आगे-आगे, समय बीतते ये प्रयोग ही मान्य हो जाएँगे। प्रतिष्ठित पत्रिकाओं के प्रबुद्ध सम्पादक भी वर्तनी की ओर ध्यान नहीं दे रहे हैं, जैसी रचना आती है उसको यथावत् मुद्रित करवा रहे हैं। यह भाषा के लिए एक चिन्ताजनक स्थिति है।

इधर पत्र-पत्रिकाओं में 'यह' और 'ये' को लेकर जो अव्यवस्था है उसकी ओर ध्यान दिलाना चाहेंगे। बिना उदाहरणों के बात स्पष्ट नहीं हो पाएगी और न हम इस समस्या की विकटता से परिचित हो पाएँगे। मेरा विनम्र आग्रह इतना है कि इसे 'दोष-दर्शन' के रूप में न लिया जाय—मैं एक समस्या से रू-ब-रू कराना चाहता हूँ। जो ज्यादा प्रतिष्ठित पत्रिकाएँ और बहुत अधिक सजग लेखक नहीं हैं, उनसे तो ज्यादा उम्मीद भी नहीं जगती। मगर हमारी अपेक्षा है प्रतिष्ठित पत्रिकाओं और लेखकों से है कि वे इस दिशा में भाषा के परिनिष्ठित रूप का ही प्रयोग करेंगे। 'हंस' के महत्त्व के विषय में कुछ कहने की आवश्यकता नहीं है-अभिनव ओझा के सुझावों के बावजूद वहाँ भाषा की ओर खास ध्यान नहीं दिया जाता है। 'हंस' के 2005 अप्रैल अंक में मनीषा की टिप्पणी के कुछ वाक्यांश द्रष्टव्य हैं "...उपन्यास है कॉलगर्ल जिसे बहुत चर्चा मिली, ये चर्चा नाम और विषय को लेकर नहीं थी।' ये साहित्यकार (एकवचन) ही नहीं, एक महान सम्पादक व ज्ञानी सज्जन भी हैं।' अब ये भी न कहिए कि ये सब पश्चिम के चोंचले हैं।" स्वतः स्पष्ट है कि लेखिका को तनिक भी स्पष्ट नहीं है कि 'यह'

और 'ये' में कोई अन्तर भी है।

'तद्भव' हिन्दी की प्रतिष्ठा प्राप्त पत्रिका है और इसके सम्पादक अखिलेश महत्त्वपूर्ण कथाकार। कुछ ही समय में पत्रिका ने अपनी गौरवपूर्ण स्थिति बना ली है। इसकी 'स्टार' लेखिका नीलाक्षी सिंह, जिसकी 'एक था बुझवन'.....कहानी पुरस्कृत भी हुई, की भाषा के कुछ उदारहण (तद्भव-6) द्रष्टव्य हैं: 'इसका कारण ये कि अपने बनाए घरों के.....', 'सबसे दिलचस्प ये कि किसन अन्तिम सीन....', 'ये औरत सब कुछ'....'पहली ख़बर ये कि ठाकुर...','दूसरी ये कि बेटवन....', 'ये पहला ठेका', 'ये भी अजब था'—ऐसे उदाहरणों से भाषा भरी पड़ी है, 'बमुश्किल', 'प्रमाणिक'—जैसे और भी अशुद्ध प्रयोग हैं। पर फिलहाल बात 'यह' और 'ये' पर केन्द्रित है। क्या कहानी-पुरस्कार में भाषागत अव्यवस्था का किंचित् भी दबाव नहीं है? बोलचाल में, जहाँ पात्र की बात उसके मुख से ही कहलाई जाय, शायद 'यह' की जगह 'ये' का औचित्य बन भी जाय, मगर लेखकीय कथन में यह स्वीकार्य नहीं हो सकता। 'वागर्थ' की भाषा काफी स्तरीय रही है, अशुद्धियों के लिए वहाँ कम ही जगह है, लेकिन कभी-कभी लेखकों की इस त्रुटि का निराकरण वहाँ भी नहीं हो पाता है, यथा—'वागर्थ-19' में योगेश अटल के लेख में कई जगह 'ये' का घपला हुआ है। 'अक्षर पर्व' में ललित सुरजन का सम्पादकीय पढ़ने लायक होता है, पर उसमें प्राय: 'यह' की जगह 'ये' का ही इस्तेमाल होता है।

प्रतिष्ठित लेखकों में भी 'यह' और 'ये' की यह असावधानी बहुत खलती है। केवल कुछ कृतियों से एक-दो उदाहरण दिए जा रहे हैं—'ये दीन-हीनता झटक, उतार फेंक केंचुल' (आवां, पृ. 55), 'ये पैसा कई तरह से कमाया जाता' (हिडिंब, पृ. 63), 'ये क्या कि लड़के को ही सब कुछ....' (मुझे बाहर निकालो, पृ. 21) आदि। इन उदाहरणों से स्वत: स्पष्ट है कि 'यह' को 'ये' लिखने की बीमारी कितनी संक्रामक रूप ग्रहण कर रही है। कुछ लेखक जो हिन्दी में लिखते हुए भी उर्दू बहुल या कहें अरबी-फ़ारसी की तत्सम शब्दावली से भरपूर भाषा का प्रयोग कर रहे हैं, उनमें तो 'ये' का प्रयोग धड़ल्ले से हो रहा है। हबीब तनवीर के हालिया प्रकाशित नाटक 'एक थी हिपेशिया' इसका एक उदाहरण है। 'यह' एकवचन और 'ये' बहुवचन और आदरवाची के रूप में ही प्रस्तुत होने चाहिए।

आवश्यकता इस बात की है कि पत्रकारिता में बैठे लोग सावधानीपूर्वक भाषा का प्रयोग करें, अपने अध्ययन के आधार पर भाषा के परिनिष्ठित रूप का अधिग्रहण कर उसे सजाएँ-सँवारें, उसका संवर्द्धन करें। इसमें सन्देह नहीं कि भाषा में युगानुरूप परिवर्तन घटित होंगे ही, किन्तु उन्हें भाषा विशेष की प्रकृति के अनुरूप ही होना होगा, वे उसमें सुपाच्य बन जाएँ, उसकी स्वरूप-विकृति का कारण न बनें!

मीडिया : ख़बर संस्कृति

ख़बरों में सबसे आगे, रखे हर पल की ख़बर, पल-पल की ख़बर, जहाँ न पहुँचे रवि, पहुँचे हमारा चैनल, अरे इतनी तेज़ ख़बरों वाला चैनल.....आदि-आदि के लोक-लुभावन नारों और प्रतिबद्धताओं के साथ ख़बरें परोसने वाले चैनलों के समाचार-चयन, समाचारों में प्रमुखता-क्रम और प्रस्तुति के विवेक पर किसे झुँझलाहट नहीं होती है। कभी तरस आता है, और फिर भूल जाते हैं कि इन समाचार चैनलों की ख़बर संस्कृति तो ऐसी ही रहनी है। किन्तु फिर दस-पाँच दिनों में फिर वही बात देखने में आती है तो एक लाचार, क्रोध और झुँझलाहट का भाव उभरता है। टी.वी. समाचार प्रस्तुति भी एक प्रकार की पत्रकारिता ही है, इसलिए इसे पत्रकारिता के समान एक जिम्मेदार पेशा समझा जाना चाहिए। समाचार पत्र न केवल जनतन्त्र का चौथा स्तम्भ हैं, बल्कि उन्हें अपने पाठक वर्ग को संस्कारित करने का दायित्व भी निभाना चाहिए। टी.वी. पत्रकारिता को भी इसी रूप में इस चौथे स्तम्भ को और अधिक सुदृढ़ रूप प्रदान करना चाहिए या स्वयं एक अतिरिक्त स्तम्भ के रूप में खड़े हो जनता के बीच स्थापित होना चाहिए। अब जरा चैनलों की हकीक़त देखिए। संज़ीदगी से उनका वास्ता नहीं दिखता। प्राय: सारे समाचार चैनल बलात्कार, अपहरण, हत्या व अन्य समाचारों को इस प्रकार प्रसारित कर रहे हैं, मानो यही समाज की मुख्य समस्याएँ हैं। किसी भी दिन कोई समाचार चैनल खोल कर देख लीजिए। प्रमुखता से इन समाचारों का सुविस्तृत प्रसारण होता है। एक प्रमुख समाचार चैनल पर दिल्ली के निकटस्थ एक लड़की के घर से भागने और लड़के के अपहरण के इल्ज़ाम का दोष मढ़ने का समाचार बहुत विस्तार से पहली ख़बर के रूप में दिया जाता है, दूसरे नम्बर पर एक मन्त्री की रिश्वतखोरी का समाचार है। ईद की पूर्व सन्ध्या के उत्सवी माहौल की ख़बर उनके लिए कोई ख़बर जैसा महत्त्व नहीं रख पाती है। तुर्रा यह है कि यह पहली ख़बर जो लड़की के घर से भागने की दी गयी, उसके नीचे समाचारों में अँग्रेज़ी में 'टाप स्टोरीज़' शीर्षक दिया गया—गोया हिन्दुस्तान में सबसे अहम ख़बर इस

लड़की के भागने की ही हो। बिग बी बच्चन का परिवार रात दो बजे नंगे पैरों मन्दिर गया, यह समाचार किधर से बना? माना वे एक चर्चित और प्रतिष्ठित हस्ती हैं, किन्तु यह तो उनकी व्यक्तिगत आस्था का मामला है। अभिजन (सलेब्रेटीज़) का व्यक्तिगत क्यों इस रूप में उघाड़ा जाय, यह एक नैतिक औचित्य का भी प्रश्न है।

अनेक समाचार-चैनलों पर यह स्थिति कमोबेश नित्य ही देखी जा सकती है। मॉरिशस के प्रधानमन्त्री की त्रिदिवसीय भारत-यात्रा प्रारम्भ होने वाली है—एक चैनल तो यह ख़बर देता है, किन्तु किसी चैनल के लिए 'टॉप स्टोरी' लड़की के घर से भागने की ही बन पाती है। पिछले दो-चार माह और निकट अतीत की महत्त्वपूर्ण घटनाओं के समाचारों पर यदि ग़ौर किया जाय तो यह सहज ही जाना जा सकता है कि समाचार-चैनलों ने अत्यन्त महत्त्वपूर्ण समाचारों की अनदेखी कर गौण घटनाओं-समाचारों को प्रमुखता से प्रसारित किया, सनसनीखेज़ चौंकाने वाली घटनाओं को अपने प्रसारण के केन्द्र में रखा। चैनलों को ख़बर-सी ख़बर नहीं चाहिए एक सनसनी चाहिए। अमेरिका की वर्जिनिया यूनिवर्सिटी में एक छात्र द्वारा 32 व्यक्तियों, जिनमें एक भारतीय प्रोफ़ेसर भी शामिल था कि हत्या की ख़बर पर चैनल देर से जागे, क्योंकि अभी वे एक 'राष्ट्रीय ब्याह' में मग्न थे। पंजाब, हरियाणा में असमय हुई वर्षा ने छोटे किसानों पर जो क़हर ढाया, मंडियों में 10-12 इंच पानी में गेहूँ की बोरियाँ डूबी रहीं—यह घटना किसी भी चैनल के लिए ख़बर का महत्त्व नहीं रख पाई। टी.वी. के भीतर के ही लोगों, पुण्य प्रसून वाजपेयी, अभय मिश्र, आदि ने अपनी कई-कई टिप्पणियों में यह खुलासा किया है कि ख़बर को सनसनीखेज बनाने और टी.आर.पी. बढ़ाने के लिए टी.वी. संवाददाता किस अमानवीयता और घृणास्पद ढंग से ख़बरों का 'निर्माण' करते हैं, दिल्ली के मंडावली इलाके की पीड़ित महिला को किस प्रकार उसके घर से बाहर निकालकर मुहल्ले की महिलाओं से पिटवाने का अमानवीय कृत्य कर घटना को सनसनीखेज़ बनाया गया। बनारस में अपनी छोटी दुकानों को हटाने का विरोध कर रहे विकलांगों में से एक को टी.वी. पत्रकार ने उकसा कर आत्म-दाह के लिए प्रेरित किया कि प्रशासन पर दबाव तभी बनेगा। पटियाला में आत्म-दाह से बचने की कोशिश करते व्यक्ति को भी इसी प्रकार टी.वी. मीडियाकर्मियों ने ख़ुद तेल डालकर माचिस पकड़ा दी थी, उसे बचाया नहीं जा सका। सनसनीखेज़ पत्रकारिता का यह कितना घिनौना रूप है।

सवाल यह है कि जब अच्छे समाचार-पत्र समाचार-प्रस्तुति के इस दायित्व को भली प्रकार निभा रहे हैं तो इतना सशक्त दृश्य माध्यम यह दायित्व निभाने में चूक क्यों रहा है? जो समाचार चैनलों पर नहीं आ पाते हम उन्हें अख़बारों

से ही जान पाते हैं। अमृता प्रीतम के देहावसान की ख़बर अखबारों में थोड़ी उपेक्षित रही तो चैनलों ने इसे मामूली ही माना। यह समाचार बिल्कुल ही नदारद था—केवल किसी एक चैनल पर फुटेज-पट्टी के समाचारों में एक ही वाक्य में उनके निधन की सूचना सरकाई जा रही थी। उसी दिन किसी विश्व सुन्दरी के जन्मदिन पर एक चैनल ने आधे घंटे से अधिक का समय देकर उनकी पूरी उपलब्धियों का बख़ान किया। शाहरुख खान के जन्मदिन पर भी एक चैनल ने 15-20 मिनट का समाचार उनके इंटरव्यू समेत अमेरिका से दिया। देश-विदेश के अनेक पुरस्कारों से अलंकृत अमृता प्रीतम का इतना सौभाग्य भी नहीं था कि उन्हें इन टी.वी. चैनलों पर प्रतिष्ठापूर्वक श्रद्धांजलि दी जाती या उनके स्वर्गवास का समाचार समादृत रूप से प्रसारित कर दिया जाता। साहित्य और संस्कृति से सम्बन्धित कोई ख़बर यदि विस्तार से कोई चैनल देता है तो उसमें कुछ यौन का सनसनीखेज़ मसाला हो।

जिस टी.वी. चैनल ने अमृता प्रीतम का समाचार नहीं दिया, उसी ने केरल की यौनकर्मी महिला की आत्मकथा के प्रकाशन और 10 दिन में उसके छः संस्करण बिक जाने पर पौन घंटे से अधिक का कार्यक्रम देकर न केवल उनका साक्षात्कार प्रसारित किया, कुछ प्रसिद्ध साहित्यकारों और फिल्मी जगत की मान्य हस्तियों की प्रतिक्रियाओं का कार्यक्रम प्रसारित किया। निर्मल वर्मा के निधन की ख़बर अवश्य कुछ चैनलों ने प्रसारित की थी, किन्तु क्या इन हस्तियों के लिए उतना समय मिला? हिन्दी और भारतीय भाषाओं के साहित्यकारों के निधन आदि के समाचारों की बात छोड़ दीजिए, राष्ट्रभाषा हिन्दी के प्रति भी कोई राष्ट्रीय गौरव का भाव इन समाचार चैनलों में नहीं है। भले ही कुछ समाचार-चैनलों का स्वामित्व विदेशी बड़ी व्यावसायिक हस्तियों का हो, किन्तु वे चैनल तो हमारे देश में ही चला रहे हैं। इनके स्थानीय आक़ा और समाचार-सम्पादक तो भारतीय ही हैं, राष्ट्रभाषा और राष्ट्र के प्रति उनका कुछ दायित्व तो बनता ही है।

भाषा का शील

जब किसी टी.वी चैनल पर परिचर्चा में भाग लेती 22-24 वर्ष की युवा पत्रकार या कार्यक्रम समन्वयक (एंकर) अपने से प्रायः तिगुनी अवस्था वाले बुज़ुर्ग को उसका प्रथम नाम—प्रभु, इन्दर, प्रणव, राजदीप या ऐसे ही किसी उम्रदराज़ व्यक्ति को फटाक से उसके प्रथम नाम से सम्बोधित करती है, चुनावों के पूर्वानुमानों या परिणामों के विश्लेषण के समय भी देखा जा सकता है कि कोई युवा टी.वी. पत्रकार अपने से बहुत बड़े व्यक्ति को प्रथम नाम से ही सम्बोधित कर रहा है, समाचार-प्रसारण के समय भी किसी चैनल के एक केन्द्र पर स्थित समाचार-वाचक को दूसरे केन्द्र पर स्थित संवादादता, भले ही उसकी आयु कितनी ही कम क्यों न हो, जब प्रथम नाम से सम्बोधित कर बातचीत का सिलसिला आगे बढ़ाता है तो मेरे भीतर 'टन्न्'-सा कुछ बजता है, भीतर का बहुत कुछ टूटता और लहूलुहान होता है। सोचता हूँ क्या हो गया हमारे देश को कि इसमें हमारी सांस्कृतिक परम्परा में मौजूद रीतियों, शिष्टाचारों, शील को निरन्तर ग्रहण लगता जा रहा है। भले ही हम अँग्रेज़ी का प्रयोग कर रहे हों, कर तो अपने ही देश में रहे हैं। हमारे यहाँ भाषा का शील यह रहा है कि बातचीत, अभिवादन और व्यक्ति की अनुपस्थिति में उसके उल्लेख में भी एक आदरसूचक सम्बोधन की अभिव्यक्ति रही है। जहाँ अँग्रेज़ी में बड़े-छोटे के लिए एक ही अन्य पुरुष-'ही'—से काम चला लिया जाता है, हमारे यहाँ छोटे के लिए 'वह' (गया) और बड़े के लिए 'वे' (गये) का प्रयोग है। प्रातःकालीन अभिवादन में जहाँ केवल वहाँ 'अच्छी सुबह, शाम' ('गुड मॉर्निंग', 'गुड इवनिंग') हैं, वहाँ हमारे यहाँ नमन है ('नमस्ते', 'नमस्कार', 'प्रणाम', आदि में)। भाषा-संसार को भी वैश्वीकरण इस रूप में प्रभावित करेगा, हम अँग्रेजियत में इस तरह सराबोर हो जाएँगे, किसी ने सोचा भी न होगा। निश्चित रूप से यह प्रभाव हमारी उत्तर-आधुनिक जीवन-शैली का अंग बन कर आया है। कहा जाता है, सुना जाता है कि जो व्यवसाय-जगत है, कारपोरेट वर्ल्ड, उनमें कार्य-संस्कृति ऐसी ही बन चुकी है कि बड़े

से बड़े अफ़सर या मालिक को भी नये से नया लड़का प्रथम नाम से सम्बोधित करता है तो बड़ा आश्चर्य होता है। 13-14 वर्ष पूर्व जब मेरे चिंरजीव ने एक प्रतिष्ठित ट्रैक्टर कम्पनी में बतौर प्रोडक्शन इंजीनियर कार्य प्रारम्भ किया और किसी सन्दर्भ में उसने बताया कि जब कभी कम्पनी के मालिक से कोई विचार-विमर्श करना होता है तो वह इसी तरह बातें करते हैं—'विक्रम, यह बात ऐसे होगी।' मेरा तर्क था कि यह बात तो बहुत ग़लत है—लोग कुछ भी कहें, तुम्हें तो अपनी भाषा या शिष्टाचारवश 'सर' का सम्बोधन देना चाहिए। उसका उत्तर था कि मैं ऐसा करूँगा तो उन सबके बीच मैं 'पिछड़ा' (बैकवर्ड) समझा जाऊँगा। यह उदाहरण इस बात की सम्पुष्टि के लिए दिया गया है कि व्यवसाय-जगत में कदाचित् यह आम बात हो चली है कि छोटे भी बड़ों को प्रथम नाम से सम्बोधित करते हैं। इसमें तर्क यह भी दिया जाता है कि हम व्यापार में एक टीम-भावना से काम करते हैं, जहाँ सब समान हैं—सब अपने-अपने काम में माहिर हैं। कभी-कभी यह तर्क भी सुना है कि यह सब 'हिन्दीवालों' को ही बुरा, अटपटा (ऑकवर्ड) लगता है, वरना कौन इधर ध्यान देता है। काम से मतलब है, काम—बढ़िया मुनाफा—से तात्पर्य है। इस क्रूर समय में हर चीज़ को धन के मानक में मापा जा रहा है, फिर क्या फर्क पड़ता है कि आप किसको किस सम्बोधन से बुला रहे हैं।

पहले यह माना जाता था कि साम्राज्यवादी मनोवृत्ति और जीवन-शैली सबसे अधिक सेना में है जहाँ अभी भी अधिकांशतः अँग्रेज़ फौज के नवाचार, शिष्टाचार-नय (कोड ऑव कंडक्ट) का पालन यथावत् होता जा रहा है। किसी भी फौजी अफ़सर के 'बँगले' (यही शब्द प्रचलन में है वहाँ) में चले जाइए, घुसते ही अँग्रेज़ी तौर-तरीकों का परिचय मिल जाएगा—'मेम साहब को बताओ, अमुक आये हैं।' वे अपनी पत्नी को दिन में जाने कितनी बार मेम साहब कहते-कहलवाते हैं। किन्तु वहाँ भी इसका प्रचलन अभी बाकी हैं कि प्रथम नाम से केवल वरिष्ठ अधिकारी ही कनिष्ठ अधिकारी को सम्बोधित कर सकते हैं, इसलिए यह बात तो निरस्त हो जाती है कि यह अंगरेज़ियत या अँग्रेज़ों की परम्परा-ब्रिटिश लीगेसी है। लगता है यह वैश्वीकरण के नाम पर हो रहे अमेरिकीकरण का ही एक रूप है। मुझे इसमें सबसे बड़ा ख़तरा यह नज़र आ रहा है कि टीवी चैनलों, व्यवसाय-जगत, आदि से चलकर यह 'शिष्टाचार' हमारे सामान्य जन के जीवन में प्रविष्टि न पा जाय। अब तक होता यही आ रहा है कि जिस चीज़ को टी.वी. ने अपनाया-दिखाया, वह इस देश की जनता के जीवन में उतर आयी, वेशभूषा, आभूषण, त्योहार या घरेलू-पारिवारिक उत्सव मनाने के ढंग, हम सभी चीज़ें बड़ी तेजी से वहीं से आयत्त कर रहे हैं।

जनसंचार माध्यमों, मीडिया की कार्य-प्रणाली आदि पर कितनी ही गोष्ठियाँ आयोजित होती हैं—यदि कम हो रही हैं तो और अधिक होनी चाहिए। वहाँ, चर्चा-विमर्श का विषय कभी यह भी होना चाहिए कि मीडिया किस रूप में भाषा को एक भ्रष्ट रूप दे रहा है। इस भ्रष्टता के कई रूप भाषा में प्रविष्टि पा रहे हैं, किन्तु फिलहाल हमारा मन्तव्य यह देखना है कि किस प्रकार भाषा में सम्बोधन, आदि में उस शील को रक्षित किया जा सकता है जिस पर हमें गर्व रहा है। हमारे यहाँ अभिवादन में ही इतने गम्भीर भाव हैं कि वक्ता-श्रोता के सम्बन्धों, आदर-गरिमा, आदि का सहज ही पता चल जाता है। जब सामने आने पर या फोन पर हम प्रणाम या नमस्कार 'नमस्ते', 'हलो'—सुनते हैं तो सुनते ही पता चल जाता है कि वक्ता श्रोता को कितना समादर दे रहा है, उसके सम्बन्धों में एक गर्माइश और उसकी मात्रा इन सम्बोधनों-मात्र से सहसा पता चल जाती है। सम्बोधनों आदि में या फोन पर बातचीत करते हुए कदाचित् सभी ने यह अनुभव किया होगा कि जहाँ पुरानी पीढ़ी सम्बोधनों का यथोचित प्रयोग कर अभिवादन का शब्द कहते हैं, वहीं नयी पीढ़ी के अनेक लोग आज 'प्रणाम', 'नमस्ते' की औपचारिकता में न पड़ एकदम कहते हैं, 'हाँ, कहिए कैसे हैं' और बातचीत का क्रम आगे चल निकलता है—न कोई 'दुआ-सलाम' ('हलो-हाय')—बस सीधे बातचीत प्रारम्भ हो जाती है। सामान्य बातचीत की चर्चा करें तो एक और बात की ओर ध्यान जाता है। आप किसी से पूछकर देखिए 'आपका दौलतखाना कहाँ है' तो आपको यह अटपटा उत्तर मिलता है, 'मेरा दौलतखाना...' उस गरीब को पता ही नहीं है कि इसका उत्तर हुआ करता था, मेरा गरीबखाना....। हिन्दी में आप पूछिए 'आपका शुभ नाम' तो उत्तर मिल सकता है 'मेरा शुभ नाम.....।' वह उत्तर तो इस पीढ़ी से सुनने को मिल ही नहीं सकता, "नाम तो प्रभु का है, मुझे तो....कह देवें हैं।" भाषा को कमाया जाता है, संस्कारों से अर्जित किया जाता है। आज धर्मनिष्ठ परिवारों के बच्चे भी शिवजी पर चढ़ाने के लिए 'पानी' ढूँढ़ते हैं 'जल' नहीं, उनके लिए 'पानी' और 'जल' की अर्थ-भंगिमा में अन्तर ही नहीं है। सोचने और चिन्ता का विषय यह है कि न केवल सम्बोधन, अभिवादन में, किन्तु जीवन के अन्य क्षेत्रों में भाषा का यह शील, शिष्टाचार, तीव्रता से क्षरित हो रहा है। इसे वैश्विक अपसंस्कृति का ही रूप मानना चाहिए और इस ओर कुछ करना चाहिए।

नहीं ली हिन्दी ने प्राणशक्ति जनभाषाओं से

आज हिन्दी वैश्विक स्तर पर प्रतिष्ठा पाने के लिए प्रयत्नशील है। संयुक्त राष्ट्र संघ की एक भाषा बनने का स्वप्न, समस्त विश्व में प्रचार-प्रसार पाने की दुर्दम्य कामना, ज्ञान-विज्ञान तथा प्रौद्योगिकी की दुनिया में अपना पसारा फैलाने का जी-तोड़ प्रयत्न, विश्व के समुन्नत राष्ट्रों की राजधानियों में अन्तर्राष्ट्रीय सम्मेलनों द्वारा जनसम्पर्क की एक तेज़ मुहिम हिन्दी संसार में पूरी सक्रियता में दिखाई देती है। इस वर्चस्व की लड़ाई में उसके आगे एक आदर्श मानक (रोल मॉडल) अँग्रेज़ी भाषा का है। अँग्रेज़ी के प्रतिष्ठित कोशों में प्रति वर्ष एक लाख से ऊपर नये शब्दों का समावेश लिखित रूप में हो जाता है, 'वाचिक परम्परा' में इन शब्दों की संख्या निश्चय ही और भी अधिक होगी। किसी भी भाषा की बनत में उसके समाचार-पत्रों का महत्त्वपूर्ण योगदान रहता है। इधर हिन्दी में 'सबसे अधिक बिक्री' का दावा पेश करने वाले अग्रणी अख़बारों में हिन्दी को अधिकाधिक भ्रष्ट, प्रदूषित करने की होड़ मची हुई है। वे एक नयी भाषा विकसित कर रहे हैं जिसको कल तक 'हिंग्रेजी' नाम दिया जा रहा था तो अब 'पन्हिंग्लिश' (पंजाबी+इंगलिश+हिन्दी) का नाम ही नहीं दिया जा रहा है अपितु इस ओर नित्य नये-नये प्रयोग देखने में आ रहे हैं। हिन्दी का अख़बार कौन-सी भाषा सृजित कर रहा है और उसके पीछे क्या उद्देश्य है, समझ में नहीं आ रहा है। आज जब अँग्रेज़ी के अखबार अनेक हिन्दी शब्दों को अपना रहे हैं, अँग्रेज़ी विज्ञापन की दुनिया में हिन्दी शब्दों और मुहावरों के बिना काम ही नहीं चल रहा है, तब हिन्दी समाचार-पत्र एक उल्टी दिशा तय करने में लगे हुए हैं।

हिन्दी अख़बार ही नहीं, हिन्दी लेखक, विभिन्न भारतीय भाषाओं के हिन्दी अनुवादक आदि हिन्दी के लिए भारतीय भाषाओं और जन भाषाओं—बोलियों—की उस अपार क्षमता का दोहन नहीं कर पाए जिससे हिन्दी को प्राणशक्ति मिलती। विभिन्न भारतीय भाषाओं के अनुवादक हिन्दी में अँग्रेज़ी की शब्द-छाया तो देने

का प्रयास करते हैं जिससे अनुवाद में एक भौंडापन आता है, किन्तु वे अपनी भाषा की अर्थ-छवियाँ, भाषा की आकर्षक भंगिमाएँ हिन्दी को नहीं दे पाए। यदि हिन्दी के लिए भारतीय भाषाओं और जनभाषा की शब्द सम्पदा का दोहन कर उनसे प्राणशक्ति ली जाती तो निश्चय ही हिन्दी को 'पन्हिंगलिश', 'हिंग्रेजी', आदि का सहारा न लेना पड़ता। कुछ कथाकारों द्वारा अपनी बोलियों, जनभाषाओं और प्रान्तीय प्रभावों को आत्मसात् करने की चेष्टा भी हुई, किन्तु एकाध लेखक के ये प्रयोग केवल उसके होकर रह गये। यदि वे शब्द अर्थ-सक्षम और प्रभावी थे तो अन्य लेखकों द्वारा भी उन्हें अधिगृहीत किया जाना चाहिए था, पर ऐसा हुआ नहीं। अपनी भाषा और बोलियों के शब्दों के विभिन्न रंगत लिए लगभग समानार्थी और पर्याय-से लगते शब्द किस प्रकार अनुवाद में एक अलग ही प्रभाव छोड़ सकते हैं, अधिकांश अनुवादक इस बात से बेख़बर नजर आते हैं। भाषा में पर्यायवाची, समानार्थी शब्द होते ही नहीं, यह तो छोटी कक्षा के विद्यार्थियों के मानसिक शब्दकोश को समृद्ध करने के साधन-मात्र हैं। जनभाषा के प्रयोगकर्ता भाषा के इस मर्म से भली-भाँति परिचित हैं। वहाँ विभिन्न प्रसंगों में यथा-अवसर, जिस प्रकार शब्दों का सटीक प्रयोग किया जाता है, प्रयोगकर्ता का बुद्धि-कौशल और भाषा विवेक देखकर आश्चर्य होता है। इसके उलट कोश से उठाए गये शब्दों से निर्मिति पाती अनुवाद-जीवी भाषा के कतिपय उदाहरण देखकर इस तथ्य की सम्पुष्टि की जा सकती है कि अपनी भाषा-बोलियों के शब्दों की अर्थ-छवि को ग्रहण न कर हमने हिन्दी का कैसा अहित किया है। मेरे सामने हिन्दी के सर्वाधिक प्रतिष्ठित प्रकाशन-गृहों में से एक के विश्व के श्रेण्य (क्लासिक) उपन्यासों-कहानियों में से चार अनूदित पुस्तकें रखी हैं—इनकी शब्दकोशों से उठाई गयी शब्दावली किस प्रकार 'कृत्रिम भाषा' की निर्मिति कर रही है, यह द्रष्टव्य है। उद्धरणों के नीचे तारा-अंकन के साथ अपना अनुवाद देकर। अनुवादकों को प्रेरित करने की चेष्टा हुई है—

1. ''ले वारअ कोयला-खान अन्धकार में से उभरने लगी थी। आग के आगे चिन्ताभंग-सा बैठा एतियन हाथ ताप रहा था।''
   - ले वरिअ कोयला खान के अँधेरे में से निकलती दिखाई दी। एतियन आग के आगे चिन्तामग्न बैठा ताप रहा था।
2. ''उसकी मसृण कोमल त्वचा जो थी, वह किसी ऐसी बैठी-ठाली औरत की ही हो सकती थी जिसने कोयले के टुकड़े को कभी हाथ तक न लगाया हो।''
   - उसकी कोमल चिकनी त्वचा बता रही थी कि यह वह ठाली बैठने

वाली औरत है जिसने कोयले को कभी हुआ तक नहीं।

3. ''चूँकि सेसील के चेहरे पर झिल्ली पड़ी थी, इसलिए दूर से देखने पर कुछ औरतों ने समझा कि यह तो मदाम हेनेबो है। दूसरी औरतों ने सोचा यह तो मदाम हेनबो की कोई सहेली है—यानी कि पड़ोस में रहने वाले किसी कारखानादार की पत्नी है......।''

- सेसील का चेहरा जालीदार कपड़े से ढँका था, इसलिए दूर से लगा कि...... यह तो मदाम हेनबो की कोई सहेली है, किसी पड़ोसी कारखाने वाले की पत्नी।—तीनों उद्धरण एमिल जोला कृत 'उम्मीद है, आएगा वह दिन' से।

4. मेरे महबूब, मुझे इन तमाम लोगों से दूर ले चलो।

- 'प्रिय, मुझे इन सबसे दूर ले चलो।'

5 ''यह खुद में गुम तन्हा-तन्हा जीना है। बेशक रिश्ते-नाते हैं, दोस्त-यार हैं और बेशुमार हैं, लेकिन उसको उनसे ज्यादा गर्ज़ नहीं है।'' —कैथरीन मैन्सफील्ड की 'गार्डन पार्टी और अन्य कहानियाँ' से।

- ''यह खुद में खोए हुए एकाकीपन को सहना है। चाहे कितने ही रिश्तेदार हैं, दोस्त-यार हैं, लेकिन उसको उनसे ज्यादा मतलब नहीं।''

6. क्योंकि हमारे सामने अकाट्य तथ्यों की एक पूरी शृंखला है?

- ''क्योंकि हमारे सामने कितने ही अकाट्य तर्क हैं।''

7. तो मैं जो हूँ वह इसलिए हूँ क्योंकि यह अपरिहार्य था कि मैं ऐसा ही होऊँ।

- तो मैं जो भी हूँ इसलिए हूँ कि वैसा हो सकता था।

8. ''ठीक है, तो मैं इस मानवाकृति को उसके घ्राण सम्बन्धी धागे लौटाती हूँ और वह सूँघने लगती है.....।''

- ठीक है, मैं इस मनुष्य को उसके सूँघने की सामर्थ्य के धागे लौटाती हूँ, वह सूँघने लगती है।

9. ''मारोन्दो तब एक गाँव हुआ करता था, मिट्टी और सरकंडों से बने बीस-एक घरों का—एक नदी किनारे जिसके साफ-सुथरे पानी तले बड़े-बड़े चिकने सफेद पत्थर ऐसे दीख पड़ते थे जैसे प्रागैतिहासिक अंडे।''

- मारोन्दो तब नदी के किनारे का एक गाँव था मिट्टी और फूस से बने बीस-एक घरों का जिसके साफ-सुथरे पानी में पड़े बड़े-बड़े चिकने सफेद पत्थर प्रागैतिहासिक अंडों से दीखते थे।

10. ''मोमबत्तियों का जोड़ा लाई थी, उसने बड़ी रहस्यमयी आश्वस्ति के साथ कहा : ...मधुमास खत्म होते ही ओलियन सेगुन्दो फिर उसके

घर आया।''

- दो मोमबत्तियाँ साथ लाई थी, उसने बड़े रहस्यपूर्ण और विश्वास भरे शब्दों में कहा—...हनीमून खत्म होते ही ओलियन सेगुन्दो......।

11. ''औलियनों सेगुन्दो फिर उसके घर आया।''
मेन पर नौ-नौ पारियाँ चली, गुसलखाने के लिए समय निर्धारित करना पड़ा और चालीस तिपाइयाँ उधार लाने का बन्दोबस्त करना पड़ा....।
—गाब्रियल गार्सिया मार्केज के 'एकान्त के सौ वर्ष।'

- मेज पर नौ-नौ बैठकों में लोगों ने खाना खाया, गुसलखाने में बारी लगानी पड़ी और चालीस तिपाइयाँ उधार लानी पड़ीं।

उपर्युक्त उद्धरणों से यह सिद्ध होता है कि किस प्रकार अनुवादजीवी कृत्रिम भाषा हिन्दी को मार रही है—अपनी बोली-बानी का शब्द-विन्यास तथा वाक्य-संरचना, कथन-भंगिमा अनुवाद को प्रभावी रूप दे सकता है।

भारतीय भाषाओं से हिन्दी किस प्रकार अपनी प्राणशक्ति ग्रहण कर सकती थी, इस बात को कतिपय उदाहरणों से स्पष्ट किया जा सकता है। जिन राज्यों को द्विभाषी राज्य कहा गया—पंजाब, महाराष्ट्र, गुजरात, बंगाल आदि उनकी भाषाओं से हिन्दी का बहुत अच्छा सहकार हो सकता था। महाराष्ट्र इस दिशा में सबसे अच्छा उदाहरण प्रस्तुत करता है। आज हिन्दी भाषी क्षेत्र में स्टैंड—बसस्टैंड, रिक्शा स्टैंड आदि बहुप्रचलित शब्द हैं। मराठी में इसके लिए 'स्थानक' का प्रयोग है, न केवल हिन्दी में प्रयुक्त 'स्टैंड' वाली जगहों के लिए, अपितु अन्य स्थानों के लिए भी। महाराष्ट्र के शहरों-कस्बों में चले जाइए और जगह-जगह ऐसे नामपट्ट देखिए—'रिक्शा स्थानक', 'बस स्थानक', 'पुलिस स्थानक', 'डाक स्थानक' आदि। यह शब्द सामान्य जन के लिए भी कितना गृहणीय और सुकर होता यदि हिन्दी-पट्टी में इसका प्रयोग किया जाता। इन सब स्थानों को 'स्थानक' से सूचित करना कितना प्रिय हो सकता था, लेकिन गये हम 'स्टैंड' की ओर। हिन्दी पट्टी के ट्रकों, बसों, आदि के पास पीछे लिखने के लिए अँग्रेज़ी में 'कीप ए सेफ डिस्टेंस' के अतिरिक्त कुछ नहीं है। महाराष्ट्र में चलती बसों-ट्रकों के पीछे आम लिखा मिल जाएगा—'सावकाश चाल्या।' यदि इसे हिन्दी में 'सावकाश चलिए' या 'अवकाश रखकर चलिए', 'थोड़ा फासले से चलिए' लिखा होता तो क्या ही अच्छा होता। उत्तर में 'यूनिवर्सिटी' के लिए कोई समुचित शब्द नहीं मिल पाया या कहें नहीं ढूँढ़ा गया। 'विश्वविद्यालय' शब्द बहुत गढ़ा हुआ लगता है, महाराष्ट्र में धड़ल्ले से 'विद्यापीठ' का प्रयोग हो रहा है। विश्वविद्यालयों में अध्यापकों की वरीयता-क्रम में तीन श्रेणियाँ हैं—प्रोफेसर, रीडर और लेक्चर्र—हिन्दी भाषी क्षेत्र इन्हीं का प्रयोग कर रहा है—प्रोफेसर के लिए 'आचार्य' का प्रयोग बड़ा भारी-

भरकम लगता है जिसकी गरिमा को सँभाल पाना हरेक के बूते की बात नहीं—महाराष्ट्र में रीडर को 'प्रपाठक' रूप प्राप्त हुआ, यह हिन्दी में बहुत आसानी से खप सकता था। पंजाबी भाषा की ओर आएँ तो कितने ही पंजाबी शब्द हिन्दी में और अधिक मात्रा में खप कर उसकी अभिव्यक्ति को समृद्धि प्रदान कर सकते थे। किसी को दफ्तरी व्यवस्था के जंजाल में उलझाने के लिए या किसी भी रूप में फिज़ूल में ही परेशानी देने के लिए यहाँ 'गंधीगेड़' का प्रयोग मिलता है, जैसे गधा विवेकहीन चकरघिन्नी काटता है। इस शब्द का प्रयोग हिन्दी को पंजाबी लेखकों द्वारा भी नहीं दिया जा सका। दफ़्तरी पत्राचार में अनेक ऐसी अभिव्यक्तियाँ हैं जिनसे हिन्दी को नयी ऊर्जा मिल सकती है। अँग्रेज़ी के 'टू एनश्योर' के लिए पंजाबी कार्यालयी भाषा में प्रायः ही प्रयोग किया जाता है 'इस गल नूँ यकीनी बनाया जावे।' इसके जोड़ की सरल अभिव्यक्ति हिन्दी में नहीं है। इसी प्रकार मौजूँ बात के लिए पंजाबी में 'ढुकवाँ' का प्रयोग है, यह हिन्दी की प्रकृति के अनुकूल आसानी से ढल जाएगा। बहुत जोश से बढ़-चढ़कर किसी समागम में भाग लेने के लिए पंजाबी में आह्वान है 'खूब हुमहुमा कर भाग लेना।' ऐसे शब्दों में आह्वान का जो आग्रहभरा आमन्त्रण है, वह स्वतःस्फूर्त-सा लगता है। इसी प्रकार पंजाबी कार्यालयी भाषा के पत्राचार में जो विनम्रताभाव दर्शाया जाता है वह सहज ही मोहता है—'बेनती है', 'बेनती की जांदी है', 'खेचल करना जी' 'समझा जावे जी'—गोया बिना 'जी' के कोई बात कही नहीं जाती हो। हिन्दी सुविधापूर्वक इन अभिव्यक्तियों को अपना सकती है। कहीं यथावत् तो कहीं अपने रंग में रँग कर। इसी प्रकार विचार-विमर्श, चर्चा के लिए यहाँ 'विचार वटांदरा' या 'विचार साँझी', करना प्रयोग है, कितना अर्थ-सक्षम, कितना माक़ूल। किसी समाज के सम्मान्य सज्जनों को सम्बोधित करने के लिए पंजाबी में शब्द है 'पतवंते सज्जनों'—पतवंते—पत रखने वाले—जैसा शब्द पंजाब और राजस्थान के रणबाँकुरों का ही शब्द हो सकता था, ऐसा मेरा विश्वास है। पंजाबी में आजकल एक शब्द विचार-चर्चा में खूब प्रयुक्त हो रहा है, 'आर्थिकता'—इसे हिन्दी में यथावत् ग्रहण किया जा सकता है। बंगाल के 'भद्रलोक' को भी हम आत्मसात नहीं कर पाए वहाँ का 'भीषण सौन्दर्य' भी नहीं देखा जिसे 'भीषण पढ़ाकू' आदि सन्दर्भ दिए जा सकते थे। बंगाल, कोलकाता विशेषतः जिस प्रकार हिन्दी संस्कृति का एक केन्द्र रहा, उसके अनुपात में हम वहाँ से सक्षम शब्दों का अधिग्रहण नहीं कर पाए। उसी के निकटवर्ती उड़ीसा, ओडिशा, से बहुत से शब्दों को हिन्दी अपना बना सकती है। ओडिया की संस्कृतबहुला प्रकृति से उनके अनेक शब्द आत्मसात किए जा सकते हैं। 'कल' के लिए ओड़िया में दो शब्द हैं जो उनकी कालगत स्थिति को स्वतः स्पष्ट कर देते हैं—'आसुंताकाली कल' और 'गता काली

कल'—हम सुविधापूर्वक इन्हें आगामी कल और गत कल कह सकते हैं। प्रसंगात् कहें तो ओड़िया भाषा इस बात का बहुत प्रत्यक्ष उदाहरण है कि शब्दों में कठिन और सरल जैसा कुछ नहीं होता, शब्द प्रयोगकर्ता के घनिष्ठ परिचय में होना चाहिए। वहाँ छोटी कक्षा के छात्रों को 'शादी' और 'दूध' समझाना कठिन है, किन्तु 'परिणयो' (परिणय) और खीर-खीरो (क्षीर) समझाना आसान है।

जनभाषा, बोलियों की शब्द-सम्पदा का भी दोहन हिन्दी पूरी तरह नहीं कर पाई। जनभाषाओं से कटकर या उनकी क्रोड़ में न जाकर हम अनावश्यक रूप से अँग्रेज़ी शब्दों का लबादा लाद रहे हैं। जनभाषा के प्रयोगकर्ता, अनपढ़ 'मानस' (माणस) को शब्दों की विभिन्न अर्थ-ध्वनियों, शेड्स को पहचानने की जो तहज़ीब है, वह परिनिष्ठित भाषा के प्रयोगकर्ता के पास नहीं है। पहले यह उदाहरण लिया जाय कि जिन शब्दों के लिए आज इस विदेशी भाषा/भाषाओं की ओर दौड़ रहे हैं, इनके लिए हमने कभी अपनी बोलियों के खज़ाने को नहीं टटोला। 'टूथ पिक' के लिए नयी पीढ़ी के पास अपनी भाषा में कोई शब्द नहीं है, किन्तु मुझे 'कुरेदनी', 'दाँत कुरेदनी' याद आती है जो कभी पीतल, ताँबे और चाँदी की बनी मिला करती थीं। 'आया', 'माई', 'मेड' आदि शब्दों से हम घर में काम करने वाली बाइयों को चीन्हते हैं, किन्तु आज से प्राय: 137 वर्ष पूर्व 1870 ई. में प्रकाशित हिन्दी के प्रथम उपन्यास—'देवरानी जेठानी की कहानी' (पं. गौरीदत्त)—में इनके लिए 'टहलवी' शब्द का प्रयोग हुआ है—जो 'टहल' उठाए सो 'टहलवी।' यह उपन्यास, जब भाषा अँग्रेज़ी की इतनी मुखापेक्षी नहीं हुई थी, अनेक ऐसे शब्द हमारी सामने बोलियों से उठाकर रखता है जिनके लिए हम आज भी अँग्रेज़ी के मुखापेक्षी हैं। किसी के द्वारा मौखिक सन्देश भेजने के लिए हम 'सन्देश' या 'मैसेज' का जो प्रयोग करते हैं वह उतना अर्थ-सक्षम नहीं जितना 'कहलावत'—जो कहलाया गया है। जनभाषा के जानदार मुहावरे लोकोक्तियाँ भी परिनिष्ठित हिन्दी नहीं अपना पाई—'अपना मरण जगत की हाँसी', 'घर तीन-तेरह कर दिया'—जैसे सक्षम प्रयोग आज हिन्दी से क्यों गायब हैं? कितने ही शब्द-युग्मों के प्रयोग से बोली में अद्भुत अर्थ-सम्प्रेषण क्षमता होती है, जिसे परिनिष्ठित भाषा अपना कर कृत-कृत्य हो सकती है-बगड़-पड़ोसन, धी-ध्याने, गहने-पत्ते, कोस-कटाई, तिथि-पर्वी, हाट-हवेली, चना-चबेना, लहना-सहना ऐसे अनेक प्रयोग हैं। ये सब शब्द मैं अपनी बोली—कौरवी—से दे रहा हूँ, प्रत्येक क्षेत्र के लेखकों के पास अपनी-अपनी बोलियों का ऐसा अकूत खज़ाना होगा।

शब्दों की अर्थ-ध्वनियों, शेड्स, को पहचान कर जनभाषा में कितने सक्षम शब्द हैं, उनके कितने-कितने सूक्ष्म अन्तर और अर्थ-भेद हैं, देखकर आश्चर्य होता है। हमारा दुर्भाग्य है यह कि नयी पीढ़ी इस सबसे अपरिचित होती चली जा

रही है—शब्दों के सूक्ष्म अर्थगत अन्तर का उन्हें भान ही नहीं हो पाता। सुहाग चिह्न 'चूड़ी' के सामान्य रूप में टूटने को 'मौलना' कहा जाता था और वैधव्य के समय चूड़ी टूटने को 'टूटना' कहा जाता था—आज की पीढ़ी के पास केवल 'टूटना' रह गया है। कुछ अन्य उदाहरणों से जनभाषा के शब्दों के शेड्स, ध्वनियों को देखा जा सकता है—सामान्य क्रिया 'खाना' है, किन्तु रोटी 'भकोसना' और पानी 'डकोसना' जिस अवमानना भाव को प्रदर्शित करते हैं, उसके लिए परिनिष्ठित भाषा में शब्द नहीं हैं। रोटी को जब 'घेसले' और 'टिक्कड़' से अभिव्यक्ति दी जाती है तो अवमानना स्वत: व्यक्त हो जाती है। इसी प्रकार 'जल' और 'पानी' का अन्तर वहाँ स्वत: ही स्पष्ट हो जाता है। 'औटाने' की सामान्य-सी क्रिया है, 'उबालना' भी इसी तरह की है, किन्तु इस व्यापार की विभिन्न स्थितियों को अभिव्यक्ति देने के लिए 'रझाना', खदकना', 'खदका पड़ना' आदि शब्द ऐसी धरोहर हैं जिनको सहेजना अत्यावश्यक है। दर्द और पीड़ा की अभिव्यक्ति की विभिन्न स्थितियों के व्यंजक-शब्द किस प्रकार दर्द, पीड़ा का ग्रॉफ खींचकर बताते हैं—वह दर्शनीय है: आँखों में 'रड़क' है, शरीर 'चस-लस' कर रहा है, पेट की 'मरोड़' को 'दर्द' या 'स्टमक-ऐक' कहने में सक्षम नहीं है। हम किसी चीज़, पशु या व्यक्ति से 'डरते' भर हैं, 'बिदकने' का भाव हमें पता नहीं है। 'ततैयों', 'शहद की मक्खियों' द्वारा काट खाया जाना ही हम सुनते हैं, 'भंभोड़ खाना' गायब हो चुका है। कुत्ता भी 'भंभोड़ता' था, किन्तु हम केवल 'काट खाने' को ही जानते हैं। पशु और स्त्री दोनों की 'गर्भावस्था' के लिए हमारे पास एक ही शब्द रह गया है, किन्तु जनभाषा में पशु के लिए 'ग्याभन' (ग्याभिन) और स्त्री के लिए 'गर्भावस्था', 'गर्भवती' है। कभी इसको कहने में भी लाज आती थी तो उसको कहने के इंगित शब्द और मुहावरे थे—'पैर भारी' है, 'उसके आने का मौका ना है' आदि। गोपन-भाव और अशुभ-भाव से बचते हुए लोक ने कितने ही शब्दों का सृजन किया है। स्वत:स्फूर्त रूप में : यदि हम यह भी ध्यान दें कि स्वाद की अभिव्यक्ति के लिए कैसे-कैसे शब्द जनभाषाओं में हैं तो यह एक रोचक अध्ययन होगा—चीज़ कुछ खट्टी कुछ मीठी हो तो उसे एक शब्द में कैसे कहा जाए—'खटमंदरा', जैसा सार्थक शब्द वहाँ है। पशु का बच्चा वहाँ 'लवाड़े' है, मनुष्य का बच्चा 'बालक'। एक ही अन्न से उत्पन्न फसल है, किन्तु पशुओं के लिए 'चरी' और मनुष्यों के खाने के लिए 'ज्वार।' कुछ-कुछ पके हुए फल के लिए परिनिष्ठित भाषा में शब्द नहीं है, किन्तु जनभाषा में 'गद्दर' है। 'टांसिल्स' के लिए शहरी भाषा में कोई शब्द मातृभाषा का प्रयुक्त नहीं कर पा रहा है, किन्तु प्राय: 40 वर्ष पूर्व 'गदूद'—'गदूद पकना' का प्रयोग सामान्य था। 'उझना हो गया है' में 'उझना' जिस समय यदि भोर का समय है तो का

बोध देता है और बादलों या बारिश के हटने पर जब कहा जाता है तो जिस उजास की मात्रा को प्रत्यक्षीकृत करता है, उसके जोड़ का शब्द परिनिष्ठित भाषा में नहीं है। 'छनछनाना', 'बमनैटी', 'हहार' (ये सभी शब्द संजीव की एक ही कहानी से हैं) आज क्यों अपरिचित हो गये हैं। अपनी भाषा की इन शक्तियों को पहचानने, उसकी ओर पुनः मुड़ने और अपनी लेखन भाषा में इस सब का अधिकाधिक प्रयोग करने का संकल्प, वर्तमान की महती आवश्यकता बनती है। विभिन्न क्रिया-व्यापारों के लिए लोकभाषा में अलग-अलग शब्द हैं। जहाँ अँग्रेज़ी में मुँह को पानी से केवल धोया ('वाश) जाता है या पानी छिड़कने के लिए केवल 'स्प्रिंकल' है, वहाँ हिन्दी बोलियों में 'छपके मारना', 'छींटे मारना' द्वारा अलग-अलग क्रियाएँ सूचित होती हैं। इसी प्रकार पानी 'पीने' और 'डकोसने' का अन्तर भी द्रष्टव्य है। लोक का भंडार ऐसे शब्दों से भरा पड़ा है।

बारिश और बुँदकड़ों के बहाने

सुबह के झुकपुके में घर के बाहरी गेट का ताला खोलता हूँ, दो-तीन डिग्री पर पहुँचे पारे की ठिठुरन में मोटी-मोटी बूँदें 'पड़-पड़' पड़ती हैं और अचानक बन्द हो जाती हैं, जैसे उन कुछ क्षणों के लिए ही आना था इन बूँदों को। भीतर आता हूँ तो पत्नी पूछती है बारिश हो रही है क्या? मेरे मुँह से बाहर के मौसम को अभिव्यक्ति देने के लिए अनायास निकलता है—बारिश नहीं, बुँदकड़े पड़ रहे हैं। आगे बताने की जरूरत ही नहीं पड़ती कि कितनी और कैसी बारिश है। फिर बुँदकड़ों को देखने के लिए पोर्च में निकल पड़ता हूँ, दो-तीन बार इसी प्रकार बुन्दकड़े पड़ते हैं—मोटी-मोटी बूँदें जो पड़-पड़ कुछ क्षणों के लिए पड़ती हैं, बन्द हो जाती हैं। मेरा मन प्रणाम करने लगता है लोकभाषा के उस अक्षय भंडार के स्रष्टा को जिसकी ओर हमारा ध्यान नहीं जाता, किन्तु अर्थ की एक-एक छवि और भंगिमा किस प्रकार हर 'शेड' (लय और तरंग) एक शब्द के माध्यम से अभिव्यक्ति पाती है—मन झूम उठता है लोक में प्रचलित शब्दों का यह सतरंगी संसार देखकर—ऐसे जैसे कोई किसी साड़ी के लिए नीला, कोकाकोला या हरा या किसी रंग का ब्लाउज़ का कपड़ा लेने जाय तो वहाँ एक ही रंग के बीस-बीस शेड मिल जाएँगे—ऐसे ही शेड्स जन-सामान्य के मन में विभिन्न पर्यायवाची शब्दों को लेकर रचे-बसे हैं। क्रम-क्रम से शब्दों की छटा किस-किस रूप में अर्थों की विभिन्न छटाएँ-छवियाँ देती है, वर्षा के सन्दर्भ में ही लोक-प्रचलित कुछ शब्दों और उनकी अर्थ-छवियों का सम्भार दर्शनीय है। 'कई दिन से बूँदाबाँदी हो रही है—एक-एक कर थोड़ी-थोड़ी बूँदों का, वर्षा का पड़ना बूदाँबाँदी है। इस बूँदाबाँदी के हलकेपन को कभी इस प्रकार भी व्यक्त किया जाता है कि बूँदाबाँदी ऐसी ही है, बूँद-से-बूँद भी नहीं मिल रही है।' भाव यह कि ऐसी हल्की-हल्की बूँदें कि जमीन पर उनके आपस में निशान मिल नहीं पा रहे हैं—हर बूँद अलग-अलग छितराई हुई-सी पड़ी है। वर्षा, जोर से भी न हो और रुके भी नहीं—खूब बरसे बादलों के बीच बरसात में ऐसा होता है—कई दिन से 'किनमिन

किनमिन' हो रही है के द्वारा यह अभिव्यक्ति पाता है। जब चार-चार, पाँच-पाँच दिन बिना रुके बारिश होती थी तो उसे 'झड़ लगना' कहा जाता था। चौमासे में झड़ लगते थे कई-कई दिनों के। उनको रोकने के लिए तरह-तरह के प्राकृतिक उपचार टोने-टोटकों के रूप में पूरी दुनिया में किए जाते हैं—मिस्र से लेकर भारत तक। तवे को उल्टा डालकर उसके सामने स्त्रियों का बादलों-भरी बरसती रातों में नग्न होकर नृत्य करना ऐसे ही टोटकों (टोटेम) में था। पर्यावरण-प्रदूषण ने ऐसी झड़वाली वर्षाओं को भुलवा ही दिया है—अब न जाने कितने बरसों से झड़ लगते ही नहीं। ऐसे ही सावन-भादों में खूब तने हुए बादल जब यकायक बिना किसी पूर्व संकेत के जोर से फट पड़ते थे, किसान मजदूर खेत निराते हुए बिना भनक पड़े बरसते इन बादलों से अपना बचाव किसी पेड़ आदि के नीचे छिपकर करने में असमर्थ हो जाते थे तो उस बारिश के लिए 'भन्न पड़ना' कहा जाता था—'ऐसी जोर की भन्न पड़ी कि पेड़ों तक नहीं जाया जा सका', आदि। ऐसी बारिश को अभिव्यक्ति देने के लिए एक और कथन था—'इतनी जोर का बरसा' कहने के साथ-साथ लोग कहते थे—'चद्दर निचोड़' बरसा अर्थात् ऐसा बरसा कि चद्दर (चादर) पूरी तरह भीग गयी और उसे निचोड़कर पानी निकालना पड़ा। बादल जब खूब जोर से बरसे तो 'रौ फट पड़ी' कहा जाता था। बारिश के हर मिजाज़ को पूरी तरह नापने वाले शब्द थे जनमानस में।

बात सुबह-सुबह गेट का ताला खोलने से प्रारम्भ हुई थी। तो 'सुबह' के समय का बोध देने के लिए जनभाषा में कितने-कितने शब्द थे, वे सब स्मृति में आ-जा रहे हैं। 'मुर्गा बोले' का समय था वह अर्थात् जब पहल का मुर्गा बोला, मुर्गा ने बाँग दी। 'मुर्गा बोले' कितनी सुगढ़ गृहिणियाँ उठकर अपना दैनिक कार्य प्रारम्भ करती थी, चक्की चलाना फिर दूसरा मुर्गा बोलने पर कुएँ से पानी लाना, आदि। गाँव में भोर में ही जाग जानेवाले बूढ़े बाकायदा अपनी बैठकों में हुक्का गुड़गुड़ाते चर्चा करते कि किसकी बहू सबसे पहले चक्की चला देती है, प्रशंसा भाव से हुई यह चर्चा और नवयुवकों के लिए भी ताईद होती कि तुम भी अपनी को प्रेरणा दो और उतनी सुबह ही चक्की चलवाओ। इस समय को 'तरख्याऊँ' भी कहा जाता—'तड़के' से थोड़ा पहले। आम अँग्रेज़ी में जिसे 'वी-आवर्स' कहकर अभिव्यक्ति कर रहे हैं, वही समय है यह! सुबह का उजाला होने से पहले 'उझना' हो गया कहा जाता था अर्थात् थोड़ा-थोड़ा 'उजाला'—'उजाले' और 'उझने' के अन्तर को समझने-समझाने वाली भाषा मुझे आज भी चकित करती है। जब चाँद खिला हो सुबह तक और रात विदा होते-होते अपनी चूनर सँभाल रही हो—लोक मानस इसे 'चाँदना' कहकर अभिव्यक्ति देता था—'अभी तो चाँदना था।'

आज ये सारे शब्द इसलिए स्मृति-वन में महक रहे हैं कि शहर की शहराती पीढ़ी इन सबसे दूर चली गयी है, वह अपनी जनभाषा की इस शब्द-सम्पदा से पूरी तरह कटी हुई है। शहराती पीढ़ी या शहर में जन्म लेती पीढ़ी तो इससे अनभिज्ञ है ही, गाँवों की नयी पीढ़ी भी इन सबसे उसी तरह अपरिचित है। वह अपनी आधुनिकता की बहक में गाँव की बोली-बानी से पूरी तरह अपना पल्ला झाड़ अपने को पूरा 'आधुनिक' (मॉड) दिखाने की झोंक में है। कभी गाँव में जाकर जब मैं पुरानी शब्दावली पर आता हूँ तो मेरे अपने ही परिवार के बालक ताऊ-चाचा का सम्बोधन दे कह उठते हैं, 'ये बोली हमारे गाँव की थोड़े ही है'—उन्हें लगता है कि मैं उनकी बोली को पिछड़ा समझ रहा हूँ। गाँव में जाकर एक बड़ा परिवर्तन यह लक्षित होता है कि बिल्कुल अनपढ़ लोग—पिछली पीढ़ी के भी और अगली पीढ़ी के भी—किस प्रकार अपनी बोली-बानी में अँग्रेज़ी शब्दों का छौंक लगा रहे हैं। जब मैं कुछ अँग्रेज़ी शब्दों का अनुवाद देखता हूँ तो उसमें ऐसे-ऐसे अग्राह्य, अपाच्य शब्द होते हैं जिनकी जगह हमारी बोलियों-जनभाषा में अर्थ-सक्षम शब्द हैं कि उसके स्थान पर भी, इन शब्दों का प्रयोग किया जाता तो वे कहीं अधिक सरस और मूल के निकट लगते। वस्तुत: गाँव से आये पिछड़ी पीढ़ी के लेखकों ने भी अपनी जन भाषा की शब्द सम्पदा का पूरी तरह दोहन कर हिन्दी, परिनिष्ठित भाषा, का भंडार नहीं भरा। अभी भी समय है कि गाँवों से आये लेखक पूरे आत्मविश्वास और गौरव-भाव से अपनी-अपनी बोलियों के ऐसे शब्दों का प्रयोग अपने लेखन में करें जिससे वे पूरे हिन्दी भाषी समाज की शब्द-सम्पदा बन सकें। कुछ लेखक ऐसे शब्दों का प्रयोग भी कर रहे हैं, किन्तु यह काम जितने बड़े पैमाने पर जितनी निष्ठा से किया जाना चाहिए, नहीं हो पा रहा है। हाँ! ये शब्द ऐसे हों जो अपनी स्थानिकता से ऊपर उठकर स्वत: ग्राह्य रूप में पूरे देश में सुविधापूर्वक समझे जा सकें। न केवल बोलियों से ही शब्द लिये जाने चाहिए, अपितु अन्य भारतीय भाषाओं से भी इसी भाव से शब्द ग्रहण कर हिन्दी को ऊर्जा और नया स्वास्थ्य दिया जा सकता है। जब हिन्दी विभिन्न अनुशासनों के ज्ञान में माध्यम बन रही है तो अपनी शब्द सम्पदा को इस रूप में विकास देना उसकी प्राथमिकता में आना चाहिए।

भाषा : बोलि न जानिहै जिनके कुल के श्वान

आजकल सुबह ही सुबह मुझे महाकवि केशवदास बहुत याद आते हैं, भूल जाता हूँ तो दो-चार-दिन बाद फिर किसी समान-से प्रसंग से टकराकर फिर महाकवि की याद आ जाती है। कैसा कुल-गौरव-बोध था केशवदास में कि उन्होंने लिखा था 'भाषा बोलि न जानहिं, जिनके कुल के दास'—सभी संस्कृत बोलने वाले, दास तक की अर्हता वहाँ संस्कृत भाषा का ज्ञान रही। केशवदास जी ने सर्वप्रथम जनभाषा को उस कुल में अपनी साहित्य-रचना के लिए अपनाया था, किन्तु आज का अभिजन एक और गौरव-भाव से भरा हुआ है, दास-नौकर की तो बात क्या वह तो मनुष्य नामक प्रजाति का प्राणी है, उनका गौरव-बोध यह है कि उनके कुत्ते तक अँग्रेज़ी बोलते-बतियाते और समझते हैं। सुबह को किधर भी निकल जाइए—कोई अपने टॉमी, तो कोई रूबी, कोई गूफ़ी, तो अन्य लिब्रा-शिब्रा, जॉय, हिलेरी न जाने किस-किस की जंजीर पकड़े जा रहा है, उसे अपनी 'प्रभु भाषा' में 'सिट डाउन', 'कम हेयर', 'गो देयर', तथा 'नो नो', 'डान्ट डू इट', 'डर्टी', आदि न जाने किन-किन निर्देशों से परिचालित कर रहा है। हमारे अँग्रेज़ीकरण और मानसिक दासता के सैकड़ों-हज़ारों उदारहण, प्रसंग हमारी जीवन-चर्या में सुबह से शाम तक देखे जा सकते हैं, किन्तु ऐसी मानसिक गुलामी कि हम अपने कुत्ते तक से हिन्दी या अपनी मातृभाषा में बात करना पसन्द न करें, एक अजीब पीड़ा-बोध से भर देता है। क्या आज से 50-60 वर्ष पूर्व झबरा, मोती, हीरामन (पंजाबी की विभाजन सम्बन्धी एक मार्मिक कहानी में एक नायिका अपने कुत्ते के अद्‌भुत कृत्य द्वारा बलिदान हो जाने का विलाप 'अरे मेरे हीरामन' कह कर करती है, मानो अपने किसी सगे को याद कर रही हो), कालू, शेरा, जैसे कुत्तों के नाम नहीं थे जिनमें मुख्य भाव यथा नाम तथा गुण का रहता था? क्या उनके गौरव में बिना अँग्रेज़ी नाम के किसी प्रकार ही हेठी होती थी। ठीक है, वैश्वीकरण की स्थितियों के चलते हम अँग्रेज़ी के प्रभाव में आएँगे ही, पर स्थिति यहाँ इतनी विकट हुई है कि शायद विश्व के किसी भी राष्ट्र में न हुई हो। भाषा वह मूलाधार

है जिससे राष्ट्रीयता की भावना, राष्ट्रीयता के समस्त बिम्ब प्रभावित होते हैं। अभी बैंकाक से एक समाचार मिला कि वहाँ नववर्ष पूर्ण उल्लास से होली के उत्सव के समान ही मनाया जा रहा है, सड़कों पर लोग कारों आदि को भी गुज़रने नहीं दे रहे हैं, एक-दूसरे पर पानी के पाइपों से रंग या पानी आदि डाल रहे हैं। कल का ही समाचार है कि बाँग्लादेश में जहाँ बंगाली नववर्ष हर्षोल्लास से मनाया गया है, कुछ समाचार-पत्रों ने वहाँ के उल्लास के कुछ चित्रमय समाचार भी दिए हैं। मेरा मन सोचने लगता है कि क्या पूरी उत्तर-पट्टी—विशेषत: हिन्दी भाषी समाज—में अपना नववर्ष उतने ही उत्साह से मनाया जाता है जितने उत्साह से अँग्रेज़ी नववर्ष! भाषा हमारे राष्ट्रीयता बोध की इन सारी स्थितियों को गहरे रूप में प्रभावित करती है। 'कुत्तों (डॉग्स) से बात चली थी तो एक प्रसंग याद आता है। पड़ोस में रह रहे एक मित्र प्रोफ़ेसर साहब, प्रोफ़ेसर भी अँग्रेज़ी के, से मैं एक दिन किसी प्रसंग से कहता हूँ कि 'आज आपके कुत्ते ने वह काम हमारी क्यारी में कर दिया' तो प्रोफ़ेसर साहब ने किंचित् हँसी, किंचित मीठे आक्रोश और किंचित् चुनौती भरे लहज़े में सीना ताने हुए कहा, 'सर आपने मेरे डॉगी को 'कुत्ता' कहा?' मेरा उत्तर था, 'यार कुत्ते को कुत्ता न कहूँ तो क्या डॉ. ... (उन प्रोफेसर साहब का नाम) कहूँ।' बात आयी-गयी हो गयी पर अपने पीछे सवाल छोड़ गयी कि आज हम आपके पालित कुत्ते को 'कुत्ता' जातिवाचक प्रजाति नाम से भी नहीं पुकार सकते, भले ही आपके अपने पालित निजी पुत्र को 'पप्पी' कह दें, क्योंकि भले ही प्यार का यह नाम रखते हुए माता-पिता भूल गये कि 'पप्पी' कुत्ते का बच्चा भी होता है। पप्पी ही क्या कुत्तों के कई नामों में ऐसी हास्यास्पद स्थिति देखी जा सकती है जब वे बच्चों के नाम भी हैं और कुत्तों के भी। अभिजन (एलीट) के उसी अनुकरण पर समाज के छोटे-छोटे (आर्थिक स्थिति से छोटे) वर्गों के लोगों में भी कुत्ते पालने का शौक चर्रा रहा है, स्वयं को रोटी भले ही मुश्किल से मिले पर 'कुत्ता' पालेंगे जरूर। वे कुत्ता ही नहीं पालते, इन धुर अँगूठा-टेक लोगों के बिल्कुल असभ्य से बच्चे भी अपने 'डॉगीज़' 'पप्पीज़' को सिट्-डाउन, कम-हेयर, गो-देयर, करा रहे हैं। जब आप कुत्ते को जानवर को भाषा सिखा ही रहे हैं, अपने निर्देशों पर चलना सिखा रहे हैं तो वह अपनी भाषा में क्यों नहीं सीख पाएगा। जरूरत केवल मनोवृत्ति को बदलने की है। उस दिन बड़ा सुकून मिला जब अपने एक पुराने छात्र के कुत्ते का नाम 'सुल्तान' सुना, बहुत खुश हुई तबीयत और एक विश्वास जगा कि आज भी इस स्थिति को बदला जा सकता है कि 'हमारे घर के तो श्वान भी अँग्रेज़ी बोलते हैं' (महाकवि केशव सुन रहे हैं न आप स्वर्ग से?) आज जड़ों की ओर लौटने की एक हवा तो कुछ क्षेत्रों में थोड़ी-बहुत चली है, आवश्यकता उस वृत्ति को महज़ फैशन

के रूप में अपनाने की ही नहीं, अपितु उसे जीवन के संस्कार के रूप में ढालने की है। तबीयत बहुत ख़ुश होती है जब मैं राष्ट्रीय राजमार्ग पर या कहीं और जाते हुए होटलों-ढाबों, आदि के 'हवेली', 'रसोई', 'पकवान' आदि नाम देखता हूँ, पर ये लोग उसे एक व्यावसायिकता के रूप में अपना रहे हैं। इसी प्रकार कुछ कपड़ों के फैशनेबल स्टोर्स के नाम 'पहरावा' जैसे देखता हूँ। उसी प्रकार अँग्रेजियत के प्रभाव में अपने घरों-कोठियों के नाम 'विलाज़', 'लॉज', 'मैंशन', 'पैलेस', या मुहल्लों के नाम गार्डन, गार्डन-रीच, हाइट्स आदि के साथ देखता हूँ तो मन में हमारे गली-मुहल्लों के इस अमेरिकीकरण, अँग्रेजीकरण या वैश्वीकृत सभ्यता के ढाँचे में ढलने के प्रति वितृष्णा भाव जागता है। फिर कहीं से कोई आशा की किरण दिखाई दे जाती है, जब किसी के घर का नाम 'सुन्दर सिरदल' रखा देखता हूँ। अब तो लोगों को याद भी नहीं होगा कि घर के प्रवेश-द्वार या कमरे के प्रवेश-द्वार पर लकड़ी के मजबूत तख्ते को रखकर एक लैंटर-सा कच्ची चिनाई या पक्की चिनाई में भी डाला जाता था, इसे ही 'सिरदल' कहते थे। अपने एक सरदार मित्र की कोठी का जब यह नाम-पट्ट 'सुन्दर सिरदल' देखा तो उसे भरपूर बधाई इस नामकरण के लिए दी।

शहरों की बात और संभ्रान्त वर्ग की चर्चा छोड़ भी दी जाय तो गाँवों या आपके घर में काम करने के लिए जो नौकर-चाकर आ रहे हैं वे भी अपने बच्चों को 'गुड मॉर्निंग' करना सिखा रहे हैं, चाचा-ताऊ को नमस्ते आदि की जगह 'अंकल' को गुडमॉर्निंग कहना सिखा रहे हैं और न सीखने पर डाँट पिला रहे हैं। धर्म से बँधे कुछ लोग विशेषत: अधिसंख्यक सिख बन्धु अवश्य ही अभी भी 'सत् श्री-अकाल' पर बल दे रहे हैं। पर लगता है कि वैश्वीकरण की आँधी में परम्परा का पालन करने वाले लोगों का हौंसला भी धीरे-धीरे पस्त होता जा रहा है। फौजी अफ़सरों-जवानों के परिवारों में चले जाइए, भले ही किसी भी धर्म-सम्प्रदाय के हों, वहाँ तो पूरी तरह बच्चों को पैदा होते ही अँग्रेज़ी संस्कारों में ढालने की होड़ मची हुई है। मध्यम वर्ग की स्थिति तो पूरी तरह सभी क्षेत्रों में अभिजन वर्ग के अनुकरण अन्धानुकरण की हो गयी है। एक मध्यवर्गीय परिवार में किसी उम्रधारी व्यक्ति की नयी पीढ़ी से डाँट खाते देखते सुना गया है, 'क्या आप नाश्ता कर लो, नाश्ता कर लो लगा रहे हैं, 'ब्रेक्रफ़ास्ट' नहीं कह सकते। बच्चा कैसे मैनर्स सीख पाएगा। फोन पर आप 'हलो' की जगह 'हाँ' जी या 'कहिए' का सम्बोधन दीजिए और सुनिए नयी पीढ़ी से कि ये क्या नयी चाल आपने चली है, सभी तो 'हलो' कहते हैं। मुझे लगता है कि समाज में अभी जड़ों की ओर लौटने की कुछ-कुछ चेतना बाकी है जिसे जब-तब देखा जा सकता है। आवश्यकता इस बात की है कि गली-मुहल्ले, कॉलोनियों के स्तर पर जगह-

जगह ऐसे संगठन बनें जो इस प्रवृत्ति को प्रोत्साहित करें। हम लोग बेकार हिन्दी दिवस, संस्कृत दिवस पर बड़े-बड़े मंचों से बड़ी-बड़ी बातें कहते रहते हैं, क्यों न हिन्दी दिवस पर हिन्दी वाले, पंजाबी दिवस पर पंजाबीवाले इसी प्रकार अन्य भाषा-भाषी अपनी आवासीय बस्तियों में यह चेतना जगाएँ कि कुत्तों के नाम, बच्चों के नाम अपनी ही भाषा में रखें, सुबह शाम अपनी परम्परा में प्रचलित सम्बोधनों से ही अभिवादन करें। अपने कुत्तों को अपनी भाषा में निर्देश दें, यह एक बड़ा काम होगा। यह अभी दस-पाँच साल में ही सम्भव किया जा सकता है, बाद में तो हाथ मलनेवाली स्थिति ही रह जाएगी।

कभी अँगरेज़ी को भी हिन्दी की तरह संघर्ष करना पड़ा था

प्रति वर्ष हिन्दी दिवस आता है, चला जाता है, किन्तु हिन्दी वहीं खड़ी रहती है, राष्ट्रभाषा घोषित होने पर भी उसे उस पद पर अधिष्ठित नहीं किया जाता। अनायास ही पूर्व राष्ट्रपति ज्ञानी जैल सिंह का यह कथन याद आता है, "हिन्दी का तो वही हाल है कि बेटे तो गद्दी पर बैठे हैं और माँ बाहर दरवाज़े पर बैठी है।" स्वतन्त्रता-प्राप्ति के इतने वर्षों बाद भी हिन्दी की स्थिति में कोई ख़ास अन्तर राजभाषा के रूप में नहीं आया है, अलावा इसके कि बैंकों, डाकखानों, आदि में कुछ शीशे मढ़ी पंक्तियाँ हिन्दी के प्रयोग को बढ़ावा देने के लिए लटककर रह गयी हैं। हम शनैः शनैः, भाषा को राजभाषा के रूप में प्रतिष्ठित करना चाहते रहे हैं, किन्तु परिणाम क्या निकला—नौ दिन चले अढ़ाई कोस भी तो नहीं।

यदि हिन्दी उत्थान में प्रशासनिक स्तर पर किए गये सही कार्यों के इतिहास पर दृष्टि डालें तो वर्ष 1990 ई. का हिन्दी दिवस एक विशेष महत्त्व लेकर आया, इसलिए नहीं कि इस वर्ष देश के संविधान में कोई विशेष प्रावधान राष्ट्र की संसद ने राष्ट्रभाषा के लिए कर दिया था, अपितु इसलिए कि इस वर्ष उत्तर प्रदेश सरकार ने एक झटके से राष्ट्रभाषा को पूरी तरह प्रदेश में लागू करने का निर्णय ले लिया। किन्तु सब जानते हैं कि उनके एक निर्णय पर कितना बावेला मचा और ख़ास तौर से अँग्रेरजी सरपरस्तों की नींद हराम हो गयी। अँग्रेज़ी प्रेस ने भी उन्हें खूब कोसा, किन्तु भाषा का निर्णय एक झटके में ही लिया जा सकता था।

यदि उत्तर प्रदेश जैसा बड़ा पूर्णतः हिन्दी भाषी प्रान्त 1950 से 90 के बीच भी ऐसा निर्णय नहीं ले सकता तो राष्ट्रभाषा को प्रशासनिक स्तर पर लागू नहीं किया जा सकता था। जिस प्रकार सन् '50 से राष्ट्रभाषा को 'लॉली-पॉप' दिखाने जैसी स्थिति में रखा गया, यह स्थिति पता नहीं कब तक और चलती। इसके पश्चात् कई प्रान्तीय सरकारों ने अपने-अपने प्रान्तों में राज्य की भाषा को अनिवार्यतः

लागू करने के कठोर पग उठाए, यथा—पंजाब, महाराष्ट्र, गुजरात आदि। 'राजभाषा अधिनियम' (ऑफिशियल लैंग्वेज एक्ट 1963 ई.) में दो व्यवस्थाएँ की गयीं—

(क) 26 जनवरी, 1965 ई. के पश्चात् भी हिन्दी के साथ-साथ अँग्रेजी का प्रयोग समस्त राजकीय कार्यों के लिए होता रहेगा।

(ख) इस तिथि के बाद भी संसद की कार्यवाही के लिए भी अँगरेजी का प्रयोग होता रहेगा।

इतनी स्पष्टता से अनिश्चित काल के लिए अँगरेजी को सह राजभाषा का दर्जा प्राप्त करा दिया गया था, किन्तु इसके पश्चात् भी देश में भाषा के नाम पर उग्र प्रदर्शन होते रहे, विभिन्न स्थानों पर जनसम्पत्ति की अपार क्षति हुई और राजभाषा के नाम पर दक्षिण में एक दौरा (हिस्टीरिया)-सा पड़ता रहा। इन सब दबावों के कारण और दक्षिण के अहिन्दी भाषी राज्यों के मस्तिष्क से यह भय निकालने के लिए हिन्दी उन पर थोपी जा रही है, 1967ई. में 'राजभाषा संशोधन अधिनियम' (The Official Language Amendment Bill, 1967) पास किया गया जिसमें मुख्य रूप से ये व्यवस्थाएँ थीं—

(क) संविधान के लागू होने के 15 वर्ष पश्चात् भी अँगरेजी केन्द्र और उस राज्य के बीच व्यवहार की भाषा होगी जिसने हिन्दी को राजभाषा घोषित नहीं किया है।

(ख) जब कोई भी राज्य जिसकी राजभाषा हिन्दी है किसी दूसरे अहिन्दी भाषी राज्य से पत्र-व्यवहार करेगा तो उस पत्र का अँगरेज़ी अनुवाद संलग्न करना आवश्यक होगा।

(ग) यह स्थिति तब तक लागू समझी जाएगी जब तक संघ के प्रत्येक राज्य की विधान सभा कानून द्वारा हिन्दी को अपनी राजभाषा घोषित नहीं कर देती, तथा देश की संसद उपयुक्त दोनों स्थितियों—'क' तथा 'ख' की समाप्ति के लिए कानून नहीं बना देती।

इस प्रकार इस संशोधन ने देश के अहिन्दी भाषी राज्यों के भय का पूर्णत: निराकरण कर दिया और साथ ही एक राज्य के हाथ में निषेधाधिकार (वीटो पावर) जैसा अस्त्र प्रदान कर दिया गया। यद्यपि 13 दिसम्बर, 1967 ई. को तत्कालीन केन्द्रीय गृहमन्त्री यशवन्तराव चह्वाण ने हिन्दीभाषियों के भय का निराकरण करते हुए कहा था कि ऐसा नहीं होगा कि कोई एक राज्य हिन्दी को सम्पूर्ण देश की राजभाषा बनने से रोकेगा। "यदि कुछ समय पश्चात् अहिन्दी भाषी राज्यों को कोई भय-शंका हिन्दी के प्रति नहीं रहेगी तो पुन: यही संसद इस वर्तमान व्यवस्था को बदलने की अधिकारिणी होगी।" 1967 ई. के बाद की घटनाएँ इस बात की गवाही देती हैं कि भारतीय संसद अब कभी भी हिन्दी को देश की एकमात्र

राजभाषा बनाने का एक कानून कभी भी नहीं बना पाएगी। जब अहिन्दी भाषी किसी एक राज्य को भी निषेधाधिकार (वीटो पावर) है कि वह पूरे देश में राष्ट्रभाषा को लागू न होने दे तो यदि उत्तर प्रदेश जैसा एक राज्य, जो पूर्णतः हिन्दी भाषी है, राष्ट्रभाषा को राजभाषा के रूप में प्रशासनिक स्तर पर कड़ाई से लागू करने का संकल्प ले लेता है तो यह बवेला क्यों? 1967 से 23 वर्ष बीत जाने पर भी राष्ट्रभाषा को राजभाषा के रूप में कारगर ढंग से लागू करने के प्रभावी कदम नहीं उठाए गये, कम-से-कम हिन्दी भाषी राज्यों में तो ऐसा हो जाता है कि प्रशासनिक स्तर पर अँग्ररेजी को पूर्णतः हटाकर हिन्दी को लागू कर दिया जाता, किन्तु ऐसा हुआ नहीं। इतिहास की इस बड़ी भूल को एक हिन्दी भाषी राज्य की सरकार ने एक झटके से दूर कर अन्य हिन्दीभाषी राज्यों का पथ प्रशस्त किया था।

हिन्दी के विरोध में सबसे बड़ा अस्त्र एक यह इस्तेमाल किया जाता है कि जिसको राष्ट्रभाषा के विरोध में कोई तर्क नहीं सूझता वह झट मुँह उठाकर कह देता है ''हिन्दी वाले छड़ी लेकर हिन्दी का प्रचार-प्रसार बन्द करें, हिन्दी के अन्धभक्त (शॉवनिस्ट) हिन्दी का नुकसान कर रहे हैं।'' जैसे भूत होता नहीं, भूत का भय खड़ा किया जाता है उसी प्रकार हिन्दी आतंकवाद का भूत जब चाहे तब खड़ा कर दिया जाता है। हिन्दीभाषी क्षेत्र इतना बड़ा है, यदि वही पूर्णतः हिन्दी को राजभाषा के रूप में लागू कर दे तो वह विश्व के अनेक राष्ट्रों से क्षेत्रफल और जनसंख्या में बड़ा भू-भाग होगा। अकेला उत्तर प्रदेश (बहुत पहले के आँकड़ों के अनुसार) यू.एन.ओ. के 110 सदस्य देशों से बड़ा है। किसी कार्यालय, किसी विभाग, में यह आन्दोलन कभी नहीं देखा गया कि वहाँ केवल हिन्दी में ही कार्य हो सकता है। जोर-ज़बर्दस्ती हिन्दी के नाम पर कभी की गयी हो, ऐसा एक भी उदाहरण नहीं मिलता।

हिन्दी विरोधियों द्वारा, उन विरोधियों द्वारा जो हिन्दी तो जानते नहीं, किन्तु अँगरेज़ी का भी पल्ला वे भाषा-प्रेम के कारण नहीं, अपितु एक मानसिक दासता के रूप में पकड़े हुए हैं, एक बड़ा ही 'सरल' तर्क, न जिसके सोचने में कुछ लगता है, न कहने में, यह दे दिया जाता है कि हिन्दीवाले हिन्दी को बड़ा क्लिष्ट बना रहे हैं, उसे 'सरल' बनाना चाहिए। ऐसे लोग हिन्दी क्या किसी भाषा की प्रकृति से परिचित नहीं होते। वे नहीं जानते कि किसी भी भाषा के व्यवहारगत कई रूप हेाते हैं—एक रूप वह होता है जो सामान्य बोलचाल का होता है, एक वह होता है जो सामान्य-ज्ञान के विविध क्षेत्रों में प्रयुक्त होता है और एक रूप होता है जो सामान्य-ज्ञान के श्रेष्ठ सर्जनात्मक साहित्य के माध्यम से सामने आता है। आकाशवाणी से सामान्य भाषा-रूप को देखकर ऐसे लोग ही यह लतीफ़ा

सेना के ऑफिसर्स मैस, किटी पार्टी के ढंग की पार्टियों में, बहुत-सी तथाकथित अभिजात्य बैठकों में सुनाते अघाते नहीं हैं "अब आप आकाशवाणी से हिन्दी में समाचार नहीं, समाचारों में हिन्दी सुनिए!" क्या विडम्बना है!! जब ऐसे लोग उर्दू या अँगरेज़ी का समाचार बुलेटिन सुनते हैं तो कहते हैं क्या नफीस उर्दू है या क्या बेस्ट लैंग्वेज़ है, किन्तु हिन्दी समाचार बुलेटिन में इन्हें हिन्दी का शुद्ध और मानक रूप भी मान्य नहीं! कभी आप किसी को कहते नहीं सुनेंगे कि 'वाह क्या अच्छी हिन्दी बोली जा रही है—कितनी सग्राह्य है, कितना सार्वजनीन रूप है इसका।' कम-से कम बाट, (प्रतिमान) तो सभी जगह एक-से रखिए। ज्ञान-विज्ञान, दर्शन, साहित्य और कला की भाषा का रूप स्वतः ही गम्भीर होगा, ऐसे लोग नहीं जानते कि कथ्य (कंटेंट) स्वयं भाषा का रूप गढ़ लेता है। यह एक सर्जनात्मक प्रक्रिया (क्रिएटिव प्रोसेस) है कि विचारों के तारतम्य के अनुरूप भाषा काग़ज़ पर ढलती चली आती है।

फिर 'सरलता' का मानदंड आपके पास क्या है? एक क्षेत्र के लिए संस्कृत-निष्ठ (उसकी तत्सम शब्दावली से परिपूर्ण) भाषा सरल होगी तो पंजाबी जैसे क्षेत्र के लिए उर्दू के सामान्य-से शब्दों के प्रयोग से भाषा का रूप सरल लगने लगेगा। इस सम्बन्ध में एक रोचक प्रसंग से अपनी बात साफ़ करना चाहूँगा। उड़ीसा के एक पब्लिक स्कूल में पढ़ाते हुए मैंने 'शादी' शब्द का प्रयोग छोटी कक्षा छठी या सातवीं में कर दिया। कक्षा इस शब्द से पूरी तरह अपरिचित!! एक छात्र ने पूछ ही लिया 'सर! शादी क्या?' मैं तुरन्त अपनी भूल पहचान गया और मैंने कहा 'परिणय', कक्षा को तुरन्त समझ में आ गया। उनकी संस्कृतनिष्ठ मातृभाषा के परिचय में 'शादी' नहीं, 'परिणय' सरल है, 'दूध' नहीं 'क्षीर' सरल है। इसलिए सरलता तो भाषा से परिचय की है, अपरिचय तो उसे क्लिष्ट ही कहेगा। उत्तर प्रदेश में सामान्य से कृषक या अल्पशिक्षित ग्रामसेवक से बड़ी सरलता से सुन लीजिए 'अधिशासी अभियन्ता' के कार्यालय में गया था, किन्तु पंजाब में 'एक्सियन' जल्दी समझ में आता है। इसलिए सरलता पात्र और क्षेत्र के अनुरूप अलग-अलग होती है। किसी पेड़-पौधों की नर्सरी में चले जाइए, वहाँ अनपढ़ माली भी देसी पौधों और घास के लिए अँगरेजी के ऐसे पारिभाषिक शब्द घड़ल्ले से बोलता है कि मुझे उसकी भाषा बड़ी क्लिष्ट लगती है, किन्तु उसके परिचय में हैं वे सब शब्द! अस्तु जिन्हें हिन्दी के विरोध में और कुछ नहीं सूझता, वे झट इस तीर को अपने तरकस से निकाल लेते हैं।

हिन्दी को तत्काल राजभाषा के रूप में लागू न करने का एक बड़ा तर्क यह दिया जाता रहा है कि उसके पास ज्ञान-विज्ञान, प्रशासन, न्याय, विधि, चिकित्सा, आदि की समुचित और समृद्ध शब्दावली नहीं है। इसी तर्क के कारण

प्राय: पिछले 50-60 वर्ष से विभिन्न विषयों के कोश तैयार कराए जा रहे हैं। किन्तु भाषा-विज्ञान का सामान्य-सा नियम राजनेताओं की समझ में नहीं आता कि भाषा में 'आवश्यकता आविष्कार की जननी है' का सिद्धान्त वाक्य कार्य करता है। यदि आप इन कोशों की शब्दावली का प्रयोग नहीं करेंगे तो यह शब्दावली मृत हो जाएगी। जहाँ हमारे पास शब्द नहीं हैं वहाँ अँगरेजी शब्दों को बेझिझक अपना लेना चाहिए। क्योंकि अँगरेज़ी के पास भी विभिन्न क्षेत्रों की पारिभाषिक शब्दावली अपनी नहीं है। अधिकांश शब्द फ्रेंच या दूसरी भाषाओं के हैं। जब अँगरेजी को इंग्लैंड की राजभाषा के रूप में प्रयुक्त किया जाना प्रारम्भ हुआ तो उसके पास भी अपनी कोई शब्दावली नहीं थी। कहा जाता है कि उनके पास प्रशासन के दो ही शब्द थे 'किंग' और 'क्वीन', उन्होंने फ्रेंच से सारे शब्द ज्यों-के-त्यों ग्रहण कर लिए—गवर्नमेंट, क्राउन, स्टेट, स्टैच्यूट, वार्डन, मेयर, एम्पायर, रॉयल, प्रिंस, प्रिंसेज, ड्यूक, मिनिस्टर, मैडम, जस्टिस, क्राइम, कार, एडवोकेट, जज, प्ली, सूट, वारंट, प्रापर्टी, आर्ट, पेंटिंग, म्यूज़िक, ब्यूटी, कलर, फिगर, इमेज, पोयम, प्रोज़, रोमांस, स्टोरी, ट्रेजेडी, टाइटिल, पेपर आदि नित्य प्रचलित शब्द फ्रेंच से ही अपनाए गये। सामान्य-जीवन के ड्रेस, फैशन, गारमेंट, कॉलर, पेटीकोट, बटन, बूट, ब्लू, ब्राउन, डिनर, टेस्ट, फिश, बीफ, मटन, टोस्ट, बिस्किट, क्रीम आदि न जाने कितने शब्द लगभग दस हज़ार शब्द, अँगरेजी ने फ्रेंच से ग्रहण कर लिये। 1775 ई. में डॉ. जॉन्सन ने अपने शब्दकोश में सारे विदेशी शब्दों को अँगरेज़ी के मानक शब्दों के रूप में स्वीकार कर लिया—उसके बाद उनके यहाँ यह विवाद ही समाप्त हो गया कि कौन-सा शब्द किस भाषा का है। अँगरेजी में शब्दों को अपनाने का यह क्रम रुका नहीं, निरन्तर चल रहा है। इसलिए 'बस फैल डाउन इन खड्ड' तथा 'वी.सी.वाज़ घेराउड' जैसे ताज़े प्रयोग हो रहे हैं। आज हिन्दी में तो प्रशासन, ज्ञान-विज्ञान, न्याय, विधि, चिकित्सा, भूगोल, आदि की शब्दावली के कोश तैयार करा दिए गये हैं, अब तो इसे इस आधार पर राजभाषा के रूप में प्रयुक्त करने से वंचित न रखा जाए। पारिभाषिक शब्द भी प्रयोग के साथ-साथ बदलेंगे। 'कोशों' में रचित कितने ही शब्द मृत हो जाएँगे, कितने ही नये सिरे से बनाए जाएँगे, कितने ही यथावत् ग्रहण कर लिए जाएँगे। भाषा-विकास की स्वाभाविक प्रक्रिया है यह! प्रयोग द्वारा यह शब्द कैसे बदलेंगे इसका एक उदाहरण दिया जा सकता है। संसदीय प्रणाली लागू होने पर हमारे यहाँ 'संसद सदस्य' शब्द कितने ही वर्षों चलता रहा, किन्तु अब स्वत: ही 'सांसद' शब्द प्रचलित हो गया जो उससे बेहतर है।

हमें निराश नहीं होना चाहिए कि हिन्दी को ऐसा कड़ा संघर्ष अपना समुचित स्थान पाने के लिए क्यों करना पड़ रहा है। हमारे यहाँ चिन्ता की बात यह है

कि राजनीतिक निर्णय भाषा के स्वाभाविक विकासक्रम को अवरुद्ध कर रहे हैं। जो तर्क आज हिन्दी के विरोध में दिए जाते हैं, वे सब तर्क अँगरेज़ी के विरोध में भी दिए जाते रहे हैं। 1066 ई. में जब इंग्लैंड पर फ्रांस का आधिपत्य हो गया तो वहाँ की भाषा फ्रेंच हो गयी। फ्रेंच ही वहाँ समस्त प्रशासन की भाषा तो हो ही गयी, सामाजिक दृष्टि से भी उसका प्रचार-प्रसार, रुतबा, इसी प्रकार का हो गया जैसा आज भारतवर्ष में अँगरेजी का है। समाज का संभान्त वर्ग, पूँजीपति, सामन्त, शिक्षक, सरकारी अफसर, सभी फ्रेंच के रंग में रँग गये। उच्च पदों पर वही पहुँच सकता था जो फ्रेंच जानता हो। अधिकारियों से मेलजोल उसी का हो सकता था जिसका फ्रेंच भाषा से प्रगाढ़ परिचय हो। वह समाज में एक सामाजिक प्रतिष्ठा (स्टेटस सिम्बल) बन गयी थी। अँगरेज़ी वहाँ केवल निम्न वर्ग, अशिक्षित लोगों, कृषकों, मजदूरों आदि की ही भाषा रह गयी थी। इतना ही नहीं, फ्रांसीसी शासन की दासता से मुक्त होने पर भी वहाँ फ्रेंच-भाषा का वर्चस्व ऐसे ही बना रहा। जैसे आज हमारे देश में बना हुआ है। जिन अँगरेज़ी राजाओं का शासन इंग्लैंड में आया वे पूरी तरह फ्रेंच-भक्त थे। वे देश में रहकर भी विदेशी थे, पूरी तरह फ्रेंच और फ्रेंच संस्कृति में स्नात। 1337 ई. से 1453 ई. के 'शतवर्षीय युद्ध' (कहे जाने वाले) संघर्ष ने 14वीं शती में यह प्रक्रिया प्रारम्भ की कि शत्रु-पक्ष की फ्रेंच भाषा के प्रति, उनकी संस्कृति के प्रति, एक विरोध की भावना तीव्रता से फैलने लगी। सामान्य-जन का संघर्ष वहाँ की जन-भाषा अँगरेजी के माध्यम से उसको समुचित स्थान दिलाने के लिए हुआ। सामान्य वर्ग के लोग अपने बच्चों को फ्रेंच की अच्छी शिक्षा नहीं दिला सकते थे, उच्च शिक्षा के लिए वे अपने बच्चों को फ्रांस-पेरिस नहीं भेज सकते थे। पेरिस की मानक फ्रेंच बोलने वाले उन्हीं के देश के उन लोगों को अवमानना की दृष्टि से देखते थे जो इंग्लैंड में ही पढ़-लिखकर कामचलाऊ फ्रेंच बोलते थे। जब 1362 ई. में इंग्लैंड की न्याय-व्यवस्था में अँगरेज़ी का प्रयोग कानून द्वारा सम्भव बनाया गया तो इसका बड़ा भारी विरोध किया गया। बड़े-बड़े न्यायाधीशों और वकीलों को यह समझ नहीं आ रहा था कि अँगरेज़ी में कार्य कैसे चल पाएगा? क्योंकि अँगरेजी में कानून की पुस्तकें अनुपलब्ध हैं। वस्तुतः वहाँ उस समय लोग अपनी भाषा में बात करना भी इज्जत-हतक समझते थे। ठीक वैसी ही स्थिति आज हमारे यहाँ है। 16वीं शती में वहाँ अँगरेज़ी को उचित सम्मान मिलना प्रारम्भ हुआ, किन्तु अभी भी 'कुलीनता' के दम्भ में अनेक लोग किसी-न-किसी बहाने से फ्रेंच का वर्चस्व बनाए रखना चाहते थे। बाहर की दुनिया से, विदेशों से सम्पर्क रखने के लिए वे फ्रेंच को आवश्यक बता रहे थे, किन्तु फिर यही अँगरेज़ी अन्तर्राष्ट्रीय सम्पर्क भाषा बनी। आज छोटे-से-छोटे अरब देशों के राजनयिक आकर

हमसे अपनी भाषा में सारी वार्ता, कार्य-व्यापार निपटा जाते हैं, किन्तु हमारे राजनीतिज्ञ इसी चिन्ता में घुले जा रहे हैं कि वे ये सब कार्य अँगरेज़ी के बिना कैसे सम्पन्न कर पाएँगे। इंग्लैंड में 17वीं शताब्दी के प्रारम्भ में अँगरेज़ी का यह विरोध शान्त हो पाता है। वहाँ यह विरोध देशवासियों की प्रबल राष्ट्रीय भावना के कारण ही शान्त हो सका।

हिन्दी की संघर्ष कथा-अँगरेज़ी की संघर्ष कथा के समान ही है, किन्तु सवाल यह है कि इस संघर्षशील यात्रा के पश्चात् किस प्रकार अँगरेज़ी को गौरवपूर्ण प्रतिष्ठा अपने देश में मिल सकी क्या हिन्दी का भी वह सहज सौभाग्य होगा? वर्तमान परिस्थितियों में तो इसका उत्तर नकारात्मक ही दृष्टिगत हो रहा है। यदि देश का राजनीतिक नेतृत्व सही विवेक का इस्तेमाल कर यह समझ ले कि राष्ट्रभाषा के समुचित सम्मान के बिना सांस्कृतिक दृष्टि से हम पंगु हो जाएँगे तो कदाचित् कोई ऐसा स्वर्ण विहान हो जिसमें हम स्वास्थ्यवर्धक वायु में साँस ले सकें।

सड़क पर राजभाषा और राजनीति की रोटियाँ

प्रति वर्ष हिन्दी दिवस रस्मी तौर पर मनाया जाता है। सरकारी संस्थानों, कॉलिज-विश्वविद्यालयों आदि में वहाँ 'हिन्दी कीर्तन' होता है। प्रति वर्ष लगभग एक-से ही अन्दाज में—वक्ता हर वर्ष अलग-अलग आ जाते हैं, किन्तु घूम-घूम कर वही बातें—हिन्दी का वैसा ही महिमामंडन, उसे आगे ले जाने के लिए प्रतिबद्ध घोषणाएँ, कभी उसके भूमंडलीय विस्तार पर आत्म-गौरव का भाव और कभी उसे यू.एन.ओ. में स्थान न मिलने पर छाती-पीट स्यापा-भाव! राजभाषा का, राष्ट्रभाषा का, रथ ऐसे ही आगे बढ़ता चला जाएगा का सन्तोष-भाव! हिन्दी को लेकर जो राजनीति देश में दिनोंदिन और अधिक क्षुद्रता की ओर जा रही है उसका भी ध्यान हिन्दी दिवस के सन्दर्भ में कर लेना चाहिए। संयुक्त राष्ट्रसंघ में हिन्दी को समुचित स्थान दिलाने की बात बाद में कीजिए, पहले उसे अच्छी तरह अपने देश में तो सम्माननीय स्थान दिलाइए। हिन्दी की अपने देश में क्या स्थिति है, उसे सब जानते हैं पर फिर भी दो घटनाएँ सड़क के सन्दर्भ में हमारे देश में घटीं उनकी ओर ध्यान दिलाकर कुछ हिन्दी-चिन्तन कर लेना बुरा न होगा। ये दो घटनाएँ जो सन्दर्भ प्रस्तुत करती हैं उनका सम्बन्ध प्रशासन और राजनीति से है। दोनों घटनाएँ कुछ वर्ष पूर्व ही घटित हुईं जिनमें एक का सम्बन्ध धुर उत्तर के पंजाब प्रान्त से है और दूसरी का सम्बन्ध धुर दक्षिण के प्रान्त तमिलनाडु से है। दोनों में ही प्रशासन और किसी सीमा तक राजनीतिक नेतृत्व की संलिप्ति है।

पहला प्रसंग पंजाब—पटियाला—में विश्व पंजाबी कॉन्फ्रेंस के आयोजन का है। दिसम्बर, 2004 के पहले सप्ताह में पंजाब सरकार विश्व पंजाबी कॉन्फ्रेंस तथा पंजाबी विश्वविद्यालय के सहकार से बड़े भारी तामझाम से विश्व पंजाबी कॉन्फ्रेंस का आयोजन पंजाबी विश्वविद्यालय, पटियाला के परिसर में किया गया। कॉन्फ्रेंस से पहले शहर-भर की सड़कों पर बड़े-बड़े होर्डिंग लगाए गये जिनमें प्रतिनिधियों के स्वागत शब्द अँग्रेज़ी में थे। कुछ स्थानों पर ये स्वागत शब्द शाहमुखी या उर्दू लिपि में भी थे। पटियाला नगर निगम के सौजन्य से सरकार द्वारा लगाए गये इन होर्डिंग पर प्रधानमन्त्री डॉ. मनमोहन सिंह, कांग्रेस अध्यक्ष सोनिया गाँधी, केन्द्रीय

मानव संसाधन मन्त्री अर्जुन सिंह, पाकिस्तानी पंजाब के मुख्यमन्त्री चौधरी परवेज़ इलाही, मुख्यमन्त्री कैप्टन अमरिंदरसिंह व उपमुख्यमन्त्री राजिन्दर कौर भट्ठल के चित्र प्रकाशित थे—एक दूसरे से पूरे भारत की ओर से अभ्यागतों का स्वागत जिसमें हमारी सरकार के सभी प्रमुखों द्वारा स्वागत-शब्द! पंजाबियों को अपनी संस्कृति और विशेषत: माँ बोली के जिस प्यार के लिए जाना जाता है वह यहाँ पूरी तरह नदारद! और तुर्रा यह है कि ये शब्द, स्वागत-बोल, उस महान पंजाबी भाषा के विश्व-सम्मेलन के अवसर पर थे। कहना न होगा कि विश्व पंजाबी सम्मेलन में भाग लेने आये सभी आमन्त्रित सज्जन जो पाकिस्तान, इंग्लैंड, कनाडा आदि से आये थे। सभी तो पंजाबी के प्यार के अनुप्राणित हो इतनी दूर चल कर आये थे। क्या यह अच्छा नहीं रहता कि स्वागत-होर्डिंग अँग्रेज़ी और उर्दू की बजाय पंजाबी और हिन्दी में रहते! पंजाबी-भाषी विश्व समुदाय को हम यह अहसास नहीं दिला पाए कि हमारी अपनी भाषा पंजाबी और राष्ट्रभाषा हिन्दी है। चार-पाँच माह बाद यह अहसास और तीव्रता से पीछा करता रहा जब विश्व पंजाबी कॉन्फ्रेंस का यही आयोजन पाकिस्तान में हुआ। समाचार-पत्रों, पत्रिकाओं, आदि में जो होर्डिंग पाकिस्तान में लगे देखे गये, उनमें सर्वत्र प्रमुखता से उर्दू में ही स्वागत शब्द थे—न उन्होंने हमारी आवभगत में उर्दू छोड़ हिन्दी में बोर्ड लगाए और न ही उन्होंने पंजाबी की उपेक्षा की—सभी होर्डिंगों में उर्दू के नीचे पंजाबी मौजूद थी। यह घटना छोटी नहीं है, राष्ट्रीय अस्मिता का भाषा से जुड़ा जो प्रश्न है उसका इससे गहरा सम्बन्ध है। हिन्दी ने कभी नहीं चाहा था कि उसकी सहोदरा प्रान्तीय भाषाओं का विकास न हो, किन्तु राजनीति और प्रशासन ने ऐसी गोटियाँ चलीं कि राष्ट्रभाषा तो कहीं पिछली सीटों पर बैठी रह गयी, प्रमुखता प्राप्त अँग्रेज़ी को होती चली गयी। हिन्दी दिवस के बहाने यदि यह चिन्तन कर लिया जाय, सरकार कोई समिति आदि बनाकर यह विचार कर लें कि विभिन्न अन्तर्राष्ट्रीय सम्मेलनों के आयोजन में चाहे वे किसी भी प्रान्त में आयोजित क्यों न हों—सर्वप्रथम राष्ट्रभाषा में ही होर्डिंग लगें, उसके साथ प्रान्तीय भाषा और फिर यदि आवश्यक हो तो अँग्रेज़ी में नाम-पट, विज्ञापन आदि तैयार कराए जाएँ। विभिन्न हिन्दी सेवी संस्थाएँ राजनीतिक दलों पर दबाव बनाएँ कि राष्ट्रभाषा के संवर्द्धन में ऐसे पग आवश्यक हैं और न ही यह किसी प्रकार से हिन्दी के 'साम्राज्यवादी विस्तार' का पग है। चुनाव और वोट तथा कई तरह के राजनीतिक गठबन्धनों की विवशता में घिरी केन्द्र सरकार, किसी भी समय की केन्द्रीय सरकार क्या ऐसा कर पाने में सक्षम हो पाएगी—यह एक यक्ष प्रश्न है, समय जिसका उत्तर माँगता है।

दूसरी घटना, तमिलनाडु की जयललिता सरकार से सम्बोधित है। दिसम्बर, 04 के आखिरी हफ्ते में मुख्यमन्त्री सुश्री जयललिता ने प्रधानमन्त्री डॉ. मनमोहन सिंह को एक पत्र लिखकर शिकायत की कि राष्ट्रीय राजमार्ग प्राधिकरण जो राज्य

में 1,629 किलोमीटर लम्बे राजमार्ग-निर्माण का कार्य कर रहा है, वह नगरों, कस्बों की दूरी दर्शानेवाले मील-स्तम्भों पर केवल हिन्दी में नाम-दूरी लिख रहा है जबकि यह तमिल और अँग्रेज़ी में ही होने चाहिए। उन्होंने बताया कि ऐसे मील-स्तम्भ राजमार्ग सं. (एन.एच) 45 चेंगलपट्टू और त्रिवेन्द्रम तथा राजमार्ग सं. 7 (एन.एच. 7) जो होसूर और कृष्णगिरि के बीच बन रहा है, पर लगाए गये हैं। उन्होंने प्रधानमन्त्री से आग्रह किया कि ये मील स्तम्भ केवल अँग्रेज़ी और तमिल में लिखवाए जाएँ क्योंकि यही परम्परा तमिलनाडु में वर्षों से चली आ रही है। जयललिता जी का यह एतराज़ तो बिल्कुल सही है कि मील-स्तम्भों में तमिल में लिखा होना तो नितान्त आवश्यक है, किन्तु तमिल के साथ अँग्रेज़ी ही हो, यह बात किसी भी दृष्टि से राष्ट्रीय हित में नहीं है। उनका आग्रह ही था तो यह भी कहा जा सकता था कि वे मील स्तम्भ तीनों भाषाओं में हों। आख़िर उन राजमार्गों पर अनेक गैर तमिलभाषी भी यात्राएँ सम्पन्न करते हैं, उन्हें भी दूरी और स्थानों की जानकारी मिलनी चाहिए। जो अँग्रेज़ी न जानता हो अपने ही देश में वह बेगाना बनने को क्यों अभिशप्त हो? दक्षिण के राज्यों में त्रिभाषा फार्मूला लागू है (या होना चाहिए) जिससे प्रत्येक व्यक्ति को कम-से-कम राष्ट्रभाषा का अक्षर-ज्ञान तो हो ही जाएगा। राज्य-सरकार जब केन्द्र के बहुत सारे आदेश और अनुदेश मानने की बात करती है तो वह त्रिभाषा फार्मूले को पूरी निष्ठा से लागू करने में कोताही क्यों बरतती है। यह त्रिभाषा-ज्ञान-योजना केवल काग़ज़ों तक ही सीमित क्यों रह जाती है। वस्तुतः राजनेताओं को न तमिल भाषा के संवर्द्धन से मतलब है और न राष्ट्रभाषा हिन्दी के, उन्हें तो भाषा के नाम पर राजनीति की अपनी रोटियाँ सेंकनी हैं। इस कथन का प्रमाण उनके इस पत्र के बाद दिए गये वक्तव्य से मिल जाता है जिससे वे केन्द्रीय सरकार में डी.एम.के. के प्रतिनिधि मन्त्रियों, विशेषतः टी.आर.बालू पर बिफ़रती हैं कि 'वे मात्र दिखावे-भर के लिए तमिल हितों के संरक्षक बने फिरते हैं, क्योंकि उन्होंने सड़क परिवहन मन्त्री रहते हुए भी तमिल-भाषा का ध्यान नहीं रखा है। वे केवल सत्ता में बने रहने के लिए दिल्ली में बैठी केन्द्रीय सरकार का समर्थन करते हैं।'

जयललिता जी का यह एतराज़ यह सवाल खड़ा करता है कि राष्ट्रीय राजमार्ग प्राधिकरण तो अन्य अनेक राज्यों में भी सड़क-निर्माण-कार्य में रत है, क्यों नहीं कोई निर्णय केन्द्रीय सरकार के स्तर पर लिया जाता है कि राष्ट्रीय राजमार्ग पर तीनों भाषाओं प्रान्तीय भाषा, राष्ट्रभाषा और अँग्रेज़ी—में स्थान और दूरी का निर्देशन किया जाएगा। राष्ट्रभाषा के हित और पूरी निष्ठा से राजभाषा को लागू करने के लिए तो यह आवश्यक होता कि केवल प्रान्तीय भाषा और राजभाषा में सभी नामपट होते, किन्तु फ़िलहाल की स्थितियों में तो यह एक आकाश-कुसुम जैसी माँग ही है।

'पुस्तक संस्कृति' पर कुछ और

हिन्दी पट्टी की पुस्तक संस्कृति पर जब-तब चर्चा होती ही रहती है। हिन्दी भाषा क्षेत्र में पुस्तक-संस्कृति है ही कहाँ? पुस्तक संस्कृति तो केरल में है (या ऐसे ही कुछ अन्य प्रान्तों में है)। जहाँ ईसाई आबादी बीस प्रतिशत होते हुए भी 'दा विंची कोड' उपन्यास के मलयाली अनुवाद का 5,000 प्रतियों का संस्करण मात्र एक सप्ताह में हाथों-हाथ बिक गया। दूसरा पुनर्मुद्रण हुआ, वह भी समाप्त हो गया और तीसरे पुनर्मुद्रण की आतुर प्रतीक्षा है, पुस्तक की माँग निरन्तर बनी हुई है। यह हाल तब है जब उपन्यास पर बनी विवादास्पद फिल्म 'दा विंची कोड' अभी प्रदर्शित नहीं हुई थी। फिल्म प्रदर्शित होने पर उपन्यास की माँग और भी बढ़ी होगी। इसी प्रकार नलिनी जमीला की 'एक सेक्स वर्कर की आत्मकथा' के सौ दिन में छह संस्करण प्रकाशित हो गये और अँग्रेज़ी हिन्दी सहित विश्व की कई भाषाओं में इसके अनुवाद प्रकाशित हुए। हिन्दी अनुवाद राजपाल एंड सन्स से 2008 ई. में प्रकाशित होकर आया। क्या इतने बड़े हिन्दी क्षेत्र में किसी भी पुस्तक की ऐसी बिक्री हुई—भले ही हम कितनी ही लोकप्रिय पुस्तकों का उदारहण प्रस्तुत करें। पुस्तक संस्कार और संस्कृति ही क्या कोई भी संस्कृति या संस्कार जब तक हमारे भीतर गहरा पैठकर हमारी जीवनचर्या हमारे सम्पूर्ण अस्तित्व का अंग नहीं बनता, तब तक वह संस्कार की कोटि में आता ही नहीं। उसकी कोई संस्कृति बन ही नहीं पाती। जरा गौर कीजिए कि हम पुस्तक पढ़ने का कितना संस्कार अपने घर-परिवार को दे पाते हैं? क्या सामान्य बुद्धिजीवी वर्ग में पुस्तक पढ़ने की 'बान' है तो कितने प्रतिशत लोगों में और कितनी मात्रा में? हमारे घरेलू बजट का क्या कुछ भी भाग पुस्तकों में मिल पाता है, थोड़ा-बहुत पैसा पत्रिकाएँ खरीदने पर तो ख़र्च हो पाता है, किन्तु पुस्तक खरीदी जाती हों, खरीदकर बच्चों को दी जाती हों—ऐसे उदाहरण विरल ही हैं, बहुतायत में नहीं। सुना जाता है बंगाल के बुद्धिजीवी वर्ग में संगीत और पुस्तक उपहार में देने की परम्परा थी, अब मॉल संस्कृति में यह कितनी बची रही होगी—यह

सर्वेक्षण का विषय है। पर हमारे हिन्दी समाज में पुस्तकें उपहार में देने की परम्परा रही ही नहीं। कुछ प्रयोग किए जाते तो निश्चित रूप से सफलता मिलती। एक व्यक्तिगत उदाहरण से बात को स्पष्ट करना चाहूँगा। मेरे बच्चे जब छोटे थे तब वे अपने मित्रों की जन्मदिन पार्टी पर जाते तो उन्हें मैं कहता कि किसी बाल-पुस्तकों का आकर्षक सैट ले जाओ तो उन्हें शर्म आती। मैंने मध्यम मार्ग यह निकाला कि तुम अपनी 'प्रजेंट' तो ले ही जाओ—इन पुस्तकों का सैट भी ले जाओ, कहना 'अंकल' ने भेजा है। बच्चे बड़े हो गये, बेटी की एक प्राय: तीस वर्षीया सहेली कहीं अचानक मिल गयी तो उसने बहुत हुमक कर बताया 'अंकल, मुझे बर्थ डे पर आपके द्वारा दी गयी किताबें आज भी याद हैं', मैं सोचता रहा कि काश! मैं विवाहोत्सवों पर भी प्रेमचन्द, तुलसी, मीरा तथा हिन्दी के अन्य अधुनातन नामों का साहित्य उपहार में दे पाता, पर बच्चे बड़े होकर हमारे ऐसे उपहार कब ले जाते हैं! यह संस्कार हमें घरों से ही विकसित करना होगा कि बच्चे पुस्तक-प्रेमी हो जाएँ! पर भूमंडलीकरण और उसके द्वारा लायी गयी उपभोक्तावादी संस्कृति में यह सब सम्भव हो पाएगा, मुझे शंका है। उत्तर नकारात्मक ही मिल रहा है। देखा गया है कि जिन बच्चों में पढ़ने के संस्कार भी थे, वे विदेश जाकर बिला गये। भागमभागी की जिन्दगी में पुस्तकों के लिए स्थान कहाँ, वहाँ तो वे 'फास्ट फूड' भी 'फास्ट स्पीड' से खाते नहीं, 'भकोसते' नजर आ रहे हैं। 'वीक डेज़' में तो यही स्थिति है, छुट्टी के दिन, केवल कुछ ही लोगों को, ढंग से खाना नसीब हो पाता है, नहीं तो छुट्टी के दिनों में दुगुने डॉलरों की चमक उन्हें जिन्दगी की उसी व्यस्तता में और भी व्यस्त कर झोंक देती है। विदेश की छोड़िए, जो लोग देश में ही बड़े नगरों-महानगरों में जा बसे, उनके लिए भी पुस्तक पढ़ने का वक्त कहाँ है? वे शहर भागलपुर जनपद का पुनसिया कस्बा तो नहीं जहाँ छोटी-सी आबादी में ही वहाँ से लगभग 10-15 छोटी-छोटी पत्रिकाएँ निकलती हों, वहाँ का साहित्य सम्मेलन हिन्दी और अंगिका (भाषा) की 30-40 पुस्तकें प्रकाशित कर चुका हो (आज से प्राय: 20 वर्ष पूर्व की बात है यह)।

पुस्तकें महँगी होने का तर्क अब पूरी तरह बेमानी और निरस्त हो चुका है। प्रात: होते ही हम महँगे-से-महँगे टूथपेस्ट, साबुनों, बहुराष्ट्रीय कम्पनियों के महँगे से-महँगे उत्पादों—ऑकलेट-चॉकलेट, इपिस्टिक, चिपिस्टिक, लिपस्टिक, और न जाने कितनी ब्रांडिड महँगी वस्तुओं को अपने तन-मन पर चिपकाए-लटकाए अपनी दिनचर्या का प्रारम्भ करते हैं। सुना, देखा गया है कि मैक्डॉनल का 172-200 रुपये का पीज़ा कहीं-कहीं होटलों में तो 500 रुपये या उससे अधिक रुपये का भी है, अब हमारी पहुँच में है, तो अगर हमारा मन हो तो

महँगी पुस्तकें क्यों नहीं खरीद सकते। और जिन्हें हम महँगी पुस्तकें कह रहे हैं वे तुलनात्मक दृष्टि से उतनी महँगी भी नहीं हैं। जितने पृष्ठों की जितने मूल्य की हिन्दी पुस्तकें आज देखते हैं, लगभग उतने ही पृष्ठ की अँग्रेज़ी पुस्तक—भारत में ही उत्पादित—का मूल्य देखिए, वह कहीं अधिक है। जब अँग्रेज़ी की पुस्तकें हिन्दी पट्टी में बिक रही हैं तो हिन्दी पुस्तकों की बिक्री का रोना क्यों? बात वहीं आकर रुकती है कि हमारा पुस्तक संस्कार है ही नहीं। औरों की बात छोड़िए—केवल हिन्दी की रोटी खाने वाले हिन्दी अध्यापकों की बात कीजिए। कुछ जगह विश्वविद्यालयों में पुनश्चर्या पाठ्य-क्रमों में जाना लगा रहा। भाषणोपरान्त साथी अध्यापकों से बहुत दोस्ताना लहज़े में ईमानदारी से उत्तर माँगा तो पाया गया कि उन बेचारों ने उस विषय से सम्बन्धित (कविता, कहानी, उपन्यास, आदि) पिछले बीस वर्षों में प्रकाशित किसी भी चर्चित कृति को पढ़ा ही नहीं है या उसके विषय में सुना भी नहीं है, उनके यहाँ पुस्तक होने की बात तो दूर! कुछ अच्छे लोगों से वायदा लिया कि अब वे निश्चित रूप से ध्यान देंगे और वर्ष में दो-चार किताबें खरीदने की चेष्टा उनकी रहेगी।

पुस्तक संस्कृति के प्रति हम कितने बेपरवाह हैं, इसका एक बहुत जाना-पहचाना उदाहरण देखा जा सकता है। आये दिन समाचार-पत्रों में और अन्य रूपों में पॉश कॉलोनियों, अपार्टमेंट्स के विज्ञापन आते रहते हैं। सभी सुविधाओं की आश्वस्ति दी जाती है—24 घंटे बिजली-पानी व्यवस्था, स्कूल, कम्यूनिटि हॉल, प्ले ग्रांउड, क्लब, गोल्फ़ क्लब, स्वीमिंग पूल, आदि, आदि। कभी किसी बिल्डर, कॉलोनाइज़र ने यह भी आश्वस्ति दी है कि वहाँ एक पुस्तकालय-लाइब्रेरी भी होगी? मैंने अभी तक किसी ऐसी कॉलोनी का विज्ञापन नहीं देखा, जहाँ पुस्तकालय-सुविधा की बात की गयी हो। यह तर्क कोई बहुत मायने नहीं रखता कि नयी पीढ़ी जो पूरी तरह वैश्वीकरण के प्रभाव में है, वह कब चाहेगी पुस्तकालय-सुविधा। वैश्वीकरण की सारी ख़राब बातों और आदतों को हम पूरी तरह आत्मसात करते जा रहे हैं, किन्तु उससे सम्बद्ध, या कहें विदेशों की अच्छी चीज़ें हम क्यों नहीं अपना पा रहे हैं? आस्ट्रेलिया में मैंने देखा कि वहाँ मॉल संस्कृति के साथ पुस्तक संस्कृति विकसित करने का बड़ा अच्छा प्रयोग हो रहा है। लगभग हर अच्छे मॉल के साथ सरकारी स्तर पर पुस्तकालय भी उसी परिसर में अवस्थित है। ये पुस्तकालय भले ही बहुत बड़े न हों, पर प्रत्येक पाठक वर्ग की आवश्यकता को ध्यान में रखते हुए वहाँ पुस्तकों का अच्छा संकलन है। बाल-साहित्य, चित्रकला, गृह-सज्जा, इतिहास, भूगोल, विश्व-इतिहास, जीवनी-साहित्य, मनोविज्ञान। प्रायः सभी प्रकार का साहित्य वहाँ उपलब्ध है। खरीददारी के लिए गयी महिलाएँ और बच्चे विशेष रूप से इन पुस्तकालयों का प्रयोग करते हैं। यदि कोई पुस्तक वहाँ

नहीं है और आप उसे पढ़ना चाहते हैं तो उसे वे लोग मुख्य पुस्तकालय या अन्य शाखा-पुस्तकालय से अगली बार मँगाकर देते हैं। पुस्तकालय के प्रति आकर्षण और ललक जगाने के लिए इन पुस्तकालयों में एक कक्ष शिशुओं के लिए भी है। उसमें कटिंग करने के लिए तरह-तरह के गत्ते, खिलौने बनाने के लिए रबर और क्ले के लौंदे, तरह-तरह के रंगीन, प्रिंटिंग काग़ज़, अबरी काग़ज़, कैंची आदि रखी हुई हैं, शिशु पढ़ भले ही न सकें, किन्तु इन खेलों से उनकी प्रतिभा सहज ही विकास पाती है। इन पुस्तकालयों में सिक्के डालकर स्वयं ही फोटो-स्टेट प्रतियाँ करने वाली मशीन भी रखी होती है। मॉल के साथ पुस्तकालय की धारणा चौंकाने वाली है, काश! हमारे यहाँ नित्य खुलने वालो मॉल, शॉपिंग सेंटर इस ओर ध्यान दे पाते। सरकारी स्तर पर भी इसे मॉल, शॉपिंग सेंटर खोलने के साथ एक अनिवार्यता का रूप दिया जा सकता है। आज इस बात की महती आवश्यकता है कि वैश्वीकरण की आँधी में हम शब्द संस्कृति को किस प्रकार बचा सकते हैं—पुस्तक की संस्कृति के विकास की कुछ जुगतें हमें निकालनी ही चाहिए!

सौंपें किसको यह थाती

कुछ दिनों से मैं एक समस्या से ग्रस्त हूँ, यह समस्या शायद कुछ और लोगों की भी है। किसी की पुस्तकें होती हैं, एक अपनी रुचि के विषयों से सम्बन्धित जीवन भर संचित की हुई पुस्तकें, इनमें से कितनी ही पुस्तकों को कभी कसाले के दिनों में पेट काटकर, मैस या ढाबे पर एक समय की ख़ुराक न खाकर पैसा बचा-बचाकर खरीदा गया था या अन्य आवश्यकताओं में कतर-ब्यौंत कर किसी तरह प्राप्त किया गया था। कुछ को जामा मस्जिद के पास लगने वाले शुक्रवार के बाज़ार में खोज कर पाया गया था। दूसरी वे स्वरचित पुस्तकें जिन्हें उनसे बड़े कठिन परिश्रम, अध्यवसाय और निष्ठा से लिखा है। उम्र की साँझ में अँधेरा घिरने से पहले व्यक्ति अपनी थाती किसी प्रियजन या सुरक्षित हाथों को सौंपना चाहता है। पहले बड़े निसंकोच भाव से पुस्तकें किसी अच्छे पुस्तकालय को दे दी जाती थीं किन्तु आज वैश्वीकरण के प्रभाव वाले द्रुतगति जीवन ने पढ़ने की आदत को निरन्तर कम कर दिया है। विश्वविद्यालय के पुस्तकालयों में पाठ्य-क्रम में लगी या विषय से सम्बन्धित आलोचनात्मक पुस्तकों और कुछ बहुपठित शोध-प्रबन्धों और इतिहास ग्रन्थों की स्थिति यह है मानो उनके साथ बारम्बार बलात्कार किया गया है। यदि किसी पुस्तक को देखने की आवश्यकता पड़ जाय तो उसमें से जगह-जगह से वे पृष्ठ सफाई से ब्लेड से काटे हुए मिलेंगे जिनकी आपको आवश्यकता है। उन्हें पहले से ही वे लोग झपट कर ले गये जिनकी आवश्यकता बड़ी थी। दूसरे वे पुस्तकें जो गहन शोध आदि से सम्बन्धित हैं, उन्हें कोई कभी निकलवाता ही नहीं है, वे अलमारियों में पड़ी धूल फाँकती रहती हैं। 60-70 के दशक में यह माना जाता था कि आचार्य रामचन्द्र शुक्ल का 'हिन्दी साहित्य का इतिहास' पढ़े बिना कोई विद्यार्थी हिन्दी में एम.ए. कक्षा उत्तीर्ण ही नहीं कर सकता। आचार्य शुक्ल के इतिहास के साथ-साथ आचार्य श्यामसुन्दर दास, डॉ. रामकुमार वर्मा, अयोध्या सिंह उपाध्याय 'हरिऔध', आचार्य हज़ारी प्रसाद द्विवेदी, आदि के इतिहास भी अच्छे विद्यार्थी द्वारा खूब पढ़े जाते थे (यद्यपि मिश्र बन्धुओं

आदि के इतिहास तभी विस्मृति के गर्भ में जाने लगे थे)। आचार्य रामचन्द्र शुक्ल का इतिहास आज भी अधुनातन इतिहासों का आधार ग्रन्थ है, किन्तु आज उसको हाथ लगाए बिना ही धड़ाधड़ एम.ए. पास विद्यार्थियों की फौज-दर-फौज निकल रही है। विश्वविद्यालय पुस्तकालयों में अनेक बहुमूल्य ग्रन्थ इसी प्रकार प्रायः धूल चाटते पड़े रह जाते हैं। मूल पुस्तकों को न पढ़ने का और सस्ती कुंजी, पुस्तकों को पढ़ने का प्रचलन निरन्तर प्रसार पर है। प्राइवेट रूप में एम.ए. हिन्दी पास एक अध्यापक से जब मैंने पूछा कि 'गोदान' तो तुमने पढ़ा ही होगा' तो उसने बड़े तपाक और शान से उत्तर दिया कि 'मैंने फलाँ लेखक के उस पर नोट्स पढ़े थे।' कॉलेज पुस्तकालयों की स्थिति तो और भी बदतर है। वहाँ पाठ्य-क्रम की पुस्तकें कोई निकलवाए-तो-निकलवाए अन्यथा कोई आलोचनात्मक पुस्तकें पढ़ने का अवकाश न तो छात्रों को है, (प्रायः) न अध्यापकों को। ये बातें कड़वी लग सकती हैं, किन्तु हैं पूरी तरह सच।

इन्हीं स्थितियों से कुपित-व्यथित होते हुए आज से प्रायः सोलह (16) वर्ष पूर्व मैंने अपनी काव्य, नाटक और उनकी आलोचना से सम्बन्धित प्रायः एक सौ अस्सी (180) पुस्तकें नगर-निगम के पुस्तकालय को इसलिए सौंप दीं कि अब यह क्षेत्र मेरे अध्ययन-लेखन का नहीं रहेगा और न ही किराए के मकान में उनको उस समय रखने की व्यवस्था थी। कुछ दिन हुए किसी छात्र को उनमें से किसी एक पुस्तक की आवश्यकता पड़ी। मैंने उस छात्र को नगर-निगम के उस पुस्तकालय में उस पुस्तक को देखने के लिए भेजा। वहाँ ऊबी-उकताई हुई पुस्तकालय के रख-रखाव की जिम्मेदार दो महिलाओं ने उस छात्र को प्रवेश ही नहीं करने दिया, छात्र ने बुहतेरा समझाया कि मुझे पुस्तक केवल देखनी भर है, मेरे गुरु जी की दी हुई पुस्तकों में से है और उन्होंने उसे सदस्यता ग्रहण करने का बहाना बनाकर ऐसा टरकाया कि उसकी हिम्मत पुस्तकालय की सदस्यता ग्रहण करने की न रही। दूसरे पाठकों के साथ भी लगभग यही व्यवहार होता होगा। देखने में आया है कि शहर में नगर-निगम आदि के पुस्तकालयों में चन्द लोगों द्वारा ही केवल वाचनालय का उपयोग समाचार-पत्र और पत्रिकाओं को पढ़ने के लिए होता है। इन पुस्तकों की संचित ज्ञान राशि की धरोहर को सौंपने का एक बहुत अच्छा विकल्प यह समझ में आता है कि कुछ अहिन्दी भाषी प्रदेशों में कुछ बहुत अच्छे पुस्तकालय हैं जिनमें पाठकों की बड़ी संख्या है। और समय-समय पर उनकी विज्ञप्तियाँ निकलती रहती हैं कि सुधीजन उन्हें पुस्तकें भेंट कर उपकृत करें। पर प्रमाद यह रहता कि कौन पुस्तकों के पैकेट बनाकर बोरियों में डाले, उन्हें रेलवे स्टेशन पर ले जाकर उनकी बिल्टी करवाए (और मन का चोर भी कि किताबें भी दो, जेब से पैसे भी ख़र्च करो और यह सब तवालत भी

भुगतो) सो, इसका उपाय यह निकाला है कि जो भी पुस्तकें अब काम में नहीं आने की सम्भावना में हैं उन्हें पास आये किसी पढ़ने वाले गुणीजन अध्यापक, मित्र या किसी सुधीजन को दे दो। पर इसमें भी कई बार हास्यास्पद स्थिति यह बनी है कि आज जो किताब दे दो तो कल-परसों में ही कहीं से कुछ लिखने की माँग आ जाय, कि उस सज्जन से फिर वह पुस्तक माँगो। बड़ी शर्म-सी आती है ऐसी स्थिति में। फिर भी बहरहाल यह स्थिति जारी है।

दूसरी स्थिति स्वरचित पुस्तकों को लेकर है—'निज कवित्त केहि लागि न नीका, सरस होहू अथवा अति फीका'—प्रत्येक लेखक अपने इन्हीं आखरों से कुछ-कुछ अमृत्व प्राप्त कर लेना चाहता है। उसकी कामना होती है कि उसके परिवार में उसकी इस थाती को कम-से-कम एक-आध पीढ़ी तक तो कोई सुरक्षित रखे ही, किन्तु पूरे घर-परिवार में दूर-दूर तक कोई ऐसा नज़र नहीं आता जो इस पूँजी का वारिस बनने को तैयार हो। हमारी अगली पीढ़ी के नौनिहालों को वैश्वीकृत दुनिया के खुले बाज़ार की अर्थव्यवस्था और प्रगति के आकाशचुम्बी स्वप्नों ने दूर-दराज़ के महानगरों, बड़े शहरों या विदेश में स्थापित कर दिया है। गाँवों में छूट गयी बहुत कम पढ़ी-लिखी पीढ़ी का भी किताबों से कुछ लेना-देना नहीं है। विदेश में बसे अपने पुत्र, जिसे अपने एक टिकट पर केवल 20 किलो सामान ले जाने की अनुमति है, से यह समस्या रखी, 'यार, मैं अपनी सारी पुस्तकों का एक सेट परिवार में रखना चाहता हूँ, पर समझ में नहीं आता कि उसे किसके पास रखूँ?' वास्तव में यह समस्या मेरी ही नहीं है, कुछ मित्रों को छोड़कर जिनके पुत्र या परिवार के कुछ लोग अध्यापन क्षेत्र में चले गये हैं, मेरी पीढ़ी के उन सभी लेखकों की पीड़ा है यह। प्रौद्योगिकी, व्यवसाय, प्रबन्धन, इंजीनियरिंग, डॉक्टरी आदि क्षेत्रों से जुड़े किसी परिजन को जब हम बहुत प्रेमभाव से किसी पुस्तक का समर्पण करते हैं तो हमारे लिए इस भावना का कितना ही महत्त्व हो पर उन लोगों के लिए यह एक बड़ी सामान्य-सी बात है जो एक-आध दिन में आयी-गयी हो जाती है। ऐसी स्थितियों में स्वरचित पुस्तकों के कल का क्या सोचना, 'आप मरे जग प्रलय।'

राष्ट्रीय पुस्तकालय का तब और अब

राष्ट्र के गौरव को स्थापित करने वाली चीज़—राष्ट्रध्वज, राष्ट्रभाषा, राष्ट्र गीत, राष्ट्रीय पक्षी, राष्ट्रीय धरोहर के प्रत्येक चिह्न से एक गौरव भाव हृदय में उदित होता है। राष्ट्रीय पुस्तकालय का नाम लेते ही पढ़ने-लिखने वालों के मन में इस राष्ट्रीय धरोहर के प्रति एक पावित्र्य, एक शुचिता का भाव उदित होता है जैसा किसी पवित्र मन्दिर या अन्य धार्मिक स्थल चर्च, मस्जिद आदि के प्रति उदय होता है। पर जब किसी ने इस मन्दिर का गौरवपूर्ण अतीत देखा हो तो उसका 'सामान्य-सा' वर्तमान देखकर लगने लगता है कि वह मन्दिर अब भग्नावस्था को प्राप्त हो रहा है, समय रहते इस मन्दिर को और अधिक जीर्ण-शीर्ण अवस्था में जाने से बचाने के लिए कुछ कदम उठा लिए जाने चाहिए, यह समय की आवश्यकता है। इस बार 1965-68 ई. के बाद कलकत्ता के राष्ट्रीय पुस्तकालय को देखकर प्रायः 40-42 वर्ष पूर्व देखी इस महान संस्था का जो एक बिम्ब मन में बसा हुआ था, वह मौल गया, चटख़ गया। यदि हम अपनी पुरानी संस्थाओं के गौरव में अभिवृद्धि नहीं कर सकते तो उनको मटियामेट करने का अधिकार भी हमें नहीं है। कलकत्ता के अलीपुर क्षेत्र में स्थित इस राष्ट्रीय पुस्कालय का बड़ा भव्य रूप 40-50 बरस पहले था, यह महान संस्था अँग्रेज़ वायसरायों के लिए बने तत्कालीन राजभवन में स्थापित थी, पुस्तकालय का मुख्य भाग अब एक नये बने आधुनिक भवन में स्थानान्तरित कर दिया गया है। अमेरिकी स्थापत्यकला में ढले इस नये भवन को देखकर उसके भीतर जाने का कोई विशेष उत्साह नहीं जगता। पहले जिस राजभवन में पुस्तकालय था उसकी सीढ़ियों के दोनों ओर बड़े-बड़े गमलों में सज्जित डेल्हिया-कुसुमों की पाँत की प्रफुल्लता पाठकों, शोधकर्ताओं को भीतर आने के लिए जिस भव्यता का बोध और आमन्त्रण इस संस्था के प्रति देती थी, वह अब पूरी तरह नदारद है। जब डेल्हिया खिलने का मौसम नहीं होता था, तब मौसम के और फूल आमन्त्रण देते थे। जितने सुन्दर डेल्हिया वहाँ देखे थे, वे किसी पुष्प-प्रदर्शनी में ही हो सकते थे, पर शायद

इतनी बहुतायत में नहीं। उन सीढ़ियों पर चढ़कर राजभवन की नृत्यशाला के स्तम्भों के बीच से गुजरते हुए कई वीथिकाओं, गैलरियों में प्रान्तवार प्रत्येक जिले व वर्ष के गज़ेटियर सुसज्जित रहते थे। प्रवेश करते ही लगता कि किसी ज्ञान-मन्दिर में प्रवेश कर रहे हैं। इस राजभवन की नृत्यशाला का विशाल हॉल वाचनालय (रीडिंग हॉल) जिसमें सारे सोफ़ों पर शोधकर्ता/पाठक नज़र गड़ाए गहन अध्ययन में डूबे रहते, विशेष रूप से प्रभावित करता और शोध तथा अध्ययन के लिए प्रेरणा का स्वतः स्फुरण होता था। हॉल के मुख्य भाग और पार्श्व-भागों में अध्ययनकर्ताओं के लिए रखे हुए सोफ़े तथा मेज़ें बहुत ही आरामदायक और पठन-पाठन के लिए आदर्श थीं। हॉल में प्रवेश करते ही पुस्तकें देनेवाले कर्मचारियों के बैठने का स्थान था। पुस्तक माँगने की स्लिप भरकर ट्रे में रख दी जाती और प्रायः 10-15 मिनट में पीछे लगी ट्रालियों के द्वारा पुस्तक आ जाती या यह सूचना की पुस्तक जिल्दबन्दी (बाइंडिंग) या स्टॉक-टेकिंग के लिए गयी है आ जाती। पुस्तक प्राप्त करना बहुत सुकर-सुविधाजनक था। कोई भी पुस्तक चाहिए, वह वहाँ उपलब्ध रहती, क्योंकि भारत सरकार के अधिनियम के अन्तर्गत किसी भी भाषा में प्रकाशित होने वाली पुस्तक की प्राप्ति वहाँ होनी आवश्यक है। 1973-75 ई. में किसी ने मेरी एक पुस्तक प्रकाशित की थी, वहाँ प्रति नहीं गयी तो एक पत्र वहाँ से मिला कि इस पुस्तक की प्रति यहाँ क्यों नहीं भेजी गयी, तुरन्त दो-दो प्रतियाँ राष्ट्रीय पुस्तकालय कलकत्ता और उसकी मद्रास शाखा को भेजी जाएँ। अन्यथा...! इस प्रकार प्रत्येक भाषा में प्रकाशित प्रत्येक पुस्तक वहाँ अवश्य जाती थी, वर्तमान में यह नियम कितना और किस रूप में पालित होता है, कहा नहीं जा सकता, यद्यपि वहाँ की अधिकारी ने बताया कि अभी भी वह नियम है, पर...! ये बातें सब अतीत हो गयीं। 1965-68 ई. के दीर्घ अन्तराल के पश्चात् पिछले बरस (2006) में बड़ी आस्था और पूज्य भाव से वहाँ गया, पटियाला से चलते हुए ही यह संकल्प था कि इस बार वहाँ अवश्य जाना है, 2005 ई. की यात्रा में उधर जाना नहीं हो पाया था। जैसे ही वहाँ पहुँचा अपने पुरातन वैभव को खोता राष्ट्रीय पुस्तकालय का प्रांगण उस भव्यता (मैजेस्टिक, 'ग्रैंड') से शून्य और शहरीकरण की चपेट में आया दिखा। मुख्य-भवन तक पहुँचने के लिए जो विशाल पथ सुन्दर लैंड स्केपिंग से घिरा था, सुविस्तीर्ण घास के लॉन्स से सज्जित, वह बिला गया था, उसके स्थान पर विभिन्न प्रशासकीय प्रबन्धन आवश्यकताओं के निमित्त भवन-निर्माण हो गया था, कहीं कैंटीन, कहीं कोई दफ्तर, कहीं पार्किंग की जगह! आधुनिकीकरण की हवा से सताए इस राष्ट्रीय धरोहर के मुख्य नये भवन में सीढ़ियाँ चढ़ पहुँचा!! भवन नया, फर्श नये, शीशे लगे द्वार पट—सब नया-नया पर भीतर पहुँचते ही एक रिक्तता-बोध! हाँ, नयी सज्जा में टॉयलेट्स अवश्य बहुत अच्छे

बन गये हैं। अध्ययन-कक्ष का नया फर्नीचर, पर काफी सीटें खाली, जो वहाँ के खालीपन का अहसास और भी तीव्रता से करा रही थीं। पुस्तक-तालिका देखी—मुझे रवीन्द्रनाथ त्यागी जी की कुछ पुस्तकें देखनी थीं। उनकी सभी पुस्तकें तालिका (कैटेलॉग) में मिलने की पूर्ण आशा थी, क्योंकि वहाँ तो प्रत्येक पुस्तक प्राप्त होती थी। उनकी पुस्तकें पूरी नहीं थीं, फिर यह देखने के लिए कि क्या अन्य लेखकों की सभी पुस्तकें हैं, उनकी पुस्तक-तालिका देखी तो पाया कितने ही लेखकों की पूरी पुस्तकें वहाँ नहीं थीं। चार-पाँच पुस्तकों का माँग-पत्रक भर कर काउंटर पर दिया। 45 मिनट तक प्रतीक्षा की, कई बार पूछा तो यही उत्तर मिला, प्रतीक्षा कीजिए, आ जाएँगी। वहाँ से तिलमिलाया मैं पार्श्व भाग में बैठी अधिकारी—सह पुस्तकालयाध्यक्ष या ऐसा ही पद—नाम रहा होगा, से मिलता हूँ। उनसे अपना परिचय देकर पूछता हूँ कि किसी भी लेखक की सभी पुस्तकें क्यों नहीं हैं और मैंने इतनी देर पहले माँग-पत्रक भर कर दिया है, पुस्तकें नहीं आयी हैं, न ही कोई सूचना। मैं उन्हें विनम्रता से बताता हूँ कि इस पुस्तकालय में आपका जन्म होने से पूर्व इस-इस प्रकार की सुविधा और तत्पर सेवा थी। उस बेचारी ने एक बेचारगी भाव से बताया कि देखिए, अब हमारे पास स्टॉफ बहुत कम है, जो है वह भी कितनी 'सरकारी निष्ठा' से कार्य करता है आप जानते ही हैं। जो लोग सेवा-निवृत्त हो रहे हैं अर्से-से उनकी जगह अन्य नियुक्तियाँ नहीं हो पा रही हैं। सभी सरकारी विभागों में नयी नियुक्तियाँ न करने की जो नीति चल रही है, उसके शिकार हम भी हैं। बहरहाल, जो पुस्तकें मुझे चाहिए थीं वे नहीं आयीं, 40-50 मिनट की प्रतीक्षा के बाद मैं चला आया था। उस महिला अधिकारी से मैंने पूछा कि जो व्यक्ति यहाँ स्थायी-सदस्य नहीं है, उसे पुस्तक किस प्रकार मिल पाती है। उन्होंने नियमों का ऐसा झमेला बताया कि यह करो, वह करो, मेरा पुस्तक लेने का साहस ही नहीं रहा। फिर मैं पूछता हूँ कि पहले आपके यहाँ ऐसी व्यवस्था थी कि कलकत्ता से बाहर किसी भी शहर में कॉलिज, विश्वविद्यालय में बैठा शोध-कर्ता अपनी संस्था के अध्यक्ष की जिम्मेदारी पर राष्ट्रीय पुस्तकालय से पुस्तक मँगा सकता था—एक ओर का ख़र्च वह वहन करता और एक ओर का डाक-ख़र्च राष्ट्रीय पुस्तकालय वहन करता। बताया गया कि वह व्यवस्था अब यहाँ नहीं है—दोनों ओर का खर्चा शोधकर्ता को ही देना होगा और पुस्तक के सम मूल्य की राशि जमा करानी पड़ेगी। इस बदले हुए नियम ने जो मायूसी दी, उससे उबरता हुआ मैं पूछता हूँ कि पहले यहाँ शोध-कर्ताओं के लिए बहुत कम किराए पर आवासीय व्यवस्था थी, शायद उन दिनों 4/= रुपये और 8/= रुपये के कमरे मिलते थे। दूर-दराज से आये शोधकर्ता वहाँ ठहरकर अपना अध्ययन-कार्य पूरा करते थे। बताया गया कि उन

कमरों के स्थान पर ही तो यह मुख्य भवन बन गया है। मुख्य भवन तो वहाँ बन गया, किन्तु शोधकर्ताओं के आवास की कोई वैकल्पिक व्यवस्था अभी तक नहीं की जा सकी है। प्रयत्न चल रहे हैं कि उसके लिए कोई व्यवस्था की जाय। कितनी पीड़ादायक थी यह सूचना कि हम पुराने को सहेज तो नहीं पाए और न कोई नयी व्यवस्था कर पाए। उदास-मन से वहाँ से उठ पुनः हॉल में आता हूँ जहाँ विभिन्न रैक्स में कितनी ही भाषाओं की पत्रिकाएँ नवीनतम (लेटेस्ट) पत्रिकाएँ (जर्नल्स) की पट्टिकाओं के साथ लगी हुई हैं। जून का महीना है, 'इंडिया टुडे' (हिन्दी) के रैक में मार्च का कोई अंक सुसज्जित है अन्य कई पत्रिकाएँ रैक्स पर देखता हूँ, उनके भी कई-कई माह पुराने अंक 'नवीनतम लेटेस्ट' के नाम पर रखे दिखाई देते हैं। मन में बहुत कुछ टूटता-चटख़ता है। फिर उस महिला अधिकारी को 'दुःखी करने' पहुँच जाता हूँ, बेचारी झुँझलाती तो नहीं पर विनम्रता से कहती है कि एक अन्य बिल्डिंग में हमारा पृथक् हिन्दी अनुभाग भी है, पर यहाँ की ऐसी उम्दा और तत्पर सेवा देखकर मेरा मन और संकल्प वहाँ जाने का नहीं रहा, हिम्मत जवाब दे गयी। एक समय था जब शोध कार्य के सिलसिले में राष्ट्रीय पुस्तकालय और बड़ा बाज़ार के 'बड़ा बाज़ार पुस्तकालय'— ये पुस्तकालय शोधकर्ताओं के मन्दिर थे, पुरानी से पुरानी पुस्तकें यहाँ सुविधापूर्वक मिल जाती थीं। राजेन्द्र यादव ने जब अन्य सन्दर्भ में कहा कि हम अँग्रेज़ों द्वारा बनाई गयी बहुत-सी संस्थाओं का रख-रखाव ठीक से नहीं कर पाए तो काफी बावेला-सा मचा था, पर राष्ट्रीय पुस्तकालय के सन्दर्भ में यह बात याद आयी। प्रति वर्ष केन्द्र सरकार के बजट में विभिन्न संसाधनों के विकास के लिए राशि निर्धारित की जाती है, क्या मानव-संसाधन मन्त्रालय इस राष्ट्रीय धरोहर के बेहतर प्रबन्धन और रख-रखाव के लिए कुछ बेहतर कर अपना दायित्व-निर्वाह नहीं कर सकता। मुझे याद पड़ता है कि 1990 ई. के आसपास भी मैंने किसी पुस्तक के लिए पत्र द्वारा पूछा तो वहाँ के हिन्दी विभाग के प्रभारी (श्री कृष्णाचार्य जी) का पत्र आया था कि अमुक पुस्तक अमुक तालिका नम्बर पर उपलब्ध है, वहाँ की वर्तमान व्यवस्था देखकर तो लगता है कि अब ऐसे पत्रों का उत्तर वहाँ से दिया ही नहीं जाता होगा।

❑ ❑ ❑

णाणं

पयासयं

2470 भारतीय ज्ञानपीठ 1944